京津冀协同发展报告

2022年

京津冀协同发展领导小组办公室 编

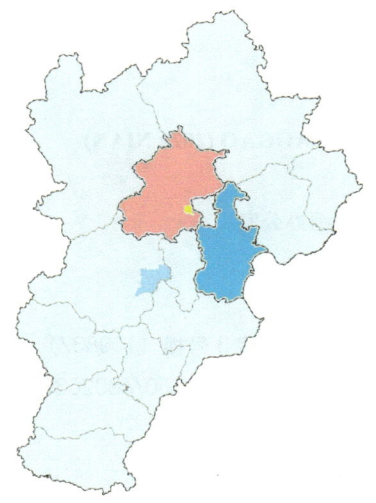

中国市场出版社
China Market Press
·北京·

图书在版编目（CIP）数据

京津冀协同发展报告 . 2022 年 / 京津冀协同发展领导小组办公室编 . —北京 : 中国市场出版社有限公司，2023.5

ISBN 978-7-5092-2407-6

Ⅰ . ①京… Ⅱ . ①京… Ⅲ . ①区域经济发展—研究报告—华北地区— 2022 Ⅳ . ① F127.2

中国国家版本馆 CIP 数据核字 (2023) 第 058161 号

京津冀协同发展报告（2022 年）

JING-JIN-JI XIETONG FAZHAN BAOGAO (2022 NIAN)

编　　者：	京津冀协同发展领导小组办公室
责任编辑：	许　寒
出版发行：	中国市场出版社
社　　址：	北京市西城区月坛北小街 2 号院 3 号楼（100837）
电　　话：	（010）68034118/68021338/68022950/68020336
经　　销：	新华书店
印　　刷：	北京捷迅佳彩印刷有限公司
规　　格：	185mm×260mm　　16 开本
印　　张：	21　　　　　　　　字　数：320 千字
版　　次：	2023 年 5 月第 1 版　　印　次：2023 年 5 月第 1 次印刷
书　　号：	ISBN 978-7-5092-2407-6
定　　价：	128.00 元

版权所有　侵权必究　　　印装差错　负责调换

《京津冀协同发展报告（2022年）》编委会

主　任： 郭兰峰

编　委： 肖渭明　沈彬华　孙虎军　杨永君　白玉良
　　　　　常海莉　李迎九　苏蕴山　王建凡　赵　鹏
　　　　　陈德彧　齐贵新　田福元　叶燕斐　张大为
　　　　　周久财　曹元猛　黄　健　刘　丽　潘扬彬
　　　　　彭立峰　孙雪东　王火旺　王　江　王　亚
　　　　　许新桥　姚　珺　张华平　张庆伟

序言
PREFACE

　　推动京津冀协同发展，是以习近平同志为核心的党中央在新的历史条件下作出的重大决策部署，是习近平总书记亲自谋划、亲自决策、亲自推动的重大国家战略。习近平总书记强调指出，京津冀协同发展的出发点和落脚点，就是要解决北京"大城市病"问题，为全国乃至世界治理"大城市病"提供"中国方案"。

　　2022年，在以习近平同志为核心的党中央坚强领导下，在京津冀协同发展领导小组（以下简称领导小组）的统筹指导下，领导小组办公室以习近平新时代中国特色社会主义思想为指导，全面贯彻落实党的二十大精神，深入贯彻落实习近平总书记关于疏解北京非首都功能、推动京津冀协同发展的系列重要讲话和指示批示精神，会同京津冀三省市、有关部门和单位坚决贯彻党中央、国务院决策部署，锐意进取、真抓实干，顺利完成各项年度任务，推动京津冀协同发展取得积极成效。北京非首都功能疏解"1+N+X"方案和政策体系不断完善，首批标志性疏解项目陆续在雄安新区落地建设，雄安新区建设高标准高质量推进，北京城市副中心加快建设，天津滨海新区高质量发展成效明显，张家口"两区"建设深入推进，一批重大改革创新举措落地实施，交通、生态、产业的重点领域协同发展不断取得新突破，资源能源保障能力持续巩固，三省市民生福祉持续提升。

　　2023年是全面贯彻落实党的二十大精神的开局之年。领导小组办公室将会同京津冀三省市、有关部门和单位，坚持以习近平新时代中国特色社会主义思想为指导，全面贯彻党的二十大精神，深刻领悟"两个确立"的决定性意义，认真贯彻落实习近平总书记关于京津冀协同发展的系列重要讲话和指示批示精神，按照党中央、国务院决策部署和领导小组要求，加快落实京津冀协同发展规划纲要和"十四五"实施方案，全力推动北京非首都功能疏解取得新突破，新的"两翼"建设迈上新台阶，一体化高质量发展实现新提升，重点领域改革创新迈出新步伐，以实际行动把党的二十大精神落到实处、取得实效，为实现中国式现代化作出应有贡献。

  本报告由领导小组办公室组织京津冀三省市、有关部门和单位、京津冀协同发展专家咨询委员会共同编写，共分为综合篇、部门篇、地方篇三个篇章。希望通过本报告，更好地帮助社会各界深入学习领会以习近平同志为核心的党中央关于京津冀协同发展战略的决策部署，全面了解各有关方面推动京津冀协同发展取得的进展和成效，凝聚共识，齐心协力推动京津冀协同发展不断取得新进展新成效。

编委会

2023 年 2 月

目录 CONTENTS

综合篇

京津冀协同发展迈向更高水平
———————————————————— 人民日报 ◆ 002

雄安新区建设，总书记心中的"千年大计"
———————————————————— 人民日报 ◆ 008

风好正是扬帆时 奋楫逐浪天地宽
——京津冀协同发展迈向更高水平综述
———————————————————— 新华社 ◆ 021

"努力创造新时代高质量发展的标杆"
——以习近平同志为核心的党中央关心河北雄安新区规划建设五周年纪实
———————————————————— 新华社 ◆ 033

推动北京市通州区与河北省三河、大厂、香河三县市一体化高质量发展
——国家发展改革委负责同志答记者问
———————————————————— 新华社 ◆ 045

京津冀协同发展的新使命与新路径
———————————————————— 专家咨询委员会 ◆ 050

谋划京津雄创新特区 引领京津冀世界级城市群建设
———————————————————— 专家咨询委员会 ◆ 059

2022年雄安新区启动区交通规划建设扎实推进：
瞄准世界一流、体现中国特色
———————————————————— 专家咨询委员会 ◆ 065

区域产业协同发展国际经验及对京津冀的启示
———————————————————— 专家咨询委员会 ◆ 087

京津冀绿色生产方式评价研究
　　　　　　　　　　　　　　　　　　　　——— 专家咨询委员会 ◆ 095

京津冀构建现代能源体系进程思考与建议
　　　　　　　　　　　　　　　　　　　　——— 专家咨询委员会 ◆ 107

部门篇

精心开展京津冀协同发展宣传报道 营造良好舆论氛围
　　　　　　　　　　　　　　　　　　　　——— 中央宣传部 ◆ 118

扎实推动京津冀协同发展网上宣传
　　　　　　　　　　　　　　　　　　　　——— 中央网信办 ◆ 120

部省联动优化教育资源布局 全面推进京津冀教育协同发展
　　　　　　　　　　　　　　　　　　　　——— 教育部 ◆ 121

深入推进京津冀协同创新 加快实现高水平自立自强
　　　　　　　　　　　　　　　　　　　　——— 科技部 ◆ 128

大力推动京津冀产业协同发展取得新成效
　　　　　　　　　　　　　　　　　　　　——— 工业和信息化部 ◆ 131

扎实推进京津冀民政事业协同发展
　　　　　　　　　　　　　　　　　　　　——— 民政部 ◆ 136

积极发挥财政职能 助力京津冀协同发展
　　　　　　　　　　　　　　　　　　　　——— 财政部 ◆ 139

强统筹、搭平台、促联动、聚合力
加快推进京津冀人社事业协同高质量发展
　　　　　　　　　　　　　　　　　　　　——— 人力资源社会保障部 ◆ 142

优化国土空间布局 促进京津冀协同发展
　　　　　　　　　　　　　　　　　　　　——— 自然资源部 ◆ 147

深入打好污染防治攻坚战 持续改善京津冀生态环境质量
　　　　　　　　　　　　　　　　　　　　——— 生态环境部 ◆ 151

推动京津冀地区城乡建设高质量发展
努力为人民群众创造高品质生活空间
　　　　　　　　　　　　　　　　　　　　——— 住房和城乡建设部 ◆ 157

持续推进综合交通运输体系建设
积极助力京津冀协同发展
　　　　　　　　　　　　　　　　　　　　——— 交通运输部 ◆ 168

推动京津冀水利高质量发展
　　　　　　　　　　　　　　　　　　　—— 水利部 ◆ 173

共画农业"同心圆"　共谱乡村"振兴曲"
推进京津冀农业协同发展取得新成效
　　　　　　　　　　　　　　　　　　　—— 农业农村部 ◆ 178

统筹对内对外开放　促进京津冀协同发展
　　　　　　　　　　　　　　　　　　　—— 商务部 ◆ 182

积极推动京津冀地区文化和旅游高质量发展
　　　　　　　　　　　　　　　　　　　—— 文化和旅游部 ◆ 188

持续提升医疗卫生服务水平　助推京津冀协同发展
　　　　　　　　　　　　　　　　　　　—— 国家卫生健康委 ◆ 193

强化重大安全风险防范化解　助力京津冀高质量协同发展
　　　　　　　　　　　　　　　　　　　—— 应急管理部 ◆ 197

优化金融资源配置　持续提升服务京津冀协同发展水平
　　　　　　　　　　　　　　　　　　　—— 人民银行 ◆ 202

充分发挥市场监管职能作用　助力京津冀高质量协同发展
　　　　　　　　　　　　　　　　　　　—— 市场监管总局 ◆ 206

推进林草一体化保护和系统治理
提升京津冀协同发展生态支撑能力
　　　　　　　　　　　　　　　　　　　—— 国家林草局 ◆ 220

银行业保险业守正创新　大力推动京津冀协同发展
　　　　　　　　　　　　　　　　　　　—— 银保监会 ◆ 223

积极发挥资本市场功能　着力促进京津冀协同发展
　　　　　　　　　　　　　　　　　　　—— 证监会 ◆ 226

发挥铁路优势　主动担当作为
为京津冀协同发展提供有力支撑
　　　　　　　　　　　　　　　　　　　—— 国铁集团 ◆ 230

地方篇

充分发挥北京"一核"辐射带动作用
加快构建现代化首都都市圈
　　　　　　　　　　　　　　　　　　　—— 北京市 ◆ 236

瓣瓣同心 携手奋进
深入推动京津冀协同发展迈向更高水平
———————————————— 天津市 ◆ 244

纵深推进京津冀协同发展
经济强省美丽河北建设谱写新篇章
———————————————— 河北省 ◆ 250

高质量建设北京城市副中心
加快推进通州区与北三县一体化高质量发展
———————————————— 北京市通州区 ◆ 259

发挥北京大兴国际机场引擎作用
扎实推进临空经济区高标准建设和高质量发展
———————————————— 北京市大兴区 ◆ 265

高标准完成北京冬奥会冬残奥会服务保障
加快建设京张体育文化旅游带
———————————————— 北京市延庆区 ◆ 271

融入大战略 加快大协同
静海区扎实贯彻国家战略纵深推进京津冀协同发展
———————————————— 天津市静海区 ◆ 278

改革引领 创新驱动
武清区深入实施京津冀协同发展战略
———————————————— 天津市武清区 ◆ 285

高标准高质量建设雄安新区
在新征程上书写中国式现代化新篇章
———————————————— 河北雄安新区 ◆ 292

沧州市深度融合京津 狠抓项目建设
高标准全方位推进京津冀协同发展战略
———————————————— 河北省沧州市 ◆ 300

平台引领 多点齐发 打造衡水发展新局面
———————————————— 河北省衡水市 ◆ 309

秦皇岛市积极推动京津冀协同发展取得新成效
———————————————— 河北省秦皇岛市 ◆ 317

后记
———————————————— ◆ 326

综合篇

京津冀协同发展报告（2022年）

京津冀协同发展迈向更高水平

2014年2月26日，习近平总书记在北京主持召开座谈会，专题听取京津冀协同发展工作汇报，明确将实现京津冀协同发展作为重大国家战略，强调"要坚持优势互补、互利共赢、扎实推进，加快走出一条科学持续的协同发展路子来"。在习近平总书记亲自谋划、亲自部署、亲自推动下，京津冀协同发展大幕开启。

8年来，在以习近平同志为核心的党中央坚强领导下，京津冀三省市和有关部门牢牢抓住疏解北京非首都功能这个"牛鼻子"，推动北京非首都功能疏解获得新突破，北京新"两翼"建设展现新形象，重点领域协同发展迎来新提升，基本公共服务共建共享取得新进展，京津冀协同发展取得显著成效，迈向更高水平。

广袤的京津冀大地，活力迸发，生机勃勃。

北京城市副中心，塔吊林立、钢柱耸立，剧院、图书馆、博物馆等副中心三大文化建筑均已封顶，外立面初露妆容。

渤海湾巨轮穿梭，天津港2021年集装箱吞吐量首次突破2000万标准箱，北方国际航运枢纽加快建设。

白洋淀碧波万顷，大鸨、骨顶鸡、斑嘴鸭等珍稀野生鸟类驻足越冬。去年，白洋淀水质为近10年来最好水平，首次加入全国良好湖泊行列。

——编　者

振"两翼"齐飞：新城建设不断取得新进展，展现新形象

2021年底，34岁的包旭靖搬进雄安新区容东片区的新房。从容城县大河

镇西孙村村民"变身"雄安新区新市民，搬进 120 平方米的三居室，包旭靖一家很满意，"新家有地暖，干净又暖和"。

截至今年 2 月中旬，新区安置房共交付 3 万多套。125 万当地百姓见证了雄安新区拔节成长。

雄安新区进入大规模建设阶段，北京城市副中心高质量发展也在加快推进。

北京城市副中心，亚洲最大地下综合交通枢纽建设如火如荼。"春节没停工，节后加快推进施工。"中铁十六局集团北京城市副中心站综合交通枢纽项目负责人刘长荣介绍："枢纽建成后，由城市副中心一小时直达雄安新区，两座新城往来更方便。"

北京城市副中心和雄安新区两个新城，是北京新"两翼"。习近平总书记指出："在新的历史阶段，集中建设这两个新城，形成北京发展新的骨架，是千年大计、国家大事。"

过去一年，雄安新区高标准高质量推进建设，北京城市副中心加快高质量发展，北京新的"两翼"建设不断取得新进展，展现新形象。

建新城，树新标。北京城市副中心剧院、图书馆、博物馆三大建筑均已封顶，运河商务区 16 个重点项目累计完工建筑面积 413 万平方米。雄安新区 177 个重点建设项目滚动推进，2021 年全年完成投资超过 1400 亿元。

通新路，畅联通。雄安新区"四纵三横"对外高速公路骨干路网全面形成，与北京大兴国际机场、天津港、黄骅港等京津冀地区实现便捷联通。京雄城际铁路全线稳定运营，雄安新区进入北京 1 小时交通圈。

栽新树，清河湖。潮白河森林景观带建设工程完成全部栽植，北运河（通州段）综合治理主体工程完成。白洋淀淀区整体水质由 2017 年的劣Ⅴ类提升到 2021 年的Ⅲ类。

栽梧桐，引凤来。2021 年 4 月 26 日，中国卫星网络集团有限公司成立，这是首家注册在雄安新区的央企。2021 年底，首批疏解的高校、医院也基本确定了在雄安新区的项目选址。

"新区建设攻坚克难、全面提速，2022 年将实施 232 个重点项目。"雄安新区有关负责同志表示："今年雄安新区建设要显雏形、出形象，努力把雄安建成推动高质量发展的全国样板。"

抓冬奥机遇：统筹推进重点领域，加快形成互联互促的良好态势

"这里是云顶，有运动员受伤，已启动直升机转运。"2月7日中午，北京大学第三医院崇礼院区指挥中心收到接诊指令，院区冬奥医疗专家组立即启动应急救援，仅用20分钟便完成北京冬奥会首例航空医疗救治。

2018年底，北医三院全面接管张家口崇礼区人民医院，建设北医三院崇礼院区。如今，张家口市有24家公立医院与北京的30家大医院开展多形式合作。

在隔壁的张北县，一根根高耸的风力叶片随风旋转。电流经666公里长的张北可再生能源柔性直流电网试验示范工程输送至北京。

"来自张北的风电，点亮冬奥的灯。"北京冬奥组委规划建设部部长刘玉民介绍，北京2022年冬奥会期间，所有场馆都采用绿电供应。据测算，到2022年冬残奥会结束时，冬奥会场馆预计共消耗绿电约4亿千瓦时，可减少标煤燃烧12.8万吨，减排二氧化碳32万吨。

2016年3月18日，在听取北京冬奥会、冬残奥会筹办工作情况汇报时，习近平总书记强调，要把筹办冬奥会、冬残奥会作为推动京津冀协同发展的重要抓手，下大气力推动体制创新、机制创新、管理创新和政策创新，推动交通、环境、产业等领域协同发展先行先试，重点突破，以点带面，为全面实施京津冀协同发展战略起到引领作用。

落实习近平总书记重要指示精神，借冬奥东风，京津冀在交通、能源、环境等多个领域加快互通互联、互认互促。

交通一体化建设大力推进。京哈高铁北京至承德段、冬奥赛区太子城至崇礼段铁路通车运营，"轨道上的京津冀"加快建设。京秦高速公路遵化至秦皇岛段、京雄高速公路北京段等项目顺利实施，津石高速天津段主线贯通。

生态联防联控联治力度持续加大。2021年全年，京津冀地区空气质量平均优良天数比例达到79.2%，192个国家地表水考核断面水质达到或好于Ⅲ类断面比例比上年提高8个百分点。

能源、粮食安全保障有力。京津冀输电通道利用效率及可再生能源输送规模持续提升，京津冀地区储气能力及天然气管网互联互通建设持续推动，三省市2021年粮食总产量刷新历史最高水平。

"京津冀聚焦实现更高水平的协同发展，统筹推进交通、生态、产业等重点领域，加快形成相互衔接、互为促进的良好态势。"国家发展改革委有关负责人说。

促产业协同：依靠改革创新增动力，加快破除体制机制障碍

"真是太方便了！之前以为必须得去天津，没想到没离开通州，就把营业执照办好了。"不久前，家住北京市通州区的肖先生，在北京城市副中心政务服务中心"跨域通办"服务专区领取了相关证照，在天津滨海新区创办的公司顺利"准生"。

作为市级综合性政务服务中心，北京城市副中心政务服务中心承接的事项办理辐射北京东部甚至京津冀区域。

"有专人辅导，填了一套材料就完成了申报。"肖先生回忆，一天之后，滨海新区市场监管局和行政审批局就同步完成审核，并将相关证照免费邮寄至北京城市副中心政务大厅窗口。"原来需要往返两地多个部门办理5天，现在一个窗口办理，两天就能办结。"

作为国家高新技术企业，去年1月联汇智造落户天津滨海－中关村科技园，并设立企业研发总部。

联汇智造总经理赵福海表示，园区借鉴了北京中关村科技园的经验，又有滨海新区发达的制造业作依托，进驻科技园这一年是企业发展最快的一年。"一般来说，新产品申报发明专利时间最少需要3年。我们高科技企业真的等不及。"赵福海介绍，园区内的中国（滨海新区）知识产权保护中心获悉企业难题，立即成立专班提供专业服务，"获取专利时间缩短到4个月，大大加速产品上市进程。"

2019年1月18日，习近平总书记在主持召开京津冀协同发展座谈会时要求，

向改革创新要动力，发挥引领高质量发展的重要动力源作用。要集聚和利用高端创新资源，积极开展重大科技项目研发合作，打造我国自主创新的重要源头和原始创新的主要策源地。

京津冀三地，地缘相接、人缘相亲。推动三地产业一体化高质量发展，就要因利乘便，向改革要动力。"注重依靠改革创新增强发展动力活力，加快破除制约高质量发展的体制机制障碍，过去一年京津冀协同发展不断向纵深推进。"国家发展改革委有关负责人表示。

"放管服"改革不断深化。通过签订政务服务"跨省通办"框架协议、互设办事窗口和便民服务自助终端，北京城市副中心和通州区与天津滨海新区、宝坻区实现了106项政务服务事项和387项高频便民服务事项"跨省通办"；与河北廊坊北三县等实现了70项政务服务事项和453项高频便民事项"区域通办"。

产业协同协作深入推进。天津滨海－中关村科技园挂牌以来累计新增注册企业超过3000家。北京与廊坊北三县累计签约智能制造等领域120多个合作项目。

推共建共享：京津冀基本公共服务水平不断提升

走进天津滨海新区的一处蔬菜大棚，饱满的西红柿有"贴身"传感器监测，精准灌溉设备与智慧农业云平台连接。"该不该浇水施肥，西红柿自己说了算。这样种出的西红柿口感更好，产量提高30%。"科芯（天津）生态农业科技有限公司负责人胡建龙自豪地说。

3年前，胡建龙将公司从北京迁到了天津滨海－中关村科技园。如今，科芯的精准农业节水灌溉项目已入选农业农村部优秀案例。"新区支持京津冀协同发展重点平台的政策帮我们解决了子女入学问题，现在我们全家都成了滨海人，更能心无旁骛搞研发！"胡建龙说。

在北京通州区，今年1月，河北患者李爱佳的家属将一面锦旗送到北京友谊医院通州院区朱志军医师手中。"刚入院的时候，孩子的状况非常紧急，多亏医生们妙手回春！"李爱佳的妈妈连连致谢。目前，北京友谊医院通州院区外埠患者比例近四成，其中河北排在第一位。

2021年1月20日，习近平总书记在主持召开北京2022年冬奥会和冬残奥会筹办工作汇报会时强调，推动京津冀协同发展，努力在交通、环境、产业、公共服务等领域取得更多成果。

8年来，有序推进教育、医疗、文化体育等领域优质公共服务资源均衡配置，加快发展成果共享，京津冀基本公共服务水平不断提升，百姓的获得感幸福感安全感更加充盈。

教育对接成效显著。京津冀三省市签订"十四五"时期教育协同发展总体框架协议，北京景山学校河北曹妃甸分校等项目顺利落地，京津优质基础教育资源向河北省延伸布局。

医疗合作走深走实。京津冀4200余家定点医院实现异地就医普通门诊费用直接结算，跨省联网医疗机构实现三省市县域全覆盖。三地还建立医学合作联盟，临床检验结果互认医疗机构超过480家、互认项目40多项。

国家发展改革委有关负责人表示，将按照《京津冀协同发展"十四五"实施方案》提出的8个方面39项重点任务，以及重要工作和重点改革事项、京津冀重大项目、雄安新区"十四五"重点项目3张清单，推动"十四五"时期京津冀协同发展各项任务落地见效。

（摘自2022年2月26日《人民日报》第2版）

雄安新区建设，总书记心中的"千年大计"

春到雄安，草木返青，杏花初绽，一派生机盎然；建设工地，塔吊林立，机器轰鸣，处处热火朝天。

雄安新区画卷徐徐铺展，朝着令人"心向往之"的目标延伸，新时代"未来之城"正从规划蓝图变为现实样板。

5年前的4月1日，一则重大消息正式对外公布——"日前，中共中央、国务院印发通知，决定设立河北雄安新区。"消息如平地一声春雷，举世瞩目。

设立雄安新区，是以习近平同志为核心的党中央作出的一项重大的历史性战略选择，是继深圳经济特区和上海浦东新区之后又一具有全国意义的新区。习近平总书记亲自决策、亲自部署、亲自推动雄安新区建设，亲临实地考察并发表重要讲话，多次主持召开会议研究部署并作出重要指示，为雄安新区规划建设指明方向。

习近平总书记指出，"建设雄安新区是千年大计"，"要全面贯彻新发展理念，坚持高质量发展要求，努力创造新时代高质量发展的标杆"。

5年来，日夜兼程，风雨无阻，一系列顶层设计制定完成，一批批重大项目全面推进，一个个标志性工程投入使用，雄安新区进入承接北京非首都功能疏解和大规模建设同步推进的重要阶段。

显雏形，出形象。在雄安新区大地上，今年开春，43个重点项目同时开工，全年将安排重点项目232个；央企在雄安新区设立分支机构100多家；白洋淀水质全域达到Ⅲ类，为近10年最好水平，进入良好湖泊行列。

京畿大地上，一座高水平的社会主义现代化城市正拔节生长。

综合篇

"以疏解北京非首都功能为'牛鼻子'推动京津冀协同发展，高起点规划、高标准建设雄安新区"

雄安新区作为北京非首都功能疏解集中承载地，是推动京津冀协同发展的关键落子。

2017年2月23日，习近平总书记在安新县主持召开座谈会时指出，规划建设雄安新区是具有重大历史意义的战略选择，是疏解北京非首都功能、推进京津冀协同发展的历史性工程。

设立雄安新区的初心，习近平总书记一语道破。

京津冀曾经流传着这样一句话，"北京吃不完，天津吃不好，河北吃不饱"，折射出北京"肥胖"，周边"瘦弱"的发展之痛。京津冀需要一场区域协同发展的深层次变革。

"着力点和出发点，就是动一动外科手术，疏解北京非首都功能，解决'大城市病'问题。"习近平总书记为京津冀协同发展谋定了大思路。

"要坚持和强化首都核心功能，调整和弱化不适宜首都的功能，把一些功能转移到河北、天津去，这就是大禹治水的道理。"

全局上谋势，关键处落子。

习近平总书记指出，"建设北京城市副中心和雄安新区两个新城，形成北京新的'两翼'。这是我们城市发展的一种新选择。"

从谋划京津冀协同发展战略，到提出选择一个疏解北京非首都功能集中承载地，再到部署雄安新区建设，习近平总书记着眼全局，运筹帷幄，把脉定向。

一个个历史性时刻，标记着思想的脉络。

2015年2月10日，习近平总书记在中央财经领导小组第九次会议审议研究《京津冀协同发展规划纲要》时，明确提出"多点一城、老城重组"的思路："一城"就是要研究思考在北京之外建设新城问题。

2015年4月，习近平总书记先后主持召开中共中央政治局常委会会议和中央政治局会议研究《京津冀协同发展规划纲要》。总书记强调，要深入研究论证新城问题，可考虑在河北合适的地方进行规划，建设一座以新发展理念引领的现代新城。

2016年3月24日，习近平总书记主持召开中共中央政治局常委会会议，听取北京市行政副中心和疏解北京非首都功能集中承载地有关情况的汇报，确定了新城的规划选址，同意定名为"雄安新区"。

2016年5月27日，中共中央政治局会议原则通过《关于研究设立河北雄安新区的实施方案》，雄安新区规划正式启动。

2017年4月1日，雄安新区设立的消息公开发布。

5年来，雄安新区高标准高质量推进建设，与北京城市副中心形成北京新的"两翼"，不断取得新进展，展现新形象。

"要和北京非首都功能转移相衔接，必须牢记这个初心。"习近平总书记强调，"雄安新区不同于一般意义上的新区，其定位首先是疏解北京非首都功能集中承载地，重点承接北京疏解出的行政事业单位、总部企业、金融机构、高等院校、科研院所等，不符合条件的坚决不能要。"

建设承接北京非首都功能疏解的高质量样板，雄安新区建设坚守初心，稳步推进。

2021年起，以在京部委所属高校、医院和央企总部为重点，分期分批推动相关非首都功能向雄安新区疏解。

一批重大疏解项目有序落地：

——中国星网等首批3家央企落户，已完成选址并启动建设程序。

——中国电信雄安互联网产业园等一批市场化疏解项目，在新区启动区开工。

——首批启动向雄安新区疏解的在京部属高校、医院已基本确定项目选址，各项疏解工作正在稳妥有序推进。

……

截至今年3月，央企在雄安新区设立分支机构100多家。5年来，在新区本级注册的北京投资来源企业达3600多家，占总量的八成多。

"以疏解北京非首都功能为'牛鼻子'推动京津冀协同发展，高起点规划、高标准建设雄安新区",习近平总书记在党的十九大报告中铿锵有力的宣示,正在雄安这片热土上逐步化为现实。

"把每一寸土地都规划得清清楚楚后再开工建设,不要留历史遗憾"

2019年1月,在雄安新区规划展示中心,习近平总书记仔细端详展板上的《河北雄安新区规划纲要》。雄安新区的规划在总书记心中分量很重。

"把每一寸土地都规划得清清楚楚后再开工建设,不要留历史遗憾。"习近平总书记谆谆告诫。

谋定后动,规划先行。

无论是规划编制要秉持的理念,还是规划编制进程的关键阶段、重大节点,习近平总书记都亲自谋划指导,作出重要部署指示,对每个重大问题及时把关定向,确保了规划编制不走弯路,始终沿着正确方向前行。

"千年大计、国家大事",这是一座要经得起历史检验的千秋之城。

经得起历史检验,要坚持先规划后建设的原则——

习近平总书记强调,规划建设要有长远眼光,在新区建设起步阶段,城市建设不必太急,稳扎稳打。

雄安新区规划编制是新中国成立以来,全国关注度最高、动用机构最多、涉及领域最广、集聚人才最多的一次城市规划编制。

雄安新区坚持规划引领,累计安排1000多名国内外专家、200多支国内外团队、2500多名专业技术人员参与规划编制工作。

按照党中央要求,履行规划编制主体责任的河北省,与国家发展改革委等部门历经近700个日日夜夜,经过反复磋商研究,雄安新区规划编制最终确定为以《河北雄安新区规划纲要》为统领的"1+4+N"规划体系。

经得起历史考验，要用最先进的理念和国际一流水准规划——

习近平总书记指出："新区首先就要新在规划、建设的理念上，要体现出前瞻性、引领性。"

在安新县召开座谈会时，习近平总书记强调：雄安新区将是我们留给子孙后代的历史遗产，必须坚持"世界眼光、国际标准、中国特色、高点定位"理念，努力打造贯彻新发展理念的创新发展示范区。"要坚持用最先进的理念和国际一流水准规划设计建设，经得起历史检验。"

"世界眼光、国际标准、中国特色、高点定位"，16个字为雄安新区规划和建设标定了时代高度。

"'揭榜'雄安新区规划的设计人员均来自全球一流的规划设计团队，仅国内参与规划设计的就有60多位院士和专家。"雄安新区规划建设局副局长王志刚介绍。

雄安新区的规划坚持突出中华传统风貌。在大规模规划建设前，新区就十分注重对历史文物和历史风貌的保护，一批凝聚传统文化基因的乡愁遗存被登记造册、建档存根。

"北城、中苑、南淀"的空间布局，"一方城、两轴线、五组团、十景苑、百花田、千年林、万顷波"的空间意象，中西合璧、以中为主、古今交融……这些规划正是脱胎于中国千年文化的传承。

雄安新区对城市风貌作出严格规定，不搞稀奇古怪的建筑，不要摩天大楼和玻璃幕墙。"新区对建筑'第五立面'屋顶的颜色、形态等都有严格限定。"王志刚自始至终参与新区规划编制，"根据规划，新建政府投资和大型公共建筑全面执行三星级绿色建筑标准，建设便捷舒适的15分钟生活圈……我们也一直按照这些高标准严格执行。"

经得起历史考验，要保持历史耐心，稳扎稳打，一茬接着一茬干——

"建设雄安新区是一项历史性工程，一定要保持历史耐心，有'功成不必在我'的精神境界。"习近平总书记指出。

在正式公布设立后的两年多里，雄安新区除了基础性项目和保障运行的临时性建筑外，没有动"一砖一瓦"。但正是两年间这些"看不见、摸不着"的工作，一笔一画地勾勒出千年大计的宏伟蓝图。

"如果说规划编制慢的话，我想说这样的慢是我们想要的慢，这样的慢是为未来的好，这样的慢是为未来的快。"雄安新区管委会负责同志表示。

保持历史耐心，才能"一张蓝图干到底"。

习近平总书记强调："要把设计成果充分吸收体现到控制性详细规划中，保持规划的严肃性和约束性，用法律法规确保一张蓝图干到底。"

由党中央、国务院批复的《河北雄安新区规划纲要》明确规定，"本规划纲要与相关规划经批准后必须严格执行，任何部门和个人不得随意修改、违规变更，坚决维护规划的严肃性和权威性，确保一张蓝图干到底"；新区首部综合性地方法规《河北雄安新区条例》，将新区规划上升为法律规定，为新区规划建设提供刚性的法律保护。

新区建设实行建筑师负责制，住房和城乡建设部派专人常驻新区，这些专业人士都曾参与各片区的规划编制，由他们监督规划落地，不能走样。

蓝图已绘就，奋斗正当时。

"现在有了蓝图，雄安从顶层设计阶段转向实质性建设阶段，可能今年就是一派热火朝天的局面了。"2019年1月，习近平总书记在调研京津冀协同发展并主持召开座谈会时指出。座谈会上，总书记对京津冀三地负责同志说，今后我会时不时地过来走一走，看看你们阶段性工作的情况，"新阶段任务更艰巨更繁重，来不得丝毫放松，需要我们下更大气力推进工作"。

"我们可不是为了一个漂亮新城，而恰恰建新城是为了老百姓过上更好生活"

2017年2月23日上午，习近平总书记从中南海出发，驱车100多公里，专程到河北省安新县实地察看规划新区核心区概貌。

"这地方老百姓生活得怎么样？人口密度有多大？拆迁人口有多少？"习近平总书记详细询问，并叮嘱道：设立雄安新区，一定要让老百姓得到更多的实惠，要有实实在在的获得感。

"要坚持以人民为中心，从市民需要出发，做到疏密有度、绿色低碳、返璞归真，提供宜居的环境、优质的公共服务，有效吸引北京人口和功能疏解转移。"新区规划一开始，习近平总书记就如此强调。

《河北雄安新区规划纲要》提出，坚持以人民为中心、注重保障和改善民生，引入京津优质教育、医疗卫生、文化体育等资源，建设优质共享的公共服务设施，提升公共服务水平，构建多元化的住房保障体系，增强新区承载力、集聚力和吸引力，打造宜居宜业、可持续发展的现代化新城。

5年来，雄安新区着力推进医疗、教育、文化、就业等领域发展，人民群众获得感、幸福感、安全感不断提升。

千年大计，教育先行——

目前，北京支持雄安新区建设的北京四中雄安校区等3所学校、幼儿园均进入收尾阶段。京津冀56所优质学校也与雄安新区59所学校建立帮扶合作。

就业是民生之本——

习近平总书记对老百姓的就业一直牵挂在心。"雄安新区有125万当地百姓，要做好百姓就业这篇文章，让他们共享发展成果。我们可不是为了一个漂亮新城，而恰恰建新城是为了老百姓过上更好生活。"总书记谆谆叮嘱。

在雄安，很多当地百姓找到了植树造林的新工作。容城县李郎村的邱永华将自家的9亩地交给新区合作造林后，到村附近的大清河片区打工植树。树栽好了，邱永华就地转岗成了护林员。"每天收入100元左右，9亩地每亩每年还有公益金1500元。"

针对群众择业观念，新区开展培训，引导其融入新区城市发展，累计培训5.8万余人次。自2020年起，新区安排专项资金2.3亿元，对难以通过市场渠道实现就业的人员逐人安置岗位，目前累计上岗1.1万人。

社会保障为人民生活安康托底——

容东片区是新区首个集中建成区，这里率先开放2家养老驿站，为老年人提供基本服务。容东片区弘文花园小区居民高茂申已经 82 岁高龄，"我们老两口每月发养老金 2300 元，生活可好了。"他的幸福感也是新区老百姓的共同感受。

医疗卫生服务直接关系人民身体健康——

北京妇产医院帮扶容城县妇幼保健院，派出 11 名专家常驻容城。去年 8 月，一名产妇情况危急，派驻专家组全力抢救维持住患者的生命体征，最终将其顺利转往河北大学附属医院，得到救治。

北京市支持建设的雄安宣武医院是一家综合医院，2021 年 7 月一期主体结构封顶，目前正加紧外立面和二次结构建设。今后将有多家知名医院从北京疏解到雄安。

截至 2021 年，京津冀累计 90 家知名医院共派出 429 名专家，对口帮扶新区医疗卫生机构。

按照规划，新区远期将承载 200 万至 250 万人口。"我们将持续优化营商环境和公共服务，不断提升雄安新区的承载力、竞争力和吸引力。"雄安新区改革发展局局长于国义说，"紧紧围绕'人'来谋篇布局，配套优质教育医疗等资源，提高对疏解对象的吸引力。"

"绿水青山就是金山银山，雄安新区就是要靠这样的生态环境来体现价值、增加吸引力"

春回大地，雄安逐渐呈现出"蓝绿交织"的景象。"千年秀林"郁郁葱葱，白洋淀水天一色。

从开始谋划雄安新区，习近平总书记就强调要"坚持生态优先、绿色发展"。

坐拥"华北明珠"白洋淀，雄安新区具有天然的生态优势。但一段时间以来，白洋淀也曾遭遇"口渴"、污染等威胁。对此，习近平总书记十分痛心："过去肾功能都要衰竭了，一直在透析。"

2017 年 2 月 23 日，习近平总书记在实地考察雄安新区建设规划时专程前往白洋淀。考察中，总书记强调，建设雄安新区，一定要把白洋淀修复好、保护好。将来城市距离白洋淀这么近，应该留有保护地带。要有严格的管理办法，绝对不允许往里面排污水，绝对不允许人为破坏。

雄安新区设立以来，白洋淀焕发出勃勃生机。

2019年1月16日，在河北雄安新区规划展示中心，谈到雄安新区下大气力处理城和淀的关系，习近平总书记回想起选址的考虑："当时选址在这，就是考虑要保护白洋淀，而非损害白洋淀。城与淀应该是相互辉映、相得益彰。"

新区设立以来，通过引黄入冀、南水北调以及上游王快水库等，每年为白洋淀补水3亿至4亿立方米。短短几年治理，流入白洋淀的3条河流都"摘帽"了劣Ⅴ类水质。2017年前，白洋淀水质为劣Ⅴ类至Ⅴ类重污染，此后每年上一个台阶，2021年白洋淀水质全域达到Ⅲ类，为近10年最好水平，进入良好湖泊行列。

习近平总书记曾在宁德、福州、杭州等南方城市工作，对山清水秀的生态之美感触至深。对雄安新区的生态环境，总书记看得很重："要坚持生态优先、绿色发展，划定开发边界和生态红线，实现两线合一，着力建设绿色、森林、智慧、水城一体的新区。"

雄安新区管委会负责同志至今难忘习近平总书记考察雄安新区规划展示中心时的一个场景："在生态堤沙盘前，总书记驻足良久，听到生态堤同时集自行车道、慢跑道、散步道、儿童探险道、机动车道5条道于一体，方便市民出行和休闲娱乐，总书记频频点头，还不时询问。"

先植绿、后建城，"千年大计"从"千年秀林"开始。

在雄县昝岗镇东河岗村附近的原野，一排排新栽植的云杉、松树等沐浴春光、挺拔屹立。这里是新区先期开展建设的"千年秀林"的一部分。

2017年11月13日，在位于雄县雄州镇、容城县平王乡的大清河片林一区第五标段，建设者栽下新区第一批树苗。

2019年1月16日下午，习近平总书记来到"千年秀林"大清河片林一区造林区域，乘车穿行林区察看林木长势，并在秀林驿站结合展板听取雄安新区生态建设总体情况和"千年秀林"区域植树造林情况介绍，登上二层平台远眺林区全貌，对他们运用科学方法植树造林、运用信息化手段管林护林的做法表示赞赏。

习近平总书记登上秀林驿站平台远眺，乔灌草高低错落，经济林生态林比肩而立。

望着一株株摇曳的小树幼苗，习近平总书记欣喜地说："让它们跟着雄安新区一起慢慢生长。不要搞急就章，不要搞一时的形象工程。绿水青山就是金山银山，雄安新区就是要靠这样的生态环境来体现价值、增加吸引力。"

对比近年的卫星监测图，新区大地越来越绿。杏花盛放，玉兰飘香，油松吐翠，"千年秀林"成为一道风景。雄安新区累计43万亩新造林正为新区生态改善提供巨大的"绿色动力"。

300米进公园，1公里进林带，3公里进森林……近些年，郊野公园、悦容公园等一批公园已经建成，"千年秀林"、中央绿谷等正在持续建设，都市人向往的田园城市风光和生活正在雄安新区成为现实。

"创造'雄安质量'，在推动高质量发展方面成为全国一个样板"

2018年2月22日，中共中央政治局常委会召开会议，听取河北雄安新区规划编制情况汇报。习近平总书记指出，改革开放初期设立了深圳经济特区，创造了深圳的速度，40年后的今天，我们设立雄安新区要瞄准2035年和本世纪中叶"两步走"的目标，创造"雄安质量"，在推动高质量发展方面成为全国一个样板。

高质量发展，雄安新区如何破题？

改革创新是重要动力源。习近平总书记指出，向改革创新要动力，发挥引领高质量发展的重要动力源作用。

方向清晰，实践却依然需要滚石上山、爬坡过坎、攻坚克难。

创新升级，雄安传统产业怎么办？创新要素资源哪里来？

历史上，雄安三县形成了有色冶炼、制鞋、塑料加工、纺织印染等产业，背后是几十万人的就业大军，关系众多家庭的生计。

对此，雄安并非简单"一刀切"，一方面稳妥有序外迁，一方面实施改造提升，实现传统产业转移升级、跨越发展。同时，为保障雄安新区建设发展，河北保定市担当"上游责任"，持续实施白洋淀上游流域综合治理和保护项目，针对工业污染，全市严格坚持淀区不上项目、不建园区、不办工业，所有涉水工业企业全部外迁。

容城曾是华北最大的服装生产基地之一，从业者有10万人。李迎春是容城本地人，雄安新区成立后，她从广东返乡创业，开办了一家服饰公司，"我们根据新区产业定位，主要在新区做产品研发和推广，生产正向外转移。"

依托创新平台，创新要素资源向雄安不断集聚。

《河北雄安新区规划纲要》提出，新区通过承接符合新区定位的北京非首都功能疏解，积极吸纳和集聚创新要素资源，高起点布局高端高新产业，建设实体经济、科技创新、现代金融、人力资源协同发展的现代产业体系。

2021年5月，中科院雄安创新研究院成立，院长祝宁华同年11月当选中科院院士，成为雄安新区首位院士；一批中关村企业落户雄安；雄安新区中关村科技园、位于启动区的科学园等创新平台建设紧锣密鼓。

目前，雄安城市安全实验室已经建成，雄安新区超算中心等新基建正在建设。雄安新区在"同步规划建设数字城市，努力打造智能新区"的路上蹄疾步稳。

负责雄安城市安全实验室的中国联通智能城市研究院副院长夏俊杰说："我们为新区探索城市安全的新范式，实现数字孪生、安全共生。打造智能新区要在全社会共建、共治、共享的基础上，实现资源高效配置。"

保障创新要素资源更好发挥作用，河北省积极担当作为。雄安新区成立后，河北省举办雄安新区村（社区）"两委"正职培训班，对来自新区三县村（社区）的380余名党支部书记、村委会主任进行培训；为服务雄安新区建设发展，助力新区各类用人主体引进急需紧缺人才，截至2021年，河北省已经连续3年举办雄安新区人才智力交流会。

深化改革，雄安新区能不能破除制约协同发展的行政壁垒？

雄安事雄安办，网上办、便捷办。

习近平总书记充分肯定雄安新区政务服务中心推行"一枚印章管到底"全贯通服务的做法。总书记指出，要运用现代信息技术，推进政务信息联通共用，提高政务服务信息化、智能化、精准化、便利化水平，让群众少跑腿。

习近平总书记强调，要破除制约协同发展的行政壁垒和体制机制障碍，构建促进协同发展、高质量发展的制度保障。

雄安新区与北京、天津的政务服务中心互派人员、开设窗口，方便企业和群众办事，为承接疏解营造良好环境。在新区政务服务中心，随时能体验政务服务的智能与高效。新区实行"四个一"政务服务，一门覆盖、一窗受理、一网通办和一帮到底；逐步实施"六化"，行政审批事项清单化、许可标准化、人员职业化、审批智慧化、平台一体化和审管联动化。

5年来，雄安新区实行党政合设、大部门制、扁平化管理，打造"雄安服务"品牌，以"店小二"的思维、"保姆式"的服务，全力保障企业注册登记，健全"绿色通道"、容缺受理等制度。

高起点、高定位，雄安新区能否"聚集新人才"？

2019年1月16日，在雄安新区政务服务中心，部分进驻雄安新区的企业代表看到习近平总书记来了，热情围拢上来。

习近平总书记得知他们是到雄安新区的第一批创业者，勉励他们说："我们建设雄安新区，需要各方面企业共同参与。无论是国有的还是民营的企业，无论是本地的还是北京的企业，无论是中国企业还是外资企业，都要把握住这个千载难逢的机会，把握住历史机遇，做民族复兴、改革创新的弄潮儿！"

"如果有机会，就到雄安去。"如今，许多年轻人怀揣梦想来雄安新区创业。位于新区市民服务中心的雄安创业会客厅，每年都接待大批创业咨询人员，负责人田晶自己就是来自北京的创业者。许多本地人怀揣希望回到家乡"二次创业"。雄安新区已经成为干事创业的热土。

习近平总书记强调，"要建设一支政治过硬、专业过硬、能吃苦、富有开拓创新精神的干部队伍。"

5年来，雄安新区坚持党管人才，将"聚集新人才"作为重要目标之一。新区设立以来，近300名干部从中央和国家机关，北京、上海和深圳等发达地区汇聚雄安。"他们有特长，有情怀。在一些关键期，新区管委会办公楼经常彻夜通明。"雄安新区管委会副主任陈峰说。

坚持创新引领，打造改革高地，汇聚八方英才。雄安新区正在探索一条可复制、可推广的新路子。这里将是一座新时代高质量发展的样板城市，人们也将从这里看到未来中国。

习近平总书记强调："雄安新区的规划建设，要能够经得起千年历史检验，这也是我们这一代中国共产党人留给子孙后代的历史遗产。"

千年大计重于千钧，五年奋进夯基固本。

我们坚信，在以习近平同志为核心的党中央坚强领导下，雄安新区一定能够实现构建科学合理空间布局、塑造新时代城市风貌、打造优美自然生态环境、发展高端高新产业、提供优质共享公共服务、构建快捷高效交通网、建设绿色智慧新城、构筑现代化城市安全体系、保障规划有序有效实施的规划要求，必将在浩瀚的历史长河中绽放出璀璨夺目的光芒！

雄安，雄韬伟略，长治久安。

（摘自 2022 年 3 月 31 日《人民日报》第 1 版）

风好正是扬帆时 奋楫逐浪天地宽
——京津冀协同发展迈向更高水平综述

京畿大地，绘就宏图。

刚刚落幕的北京冬奥会，不仅点燃了冰雪运动的激情，也加速了京津冀协同发展的脚步，实现奥林匹克运动与区域发展的双赢。

8年前，在习近平总书记亲自谋划、亲自部署、亲自推动下，京津冀协同发展大幕开启。北京非首都功能有序疏解、雄安新区建设热火朝天、北京城市副中心城市框架全面拉开、重大改革创新举措落地……8年来，从谋思路、打基础、寻突破，到滚石上山、爬坡过坎、攻坚克难，京津冀协同发展始终保持良好状态，不断谋划发展的新篇章。

一列复兴号高铁列车穿过京张高铁居庸关隧道（2020年10月6日摄）。新华社记者 鞠焕宗 摄

牢牢牵住"牛鼻子" 北京非首都功能疏解取得新突破

北京"瘦身健体"、城市面貌蝶变的背后，离不开京津冀协同发展的推动作用。

"建设和管理好首都，是国家治理体系和治理能力现代化的重要内容。"党的十八大以来，以习近平同志为核心的党中央高度重视首都发展，始终牢牢牵住疏解北京非首都功能这个"牛鼻子"，坚定不移推动京津冀协同发展。

在位于北京市海淀区的超市发双榆树店，市民在挑选产自河北省张家口市赤城县的蔬菜（2020 年 7 月 23 日摄）。新华社记者 任超 摄

北京动批、大红门等大型批发市场成功疏解，着力构建完善"1+N+X"疏解方案和政策体系，持续开展"疏解整治促提升"……近年来，非首都功能疏解率先启动一批标志性疏解项目，取得了新突破、新成效。

随着北京非首都功能疏解相关方案印发，疏解工作总体安排以及"十四五"

时期高校、医院、央企总部3个领域重点疏解任务明确。户籍、教育、医疗卫生、社会保障、中央预算内投资、住房保障等政策陆续出台，疏解激励约束政策体系已初步形成。

2021年起，以在京部委所属高校、医院和央企总部为重点，分期分批推动相关非首都功能向雄安新区疏解，一批"十四五"期间的标杆性项目为深入实施中长期疏解任务奠定基础。

京津冀协同发展领导小组办公室有关负责人表示，从激励和约束两方面加快构建北京非首都功能疏解政策体系，激发相关各方疏解内在动力。"在政策制定实施中，注重提高精准性和含金量，加强制度创新，找准疏解单位和人员关心关切的要害发力，尽量使其疏解后的收益总体上不低于留在北京的收益水平。"

随着政策科学引导，一批重大疏解项目有序落地：

——中国星网在雄安新区注册落户。

——中国三峡集团、中国船舶集团、中国电子集团总部已分别从北京迁移到湖北武汉、上海、广东深圳挂牌。

——首批启动向雄安新区疏解的在京部属高校、医院已基本确定项目选址，各项疏解工作正在稳妥有序推进。

……

作为全国第一个减量发展的城市，北京坚定不移疏解非首都功能，发布全国第一个为治理"大城市病"制定的新增产业禁限目录并3次修订，2014年实施以来不予办理新设立或变更登记业务累计近2.4万件。

北京市委市政府京津冀协同办有关负责人说，禁限目录在严守功能底线的同时，也为构建高精尖经济结构打开了更大空间，科技、商务、文化、信息等高精尖产业的新设市场主体持续增加，占比由2013年的40%升至2021年的62%，为北京发展现代产业体系增添了新动力。

数据显示，北京中心城区功能布局不断优化，2014年以来北京市累计退出一般制造和污染企业约3000家，疏解提升区域性批发市场和物流中心近1000个，加快补齐便民服务设施，建设提升便民商业网点7000余个。

这是 2021 年 7 月 1 日拍摄的京雄城际铁路雄安站（无人机照片）。新华社记者 牟宇 摄

高标准高质量加速推进 "两翼"建设展翅齐飞

集中建设雄安新区和北京城市副中心是构建北京"一体两翼"城市空间格局的关键。习近平总书记对这一"千年大计、国家大事"念兹在兹，多次到两地考察，就高水平规划建设雄安新区和北京城市副中心提出明确要求。

随着京津冀协同发展进入新阶段，北京非首都功能疏解进入中央单位和相关地区协同发力的关键时期，雄安新区进入承接北京非首都功能和建设同步推进的重要阶段。

2021 年，雄安新区全社会用电量比上年增长 17.88%。夜幕之下各建设片区灯火通明，一道"地上银河"越来越亮。

在雄安新区启动区，300 个工地"塔吊林立"，10 万名建设者"热火朝天"。雄安新区作为北京非首都功能疏解集中承载地，是推动京津冀协同发展的关键落子。

国网北京市电力公司延庆换流站的员工检查张北柔性直流电网输变电设备（2021年9月25日摄）。
新华社记者 李欣 摄

五年来，一批批重大项目全面推进，一个个标志性工程投入使用，雄安如雨后春笋般拔节生长、日新月异。

城市综合管廊和燃气、电力、供热、给排水等重点市政设施网络逐步形成，起步区1号供水厂等一批基础设施建成投运；悦容公园等一批高品质休闲设施投用；京雄城际铁路全线稳定运营，雄安新区进入北京"1小时交通圈"；京雄高速公路河北段、荣乌高速新线等对外交通骨干公路建成通车……

2021年底，北京市支持雄安新区幼儿园项目实现竣工验收并正式移交雄安新区。北京援建的北海幼儿园、史家小学、北京四中、宣武医院"三校一院"项目陆续加快收尾。

新区首个集中建成区——容东片区首批住房2021年下半年投入使用，首批2.3万套安置房交付使用，3万多名征迁群众喜迁新居。根据规划，容东片区居住人口规模约17万人，将为承接北京非首都功能疏解提供重要支撑。

2021年雄安新区全年完成投资超过1400亿元。2022年雄安新区显雏形、

这是2022年1月4日拍摄的雄安新区容东片区华望城项目夜景（无人机照片）。新华社记者 骆学峰 摄

出形象的目标已经明确，安排重点项目超232个，总投资超7000亿元，年度计划投资超2000亿元。

雄安新区有关负责人表示，按照规划，到2022年底启动区"四梁八柱"将全部建成，交通路网骨架成型，直通北京的快速通道将打通，教育、文化、医疗等公共服务设施、生态景观体系基本形成，朝着"妙不可言""心向往之"的典范城市迈进。

雄安新区高标准高质量推进建设，北京城市副中心加快高质量发展，北京新的"两翼"建设不断取得新进展，展现新形象。

在北京城市副中心的北京环球影城，随处可见的"福"字元素、穿上过年新衣的角色人偶，无不凸显着农历春节的氛围，这里已经成为长假期间热门旅游目的地之一。

2021年，北京环球主题公园一期开园，截至当年底已累计接待游客超过160万人次，成为北京文化旅游新地标。除了这里的"明星效应"，北京城市副中心的城市建设，更加振奋人心。

2021年11月，国务院印发《关于支持北京城市副中心高质量发展的意见》，围绕强化科技创新引领、推进服务业扩大开放等重点任务明确6个方面17项

演员在北京环球度假区为游客带来具有春节气氛的表演（2022年1月22日摄）。新华社记者 陈钟昊 摄

具有针对性和高含金量的政策举措，为推动北京城市副中心建设进一步释放红利、鼓舞斗志。

春节过后，在北京城市副中心站综合交通枢纽工程的建设工地，工人们正在地下施工现场加紧作业，热火朝天。

作为亚洲最大的地下综合交通枢纽，北京城市副中心站综合交通枢纽于2019年11月30日启动施工，计划于2024年底具备通车条件。未来，这里地上是繁华的都市生活圈，地下是四通八达的轨道交通网——连接地铁6号线、平谷线、M101线和京唐、京哈、城际铁路联络线。

"我们坚持'一年一个节点'，每年都有新变化。"通州区区长孟景伟说，2021年北京城市副中心全年累计完成固定资产投资1000.6亿元，建安投资470亿元。建安投资总量保持北京市第一。

建设框架有序拉开，协同发展步稳蹄疾。行政办公区二期10个地块全部实现开工，副中心剧院、图书馆、博物馆三大建筑全部实现主体结构封顶，副

这是位于北京市通州区的北京城市副中心站综合交通枢纽工程建设现场（2022年2月23日摄）。
新华社记者 陈钟昊 摄

中心站综合交通枢纽进入主体结构施工阶段，北大人民医院通州院区正式开诊，首师大附中通州校区、副中心政务服务中心投用……高水平规划建设城市副中心，始终保持生机勃发。

重点领域全面提升 释放"协同红利"惠及民生

京津冀协同发展是一个系统工程，不可能一蹴而就，需要在若干领域率先突破。2021年年初，习近平总书记在北京、河北考察，主持召开北京2022年冬奥会和冬残奥会筹办工作汇报会并发表重要讲话，强调推动京津冀协同发展，努力在交通、环境、产业、公共服务等领域取得更多成果。

从"两翼"齐飞，到"三大领域"全面提升，8年来三地协同空间不断扩展，体制机制深刻变化，区域协作加速推进，产业衔接、项目合作更加多元，京津冀协同发展结出累累硕果：

——交通一体化大力推进，"轨道上的京津冀"加速奔跑。北京大兴国际

这是 2020 年 9 月 22 日拍摄的北京大兴国际机场内景。新华社记者 任超 摄

机场投运，推动北京形成"双枢纽"格局。京张高铁开通运营，京哈高铁全线贯通助力"1 小时交通圈"越来越广。津冀两省市组建港口联盟，天津港 2021 年集装箱吞吐量超过 2000 万标准箱。

8 年来，三地累计打通、拓宽对接路、"瓶颈路"2000 多公里。津保城际、京承高铁等建成通车，京唐、京滨、津兴等一批铁路加快建设，协同发展有了坚强支撑。

——区域环境生态治理持续改善，"冬奥蓝""'双碳'绿"靓容显现。京津冀生态联防联控联治力度不断加大。2021 年，京津冀地区平均优良天数比例达到 79.2%，比上年提高 9.5 个百分点；细颗粒物（$PM_{2.5}$）和可吸入颗粒物（PM_{10}）平均浓度分别降至 38 微克/立方米和 69 微克/立方米，同比分别下降约 15.6% 和 11.5%。永定河、潮白河等五大主干河流 26 年来全部重现"流动的河"并首次贯通入海。京津冀 192 个国家地表水考核断面水质达到或好于Ⅲ类断面比例达到 70.4%，同比上升 8 个百分点。

8 年来，三地携手发力，调结构、促转型、完善立法、加强监管、科技助力、

这是2020年9月16日拍摄的北京大兴国际机场固安城市航站楼一角。新华社记者 张晨霖 摄

这是2021年12月18日拍摄的天津港太平洋国际集装箱码头（无人机照片）。新华社记者 赵子硕 摄

这是2021年2月24日拍摄的天津滨海-中关村科技园一景（无人机照片）。新华社记者 赵子硕 摄

产业升级，在生态领域采取多种手段。从"雾霾锁城"到蓝天白云成常态，协同发展有了"呼吸之变"。

——产业升级转移扎实推进，创新协作步入新高地。8年来，中关村企业在津冀两地设立分支机构累计9000余家，北京与津冀达成技术合同成交额350.4亿元，累计1760亿元。作为京津冀协同发展的重要平台，天津滨海新区截至2021年底累计引进北京重点项目4729个，是2015年项目数的14倍，天津滨海-中关村科技园挂牌以来累计新增注册企业超过3000家，注册资本金超过1400亿元。"京津合作示范区建设初具雏形，协同发展领域不断拓展。"天津市滨海新区区长单泽峰说。

实现更高水平的协同发展，必须要实现好、维护好、发展好京津冀三省市人民群众的根本利益，不断增强广大人民群众的获得感、幸福感、安全感。

2021年9月，河北省三河市760名初一学生，迎来了在北京潞河中学三河校区的第一课，作为北京市通州区和河北省三河市试点办学项目之一。

"我们将潞河中学的优秀经验带到三河校区，实现两校间资源共享互助。"

在位于河北燕郊的燕达金色年华健康养护中心,从北京来养老的吕伟业(左)和李战平在散步(2021年10月11日摄)。新华社记者 彭子洋 摄

潞河中学三河校区校长孟洪峰说,在各项先进理念和活动的支持下,学生们全面发展,仅第一个学期,潞河中学三河校区的成绩就在三河市名列前茅。

8年来,京津冀三地通力合作,体制机制逐步健全、重点领域务实推进,政府和社会力量携手合作。养老、教育、医疗、文化等公共服务共建共享取得实质性进展,基本公共服务均等化水平持续提高。

2022年是党的二十大召开之年,也是"十四五"时期京津冀协同发展向纵深推进的重要一年。京津冀协同发展将牢牢牵住北京非首都功能疏解这个"牛鼻子",稳妥有序推动疏解项目落地见效,高标准高质量建设雄安新区和北京城市副中心,实施一批立长远、标志性的重大工程项目、重要改革举措、重点推进事项,确保取得更多更大新成果、新成效。

(摘自新华网《风好正是扬帆时 奋楫逐浪天地宽——京津冀协同发展迈向更高水平综述》,2022年2月25日)

"努力创造新时代高质量发展的标杆"
——以习近平同志为核心的党中央关心河北雄安新区规划建设五周年纪实

正值春暖,万物盎然。北京向南 100 多公里,一座新城拔节生长。

2017 年 4 月 1 日,新华通讯社受权发布:中共中央、国务院决定设立河北雄安新区。

设立河北雄安新区,是以习近平同志为核心的党中央深入推进京津冀协同发展作出的一项重大决策部署,是千年大计、国家大事。习近平总书记亲自决策、亲自部署、亲自推动,为雄安新区规划建设领航指路、把脉定向,要求在新区建设中全面贯彻新发展理念,坚持高质量发展要求,努力创造新时代高质量发展的标杆。

"疏解北京非首都功能、推进京津冀协同发展的历史性工程"

2021 年 4 月 28 日,中国卫星网络集团有限公司在雄安新区正式揭牌,成为首家注册落户雄安新区的中央企业。

目前,中国星网、中国中化、中国华能等首批 3 家央企已完成总部选址,即将开工建设;首批启动向雄安新区疏解的在京部委所属高校、医院已基本确定项目选址,各项疏解工作正在稳妥有序推进。

打造北京非首都功能集中承载地,是设立雄安新区的初心。

新区设立之初,习近平总书记就强调:雄安新区不同于一般意义上的新区,其定位首先是疏解北京非首都功能集中承载地,重点承接北京疏解出的行政事业单位、总部企业、金融机构、高等院校、科研院所等，不符合条件的坚决不能要。

5年来，从完成顶层设计到展开大规模实质性建设，这座未来之城从"一张白纸"着墨，稳扎稳打，目前已进入承接北京非首都功能和建设同步推进的重要阶段，一幅高质量发展的美好画卷徐徐展开。

时间回到5年前。

2017年2月23日上午，华北平原，雪后初霁。习近平总书记从中南海出发，驱车100多公里，专程到河北省安新县实地察看规划新区核心区概貌。

在大王镇小王营村，习近平总书记走进一片开阔地，极目远眺。这里就是规划中雄安新区起步区的核心地块。

当天中午，一场小型座谈会在安新县召开。习近平总书记强调指出，规划建设雄安新区是具有重大历史意义的战略选择，是疏解北京非首都功能、推进京津冀协同发展的历史性工程。

新时代呼唤大战略，大战略需要大手笔。

这是3月28日拍摄的雄安新区悦容公园景色（无人机照片）。新华社记者 骆学峰 摄

京畿重地，濒临渤海，携揽"三北"，是北方地区拉动中国经济发展的重要引擎。然而，京津两极过于"肥胖"，周边中小城市过于"瘦弱"，特别是河北与京津两市发展水平差距较大，城镇体系结构失衡……

党的十八大以来，以习近平同志为核心的党中央部署推动京津冀协同发展重大战略，核心是通过疏解北京非首都功能，探索出一种人口经济密集地区优化开发的模式，走出一条中国特色解决"大城市病"的路子。

解决北京"大城市病"问题，需要跳出北京看北京，在更大的空间格局中加以考量。

习近平总书记指出：从国际经验看，解决"大城市病"问题基本都用"跳出去"建新城的办法；从我国经验看，改革开放以来，我们通过建设深圳经济特区和上海浦东新区，有力推动了珠三角、长三角的发展。

规划建设雄安新区，正是着眼深入推进实施京津冀协同发展大战略，建设疏解北京非首都功能集中承载地的关键之举。

从谋划京津冀协同发展战略，到部署雄安新区建设，习近平总书记以高超的政治智慧、强烈的使命担当，运筹帷幄、统筹部署，多次深入地方考察调研，多次主持召开会议研究和部署实施，作出一系列重要指示批示，倾注了大量心血。

习近平总书记深刻指出："建设北京城市副中心和雄安新区两个新城，形成北京新的'两翼'。这是我们城市发展的一种新选择"，"在新的历史阶段，集中建设这两个新城，形成北京发展新的骨架，是千年大计、国家大事"。

2017年10月18日，习近平总书记在党的十九大报告中指出，以疏解北京非首都功能为"牛鼻子"推动京津冀协同发展，高起点规划、高标准建设雄安新区。

千年大计，要经得起历史检验、体现时代风貌。

谋定后动，规划先行。习近平总书记高度重视雄安新区规划建设，无论是规划编制要秉持的理念，还是规划编制进程的关键阶段，都亲自谋划指导，对每个重大问题及时把关定向，为高起点规划、高标准建设雄安新区提供了根本遵循、指明了工作方向。

早在谋划设立新区之时，习近平总书记就郑重告诫：雄安新区将是我们留给子孙后代的历史遗产。"要坚持用最先进的理念和国际一流水准规划设计建设，经得起历史检验。"

2018年2月22日，中南海。中共中央政治局常委会召开会议听取河北雄安新区规划编制情况的汇报。

习近平总书记强调指出，改革开放初期设立了深圳经济特区，创造了深圳的速度，40年后的今天，我们设立雄安新区要瞄准2035年和本世纪中叶"两步走"的目标，创造"雄安质量"，在推动高质量发展方面成为全国一个样板。

2018年4月20日，中共中央、国务院关于对《河北雄安新区规划纲要》的批复向社会公布。4月21日，规划纲要全文公布。

2019年1月，推动京津冀协同发展5周年之际，习近平总书记再次来到河北雄安新区。

在"千年秀林"，习近平总书记乘车穿行林区察看林木长势。望着一株株摇曳的小树幼苗，他欣喜地说："让它们跟着雄安新区一起慢慢生长。不要搞急就章，不要搞一时的形象工程。绿水青山就是金山银山，雄安新区就是要靠这样的生态环境来体现价值、增加吸引力。"

在雄安新区规划展示中心，谈到雄安新区下大气力处理城和淀的关系，习近平总书记强调："当时选址在这，就是考虑要保护白洋淀，而非损害白洋淀。

这是3月28日拍摄的雄安新区白洋淀旅游码头（无人机照片）。新华社记者 朱旭东 摄

城与淀应该是相互辉映、相得益彰。"

如今,"千年秀林"工程累计造林45.4万亩,雄安郊野公园、悦容公园等一批高品质休闲设施投用,雄安新区森林覆盖率由11%提高到32%,营造出"城在林中,人在景中"的意趣。

这是3月28日拍摄的雄安新区郊野公园景色(无人机照片)。新华社记者 朱旭东 摄

秀林不远处,白洋淀新苇吐绿、水鸟翩跹。淀区水质由劣Ⅴ类提升到全面Ⅲ类,鱼类恢复至54种,鸟类达230种,白洋淀生态环境治理和水质发生历史性变化,"华北之肾"功能加快恢复。

高起点规划、高标准建设、高质量发展,蓝图正一步步变为现实。

"精心推进不留历史遗憾"

从空中俯瞰今天的雄安——

这里是塔吊林立、热火朝天的施工现场,高峰时期100多个重点建设项目滚动推进，雄安建设者正在不断创造"雄安质量"，用勤劳和汗水描绘社会主义现代化城市新画卷。

这里是蓝绿交织、水城共融的美丽城市，城与淀相互辉映，"千年秀林"伴随雄安新区慢慢生长……

习近平总书记强调，建设雄安新区是一项历史性工程，一定要保持历史耐心，有"功成不必在我"的精神境界。

建设，规划先行；动工，生态先行。5年时光，这份"功成不必在我"的历史耐心，这道"快"与"慢"的辩证法，在雄安新区，有着最深刻的体现。

雄安规划，志在千年。习近平总书记反复强调："把每一寸土地都规划得清清楚楚再开始建设"，"精心推进不留历史遗憾"。

先后有60多位院士、国内外200多个团队、3500多名专家和技术人员参与新区规划体系编制；以《河北雄安新区规划纲要》为统领，形成了以雄安新区总体规划、起步区控制性规划、启动区控制性详细规划及白洋淀生态环境治理和保护规划四个综合性规划为重点，26个专项规划为基础支撑的"1+4+26"规划体系，为稳步承接北京非首都功能疏解，实现高标准规划、高质量建设奠定坚实基础。

2017年11月13日，雄安新区"千年秀林"9号地块栽下第一棵树。

未建城，先植绿。这片万众瞩目的土地，在5年前的一声惊雷之后，仿佛

工作人员在雄安新区千年秀林修剪树木（3月29日摄）。新华社记者 骆学峰 摄

又归于沉寂，但树却一棵一棵种了下来，白洋淀也迎来有史以来最大规模的系统性生态治理。

慢，是为了快。

2019年1月，在雄安新区规划展示中心，习近平总书记仔细端详展板上的《河北雄安新区规划纲要》。

此时，雄安新区"1+N"规划体系已基本建立。习近平总书记说："这两年，几乎没有动一砖一瓦。现在有了蓝图，雄安从顶层设计阶段转向实质性建设阶段，可能今年就是一派热火朝天的局面了。"

在随后于北京城市副中心召开的京津冀协同发展座谈会上，习近平总书记强调："要把设计成果充分吸收体现到控制性详细规划中，保持规划的严肃性和约束性，用法律法规确保一张蓝图干到底。"

先规划再建设、先管控再发展，目光更远，起点更高，标准更严。习近平总书记强调，要打造一批承接北京非首都功能疏解的标志性工程项目，新开工建设一批交通、水利、公共服务等重大基础配套设施，让社会各界和新区百姓看到变化。

如今的雄安新区，京雄城际铁路直通北京，城市外围道路、片区连接道路框架、生态廊道、水系等城市"四大体系"基本成型，城市框架全面拉开；容东片区基本建成，容西、雄东、昝岗等片区进入稳定开发期，启动区、起步区

这是3月28日拍摄的雄安商务服务中心（无人机照片）。新华社记者 朱旭东 摄

工作人员在介绍雄安新区市民服务中心的地下管廊（2019年8月30日摄）。新华社记者 邢广利 摄

重点项目有序建设，城市雏形加快显现。

地上之城拔节生长，地下之城加快成型。

在雄安，蜘蛛网式线缆不见踪影，水、电、气、暖、网等市政配套基础设施管线全都集纳在地下综合管廊中，统一规划、设计、建设和管理。从开挖第一个基坑开始，就将高质量发展要求贯穿项目建设全过程。

样板之城，亦是智慧之城。

新区每建设一栋楼，都会在数字雄安平台上生成一栋数字大楼，现实中哪怕更换一盏路灯，都能显示出来。每一栋建筑都是计算好的，运来的材料直接组装，一厘米钢筋都不会浪费。

起笔是世界眼光，落笔为时代标杆。

"要坚持生态优先、绿色发展，划定开发边界和生态红线，实现两线合一，着力建设绿色、森林、智慧、水城一体的新区。"

"要尊重城市开发建设规律，合理把握开发节奏，稳扎稳打，一茬接着一茬干。"

"这件事是不可逆的工作，所以必须发扬工匠精神，精心推进。"

……

习近平总书记的谆谆嘱托，为雄安新区建设发展指明方向。

"努力打造贯彻新发展理念的创新发展示范区"

2021年12月30日,北京市支持雄安新区"三校一院"交钥匙项目北海幼儿园雄安园区项目,首先实现竣工验收并正式移交雄安新区。

史家小学和北京四中雄安校区竣工,雄安宣武医院一期主体结构封顶;启动区体育中心、大学园图书馆等重大公共服务标志性工程开工建设……

进入承接北京非首都功能和建设同步推进的阶段,雄安新区各项重点工作都在滚石上山、爬坡过坎、攻坚克难。

未来之城,加快奔向未来。

这是3月25日拍摄的北海幼儿园雄安园区(无人机照片)。新华社记者 杨世尧 摄

这是3月29日拍摄的雄安新区首都医科大学宣武医院雄安院区项目建设施工现场(无人机照片)。新华社记者 朱旭东 摄

尊重城市建设规律和发展规律,稳扎稳打,推动北京非首都功能向雄安疏解——

"疏解是双向发力。"习近平总书记深刻解析:"触及深层次矛盾,要更加讲究方式方法,内部功能重组和向外疏解转移双向发力。""雄安新区是外向发力;北京是内向调整,优化核心功能,把'白菜心'做好。"

当前,新区建设聚焦启动区"主战场",促进各方面要素向启动区集中。

京津冀协同发展领导小组办公室有关负责人介绍,以在京部委所属高校、医院和央企总部为重点,分期分批推动相关非首都功能向雄安新区疏解,努力在"十四五"期间形成一批标杆性项目,为深入实施中长期疏解任务奠定基础。

"始终牢记雄安新区作为疏解北京非首都功能集中承载地的初心使命，推动疏解项目优先向新区启动区疏解，形成规模效应并集聚人气，将启动区打造为承载北京非首都功能的高质量样板。"这位负责人说。

聚焦创新、改革、开放，打造京津冀协同发展的重要增长极——

雄安新区智慧交通示范项目现场，通过"5G+北斗"无人化业务运营平台，无人接驳车、无人零售车、无人清扫车、巡逻机器人等多种无人车和机器人统一调度，全部实现无人化作业。

在雄安新区剧村变电站智慧充电区，插拔枪机器人为一辆电动汽车充电（3月18日摄）。新华社记者 朱旭东 摄

这是雄安新区剧村变电站"碳达峰、碳中和"监测平台（3月18日摄）。新华社记者 朱旭东 摄

智能、绿色、创新是雄安新区重点打造的亮丽名片。"必须坚持'世界眼光、国际标准、中国特色、高点定位'理念，努力打造贯彻新发展理念的创新发展示范区。"习近平总书记指出。

协同发展本身就是一场深层次改革。习近平总书记一再强调，要赋予雄安新区发展自主权，只要有利于雄安创新发展的要全力给予支持。

2018年7月6日，中央全面深化改革委员会第三次会议审议通过《关于支持河北雄安新区全面深化改革和扩大开放的指导意见》。会议指出，赋予雄安新区更大的改革自主权，在创新发展、城市治理、公共服务等方面先行先试、率先突破，构建符合高质量发展要求和未来发展方向的制度体系，打造推动高质量发展的全国样板。

完善建设资金筹措机制,完善多主体供给住房政策,全力提升企业开办效能……作为打造京津冀世界级城市群的重要一环,雄安新区开出一系列体制机制改革创新清单。

坚持以人民为中心,构筑新时代宜居的"人民之城"——

"要坚持以人民为中心,从市民需要出发,做到疏密有度、绿色低碳、返璞归真,提供宜居的环境、优质的公共服务,有效吸引北京人口和功能疏解转移。"新区规划伊始,习近平总书记就这样强调。

兼顾传统与现代的建筑风貌设计,安全便捷的三级道路系统,推窗见绿、开门入园的景观环境……雄安新区首个集中建成区容东片区,已回迁4万余人,千余栋建筑全部交工后将容纳17万人。

这将是一座令人耳目一新的城市:公交步行通畅便捷,森林碧水交织绕城……

这将是一座更加宜居宜业的城市:贴心的公共服务设施,优质的教科文卫

这是3月23日拍摄的雄安新区容东片区(无人机照片)。新华社记者 杨世尧 摄

小朋友在雄安容和双文幼儿园玩耍（3月23日摄）。
新华社记者 骆学峰 摄

等公共资源，多元化住房保障体系……

这将是一座集萃当代智慧的城市：先进的城市理念扎根发芽，创新的改革模式作出示范，前沿的创新发展见证时代……

在以习近平同志为核心的党中央领导下，坚持大历史观，保持历史耐心，一茬接着一茬干，一年接着一年干，确保一张蓝图干到底，努力创造"雄安质量"，雄安新区正着力打造高质量发展的全国样板。

一方城、两轴线、五组团、十景苑、百花田、千年林、万顷波……一个生机勃勃的未来之城令人期待。

（摘自新华网《"努力创造新时代高质量发展的标杆"——以习近平同志为核心的党中央关心河北雄安新区规划建设五周年纪实》，2022年3月31日）

推动北京市通州区与河北省三河、大厂、香河三县市一体化高质量发展
——国家发展改革委负责同志答记者问

推动北京市通州区与河北省三河、大厂、香河三县市一体化高质量发展是"十四五"推进京津冀协同发展的一项重点工作。围绕这一工作，新华社记者日前专访了国家发展改革委负责同志。

问：北京市通州区与河北省北三县一河之隔，推动两地一体化高质量发展有何重大意义？

答：党中央、国务院高度重视北京城市副中心建设和通州区与北三县协同发展。2020年3月，国家发展改革委、北京市、河北省人民政府联合印发《北京市通州区与河北省三河、大厂、香河三县市协同发展规划》，提出充分发挥北京城市副中心示范引领作用，辐射带动北三县协同发展。2021年，国务院印发《关于支持北京城市副中心高质量发展的意见》要求，积极推进通州区与北三县一体化高质量发展。

通州区与北三县是建设北京城市副中心的重要支撑部分，区域内经济社会联系十分紧密，推进一体化高质量发展，有利于在更大空间范围优化资源配置，加强对首都功能的服务保障，有效治理北京"大城市病"；有利于支持北京城市副中心建设，优化北京城市空间布局和经济结构，加快打造区域发展新高地；有利于探索创新区域一体化发展体制机制，带动北京城市副中心周边地区一体化高质量发展。

问：推动两地一体化高质量发展的基本原则和主要目标是什么？

答：紧紧抓住有序疏解北京非首都功能这个"牛鼻子"，坚持"一盘棋"谋划，充分发挥北京城市副中心示范引领作用，有力有序推进通州区与北三县一体化高质量发展，打造新时代区域协调协同发展典范。

把握三个原则：一是改革创新、先行先试。北京市、河北省根据发展定位和实际需要，依法赋予通州区与北三县部分省（市）级经济社会管理权限，逐步落实"统一规划、统一政策、统一标准、统一管控"，提升区域一体化发展水平。二是有序实施、务实推进。分步有序推进基础设施互联互通，生态环境联控联治，产业发展协同协作，公共服务共建共享。三是政府引导、市场运作。建立健全一体化高质量发展管理体制机制，促进要素自主有序流动。

主要目标是，到2025年，通州区与北三县一体化高质量发展管理体制机制建立并有效发挥作用，在环境治理、基础设施、公共服务、工程技术等领域率先形成统一标准体系。重点生态修复与建设工程基本完成，轨道交通建设取得积极进展，公交优先的一体化交通网络基本建立，产业体系协同性、营商环境标准化水平显著增强，承接北京非首都功能疏解和产业园区共建取得实质进展，北京市优质医疗、教育资源有序向北三县延伸布局，公共服务落差逐步缩小。

到2035年，通州区与北三县一体化高质量发展体制机制更加成熟完善，生态环境质量根本改善，智能绿色、高效便捷的公共交通体系建成，创新引领的现代化经济体系基本建立，创新链、产业链、供应链融合发展，要素资源自主有序流动，实现更高水平基本公共服务均等化，人民获得感、幸福感、安全感显著提高，绿色城市、森林城市、海绵城市、智慧城市、无废城市基本建成，成为新时代京津冀协同发展生动实践。

问：通州区与北三县一体化高质量发展取得哪些成效？

答：在各方共同努力下，通州区与北三县协同发展取得阶段性重要进展，为一体化高质量发展打下良好基础。

一是生态环境改善成效显著。通州区与北三县已签订协议加强交界地区生态环境治理，在区域大气污染防控、流域水环境修复、土壤污染治理、垃圾处置、水资源利用五方面统一管控。潮白河干流近22年首次全线水流贯通。2022年，通州区与北三县细颗粒物（$PM_{2.5}$）平均浓度均在33微克/立方米以下，北运河土门楼、潮白河大套桥等主要河流断面监测水质达标率达100%。

二是交通一体化建设稳步推进。通州至大厂厂通路及跨潮白河桥梁加快施工，已建成跨潮白河桥梁5座、跨界道路10条，开通跨界公交22条。京通快速路各收费站除早高峰时段外免费通行。北京市首条跨省市轨道交通平谷线北京段、河北段启动建设，串联通州区与北三县的京唐京滨城际铁路开通运营。

三是产业转移承接逐步成型。北京市与廊坊北三县2019年以来连续4年举办项目推介洽谈会，累计签约项目160余个。北三县围绕重点产业延伸布局，培育引进高新技术企业319家、科技型中小企业2973家。

四是公共服务合作不断加强。北京中小学、幼儿园与北三县14所学校合作办学，可新增小学和初中学位2000余个。39家北京医疗机构与北三县开展技术帮扶、远程诊疗、专家坐诊等合作，北京朝阳医院、友谊医院等4家市属医院对口支持三河市的燕达医院成为三甲综合医院，北三县21家二级以上医疗机构实现京津冀异地就医直接结算。

问：下一阶段通州区与北三县一体化高质量发展有哪些重点任务？

答：深入学习贯彻党的二十大精神，认真贯彻落实习近平总书记重要指示精神，落实五方面重点任务。

一是进一步加强生态环境联控联治。坚持山水林田湖草沙一体化保护和系统治理，优化区域空间秩序和改善生态环境；对区域内各类大气污染源采取严格控制措施；加强区域内河湖水域岸线保护和空间管控；拓展生态绿色空间，全面提升环境综合质量，夯实首都东部地区生态安全基础。

二是进一步推进基础设施互联互通。深入推进"轨道上的京津冀"建设，加快平谷线等跨区域轨道交通建设；打通公路交通堵点；完善区域一体化交通建设、运营、管理政策，研究建立轨道交通、公交运营补贴分担等机制；系统推进潮白河、北运河、沟河等河道综合治理。

三是进一步密切产业发展协同协作。重点发展数字产业、文化产业、休闲康养等新型服务经济，改造升级食品加工、家具制造等传统优势产业；推动符合区域功能定位的北京产业向通州区与北三县延伸；完善产业协同政策，研究制定差异化的新增产业禁止和限制目录。

四是进一步促进公共服务共建共享。鼓励以合作办学、建立分校区等方式，促进北京优质基础教育、职业教育资源向北三县延伸布局；支持北京市与北三县医疗机构加强合作；全面提升通州区与北三县健康养老领域服务保障能力。加大保障性租赁住房和共有产权住房供应，推进全民健身公共服务体系一体化发展，建立跨区域工作信息沟通共享机制和企业薪酬调查信息发布协同机制。

五是加大改革创新力度。支持北京市属国有企业以市场化方式参与北三县城市综合开发；共享改革创新试点，鼓励社会资本参与产业园区、公共服务、基础设施和生态建设等有一定收益的项目。推动相关试点政策区域共享，推进区域内标准统一、区域通办、结果互认，打造一流区域营商环境。

问：体制机制方面有哪些保障？

答：北京市、河北省将创新体制机制，在通州区与北三县现有工作对接机制基础上，构建与一体化高质量发展相适应的管理架构。

一是加强组织领导。组建理事会作为决策层，负责研究议定区域内重大问题，协调两省市有关部门、北京城市副中心、通州区、廊坊市及北三县统筹推进重要改革举措、重大工程项目、重点工作事项，督促推动任务落实。

二是扎实推进工作。理事会下设执委会，负责研究拟订制度规则、重点规划、工作要点、支持政策、改革事项、重大项目等，报请理事会同意后协调各方面推进落实。

三是鼓励社会参与。理事会、执委会根据工作需要可邀请京冀两省市人大代表、政协委员、专家学者、企业家等建言献策。

四是强化责任落实。北京市、河北省履行主体责任，形成共同推进的强大合力。

（摘自新华网《推动北京市通州区与河北省三河、大厂、香河三县市一体化高质量发展——国家发展改革委负责同志答记者问》，2023年1月29日）

京津冀协同发展的新使命与新路径

京津冀协同发展是党中央在新的历史条件下作出的重大决策部署,是习近平总书记亲自谋划、亲自部署、亲自推动的重大国家战略,也是党的十八大以来首个重大区域战略。八年多来,京津冀协同发展在顶层设计、疏解非首都功能、产业协同升级、交通一体化、生态环境联合防治、公共服务资源共建共享等方面取得了重大进展,但经济下行压力加大、空间布局亟待优化调整、区域发展环境有待改进等问题依然突出,现已经进入滚石上山、爬坡过坎、攻坚克难的关键阶段。"十四五"时期,我国正处于由全面建设小康向基本实现社会主义现代化迈进的关键阶段,为应对国内外复杂严峻的形势,中央提出加快构建以国内大循环为主体、国内国际双循环相互促进的新发展格局。党的二十大报告对全面建成社会主义现代化强国作出"分两步走"总的战略安排,将高质量发展作为首要任务,提出要"深入实施区域协调发展战略""推进京津冀协同发展"。因此,贯彻落实党的二十大报告精神,对标《京津冀协同发展规划纲要》目标要求,深入研究京津冀协同发展的新环境、进入新阶段面临的新使命和新任务具有十分重要的意义。

一、对京津冀协同发展战略的再认识

(一)内外部环境发生了巨大变化

当前,我国正经历百年未有之大变局。从外部环境看,一是全球疫情持续反复,世界主要经济体复苏势头缓慢,造成国际市场供需疲软。二是国际政治局势对我国形成不利冲击,特别是以美国为首的西方发达国家持续加大对我国企业技术、人才打压,阻碍我国企业尤其是科技企业"走出去"参与国际竞争。三是俄乌战争陷入胶着状态,其负面影响不仅限于军事和政治层面,也在向粮食安全、能源价格、金融及全球供应链等领域不断外溢,我国区域发展将不可避免地受到一定的冲击。从内部环境看,我国经济恢复的基础尚不牢固。一是需求收缩、供给冲击、预期转弱三重压力仍然较大。我国经济正处于新旧动能转换的关键节点,迫切需要摆脱过去的粗放式生产方式,摆脱以低附加值产品参与国际价值链、以投资拉动增长的传统增长模式,培育和寻找新的经济增长点。二是"三大差距"问题尚且没有得到解决。传统的东中西部差距没有缩小,而南北方差距又逐步凸显,与此同时,居民收入差距、城乡差距仍较为突出,成为全体人民共同富裕的"拦路虎"。三是国内新冠疫情政策正经历调整,未来仍有不确定性。如何更好统筹疫情防控和经济社会发展,也是当前一大现实问题。

(二)中国式现代化对京津冀协同发展提出了新的使命

党的二十大报告深刻阐述了中国式现代化的科学内涵、中国特色和本质要求,强调坚持以中国式现代化全面推进中华民族伟大复兴。报告提出要高质量构建新发展格局,继续着力推进京津冀协同发展等区域重大战略。对标新的发展目标,京津冀地区肩负新的历史使命和更加艰巨复杂的新任务:一是坚持以经济建设为中心,始终把发展作为第一要务,坚定高质量发展的方向和路径,携手打造与强国地位相称的世界级经济中心。二是深化体制机制改革,更好地发挥市场机制的作用,加快要素的集聚,建设区域统一大市场。三是积极应对复杂多变的国际环境,加快构建以国内大循环为主体、国内国际双循环相互促进的区域发展新格局,增强京津冀地区发展的协同性、联动性和引领性。四是以大尺度空间优化加快世界级城市群建设,实现区域共同富裕、均衡发展。京津冀协同发展虽然是区域发展战略,其目的不仅在于促进本地区发展,更是关乎我国向社会主义现代化强国迈进的关键推动力,是推进我国第二个百年目标顺利实现的重大国策。

二、京津冀协同发展的成就和挑战

八年多来,在中央各部门和三省市的共同努力下,京津冀协同发展取得了明显的进展。首先是完成了顶层设计。2015年中央颁布了《京津冀协同发展规划纲要》,2016年的"十三五"规划纲要首次将京津冀协同发展纳入国民经济规划,并从多个方面完善了京津冀发展的具体任务。2021年,"十四五"规划纲要中京津冀协同发展仍居重要位置。党的二十大报告再次强调,要推进京津冀等国家区域重大战略和高质量发展的路径。第二是非首都功能疏解实现"腾笼换鸟"。北京完善新增产业禁限目录,开展"疏解整治促提升"专项行动,天津、河北两地43个重点承接平台建设提速。三是雄安新区建设取得进展。自新区设立以来,集聚效应初步显现,累计实施重点项目240个,累计完成投资额超4900亿元,100余家央企总部及各类分支机构落户雄安;基础设施加速完善,京雄城际、京雄高速建成通车。四是基础设施和公共服务一体化有序推进,"一网通办""跨省通办""技术职称互认"等举措畅通了资金、人才流动。此外,不断加强公共服务共建共享,建立医学合作项目超过500个,河北省累计引进京津学校在冀设立分校已超过29所。五是生态环境治理成效显著。2014年以来,三地同时加大污染治理力度。$PM_{2.5}$平均浓度持续下降,全年优良天数均超过260天;永定河、潮白河等河流断流现象明显减少;土壤污染得到有效遏制。节能降耗工作取得进展。2021年,北京、天津、河北规模以上工业单位增加值能耗比2013年分别累计下降50%、40.6%和40%,煤炭消费占比显著降低。此外,三地还着力健全大气污染联防联控机制,开展水污染协同治理,探索法规标准协同。

京津冀协同发展取得显著成就的同时,依然存在一些有待解决的问题。

(一)经济增长动力不足,与建设世界级城市群和缩小南北差距目标相距仍较远

近年来,京津冀地区经济增长不仅与国际先进水平有较大差距,在全国发展格局中的经济地位也有所下降。2014年,京津冀地区人均GDP为全国平均

水平的 1.28 倍，2021 年仅为全国平均水平的 88.9%。近五年来，天津市经济增长速度明显放缓，河北省人均 GDP 仍在全国平均水平以下。从增速上看，京津冀地区经济增速远低于长三角与珠三角区域，与打造中国经济发展新支撑带的目标尚有差距（见图 1）。京津冀三地之间有序的产业转移机制仍有待形成，产业结构与产业布局都亟待优化，这也是京津冀地区内生性增长动力不足的主要成因。

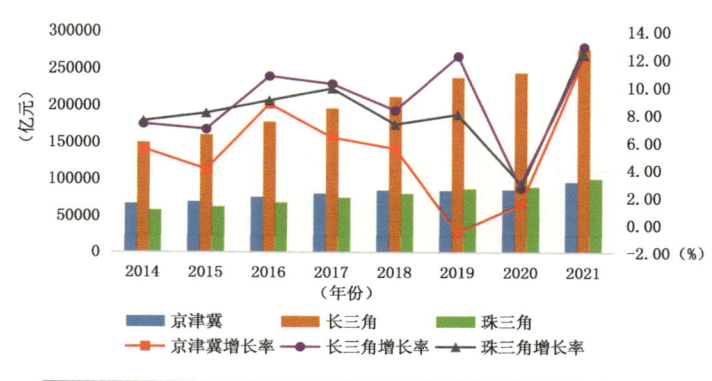

图 1 2014—2021 年三大区域 GDP 总量及增长率对比

资料来源：作者研究整理。

（二）区域内部差距扩大

2014—2021 年，北京 GDP 占三地的份额由 39.0% 增至 41.8%，而天津和河北所占份额均出现下降；同期天津、河北与北京的人均 GDP 比值分别由 70.2%、32.3% 降至 61.8%、29.4%。天津自 2017 年以来连续 4 年 GDP 增速慢于全国平均水平，河北 GDP 排名由 2014 年的第 10 位下降至第 12 位，经济下行压力明显。内部落差加大不仅影响了三省市的发展，也延缓了世界级城市群建设的总体推进。

（三）空间结构优化有待加快，城市群规模体系存在断层

京津冀空间布局中京津两城为超大城市，中等城市偏少、低等级城市数量较多，空间落差明显，与其他世界级城市群相比存在一定的差距。《京津冀协同发展规划纲要》明确提出了"一核、双城、三轴、四区、多节点"的空间布局。但是，自京津冀协同发展战略实施以来，"双城、三轴、四区、多节点"

的布局建设尚在推进之中,效果还未显现。首都双翼的重要性毋庸置疑,但仅靠双翼难以改变京津冀地区固有的空间结构形态,缺乏点、线、轴、面之间的联动效应与规模效应。

(四)外向型经济较弱,国际影响力有待提高

北京作为首都和京津冀区域内唯一的全球化城市,国际影响力较高,而天津与河北的国际化程度仍然有较大的提升空间,与世界级城市群的定位并不适应。天津的核心定位之一是北方国际航运中心,但目前天津口岸外贸量和天津外向型经济发展水平还有待提高;雄安新区在建设时期规划的任务之一是扩大全面对外开放,目前尚未摆到建设日程的重点。截至2020年,京津冀区域外商直接投资额仅为长三角地区的38%,外商投资企业数仅为长三角地区的28%(见图2)。

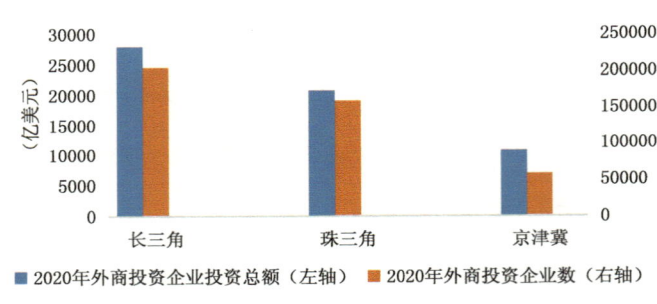

图2　2020年三大地区外商投资情况比较

资料来源:根据《中国统计年鉴2021》绘制。

(五)营商环境有待优化,民营经济活跃度不高

京津冀地区市场机制发挥作用不充分,要素与企业的响应度不高。2020年,全国民营经济500强企业中京津冀地区仅占11%,而长三角和珠三角地区分别占41%和12%(见图3)。2019年,京津冀、长三角、珠三角三大区域市场化指数分别为9.6、10.7、11.4,京津冀地区与其他两大区域还存在较大差距,由于民营经济发展缓慢,大量要素外流。

习近平总书记在2019年京津冀协同发展5周年座谈会上指出:"京津冀协同发展是一项系统性工程,不可能一蹴而就,要做好长期作战的思想准备。"

当前，京津冀协同发展已经从谋思路、打基础、寻突破的阶段进入"滚石上山、爬坡过坎、攻坚克难"的关键时期。党的二十大报告再一次明确，深入实施区域协调发展战略和推进区域重大战略是高质量构建新发展格局的重要任务。作为国民经济的重要组成部分，区域发展战略始终服务于宏观经济发展目标。面向两个百年的宏伟目标，中央提出的新发展格局核心内涵就是立足国内、自主创新、发展经济、深化改革、社会稳定、生态平衡。因此，要以党的二十大报告的精神来落实京津冀协同发展战略，以新理念、新思路、新路径加速发展，不辱使命，为实现中国式现代化的总体目标提供重要动能。

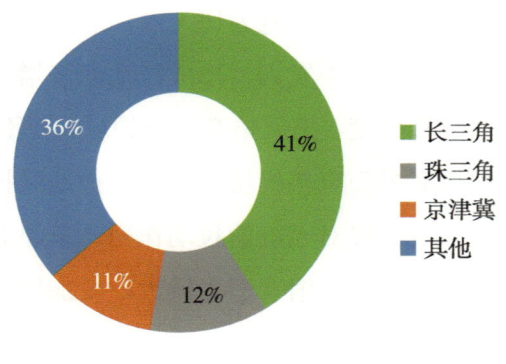

图 3　2020 年三大城市群民营企业 500 强占比

资料来源：根据全国工商联《2020民营企业 500 强调研分析报告》绘制。

三、新时期推进京津冀协同发展的路径展望

全面贯彻党的二十大精神，对标《京津冀协同发展规划纲要》，在重新认识京津冀协同发展所面临的新环境、新使命、新任务基础上，系统总结和回顾过去八年多京津冀协同发展的经验，从构建新发展格局、贯彻新发展理念，以及中国式现代化的角度出发，设计出符合未来前进方向的京津冀协同发展"中国式路径"。

（一）构筑经济新高地，建设与大国地位相称的世界级经济中心

党的二十大报告进一步强调发展经济，指出"要以中国式现代化全面推进中华民族伟大复兴"。虽然中国式现代化的五大特征涉及经济、政治、文化、社会、生态等丰富内涵，但是都与经济繁荣发展密不可分，大力发展经济是其他现代化特征指标的基础和保障。未来，京津冀地区应毫不动摇地巩固和提升经济实力，保持经济增长速度在合理区间。只有经济发展达到更高水平，才能为京津冀协同发展提供必要的物质基础。具体而言，一是要注重培育新动能，

以培育新增长动能为切入点，完善支撑高质量发展的产业体系，应在重点区域、重点产业集中发力，形成拉动经济增长的新增长极。二是要在落后区域加强招商引资力度、拓展招商引资领域。要不断改善优化营商环境，进一步简政放权，增强对外商直接投资、国内其他地区投资的吸引力，提升地区资本存量。三是要重视消费对经济的拉动作用，京津冀地区内拥有多个大城市、超大城市，市场规模巨大，消费潜力巨大，要加快建设国际消费城市，以实际需求的增长拉动经济规模的扩张。

（二）推进区域现代产业体系建设，促进产业链和创新链深度融合

一是积极推进京津冀产业链的区域集群化发展。依托各类园区、平台和基地等载体，按照"强点、集群、组链、结网"的思路，加快京津雄产业分工与空间布局优化。梳理京津冀三地主导产业和战略性新兴产业中主要产业链的关键环节、优劣势和缺失环节，以"缺链补位、短链拉长、弱链增强、同链错位"为思路，组织企业家、行业、机构打造多层次、多领域，彼此相互连接的产业合作网络。依托北京国家创新中心的优势，积极打造大数据、物联网、工业互联网、高端生产性服务业等若干高新产业链。

二是推进京津冀重点产业带建设。将京津冀产业体系下的子模块统一起来，沿着"一环四横四纵"交通干线组织产业链的集聚，着力建设新一代信息技术产业带、北方高端装备制造产业带、大数据产业带、京津冀能源产业带、京津冀商务休闲旅游产业带和京津冀现代物流产业带。

三是以市场化机制完善区域产业联盟。借鉴长三角、珠三角的经验，打破行政分割现状，按市场化规律集聚要素，培育统一的产业发展市场环境。

（三）优化空间布局，发挥区位优势，打造以首都为核心的世界级城市群

结合全球范围内世界级城市群的建设经验，对标中国式现代化的具体内涵，京津冀世界级城市群建设首先应强化首都北京的核心功能，增强辐射带动能力。北京要更加重视优化产业结构，加快向高端化、服务化、集聚化、低碳化、融合化的方向发展，努力形成区域内创新引领、技术密集、价值高端的经济结构。不断强化国际交往功能，扩大对外开放，全面提升京津冀国际交往的软硬件环境，打造高端国际交流平台，吸引更多国际组织总部、大型跨国企业落户京津冀。二是在新两翼建设的基础上尽快启动京津都市连绵带建设。通州城市副中心建成后，通州与天津的距离不足 10 公里，应填平洼地，在京津之间开发新城。一方面可有效拉动内需，另一方面通过建设都市连绵带打造世界级城市群的空间形象。三是沿三个轴带完善中小城城市的功能，以便使北京非首都功能在市场的作用下向周边自然疏解。要打破地方政府间行政壁垒和制度障碍，促进生产要素自由流动，加快改革创新步伐，形成区域一体化发展新格局。通过建设高效密集交通网和立体交通网络，进一步缩减各个城市与乡镇之间的通勤成本，促进人口、产业、资金等生产要素能够在地区内快速流动，为推动经济向高端转型提供基础设施支撑。

（四）继续强化政府治理改革，推进区域深度协调

首先，要稳字当头推进经济增长，加快天津、河北发展步伐，降低区域内部落差。京津冀协同发展的一个重点任务就是实现区域的均衡增长，要以推动政府治理创新为抓手，以体制机制改革为基础，促进三地间的要素自由流动，消除地方行政壁垒，极大激活区域内需。要根据区域内各城市发展的需求和实际情况，合理规划产业结构、产业布局，实现区域间产业的优势互补和创新成果的自由流动，避免区域间恶性竞争。北京应发挥在京津冀世界级产业集群建设中的创新引领作用，天津要利用好高端制造业研发基地和临港产业优势，河北应以雄安科技新城为引擎加快传统产业升级，以高标准建设雄安新区带动河北经济发展。

其次，要全面推进新型城镇化与乡村振兴，缩小城乡差距。要按照"一核、双城、三轴多节点"的城市空间布局，构建合理的中心城市层级结构，形成多中心、多层级、多节点的网络型城市布局。加快京津都市连绵带建设和雄安新区建设，提升涵养人口能力，带动冀中南地区的跨越式发展，在疏解大城市病的同时积极培养中小城市留住人才的能力，促进中小城市可持续发展。围绕城市辐射范围，以产业培育、基础设施建设和农村人居环境整治为抓手，推动现代乡村建设，共建京津冀农业科技联盟，强化三地农业联动。

最后，要以共同富裕为目标，提升基本公共服务均等化水平，兜牢民生底线。要以实现基本公共服务均等化为目的，促进公共服务水平均衡。落实人力资源服务京津冀区域协同标准，开展人力资源服务机构等级评定。通过缩小公

共服务差距为三地要素自由流动创造条件，降低人口迁移成本。加强京津优质教育、医疗等资源与河北省内城市的共享合作。

（五）深化体制机制改革，激发市场活力，正确把握政府与市场的关系

京津冀协同发展需要政府调控与市场调节相向而行。政府调控为区域发展谋篇布局、打牢底子，市场调节为区域发展注入生机，充足动力。当前，在京津冀地区机制体制对经济发展的束缚仍局部存在，生产要素的自由流动和迅速集结仍不充分，单纯依靠行政手段并不可行。因而，应真正发挥市场在资源配置中的决定性作用，让"看不见的手"和"看得见的手"协同配合、共同发力。一是要分门别类深化推进国有企业改革，通过改革，使国有企业真正成为市场主体。充分竞争领域的国有企业要提升资本回报、质量效益，推进市场化、国际化。垄断性国有企业要聚焦重要行业和关键领域，更好服务国家战略、完成重大专项任务。此外，国有企业还应当聚焦保障民生、服务社会，高效率提供公共产品和服务。二是要厘清政府与市场之间的关系，清理妨碍要素流动、资源共享和公平竞争的各种行政规定和管理措施，消除隐蔽性市场壁垒。三是打破行政性市场垄断，促进要素跨区域有序自由流动，疏通战略规划、政策体系的梗阻，推动制度衔接、平台对接，在更深层次、更广领域实现高效协作。四是培育民营企业发展的良好市场环境和法制环境，加大金融惠企力度，吸引更多大型民营企业入驻，带动民营经济发展。

（六）推进生态协同共治，瞄准"双碳"目标，走绿色、低碳、集约式发展道路

基于生态保护建立区域利益补偿机制，建立与完善中央政府补偿为主、地方政府补偿为辅的生态补偿机制，采取多种补偿方式对实施生态环境保护的一方给予恰当的利益补偿，促进生态产品价值转化，保障生态治理的常态化运行。此外，要突破单一的区域治理模式，强化区域生态环境治理机构建设，构建并完善京津冀跨地区生态环境应急预警机制，完善京津冀跨地区联防联控治理模式，统一城市大气、水污染防治政策，设立区域生态环境合作发展基金，完善京津冀区域生态补偿机制，制定合理的补偿标准。

（京津冀协同发展专家咨询委员会）

谋划京津雄创新特区 引领京津冀世界级城市群建设

一、湾区（三角区）经济成为世界级城市群发展的新趋势

从国外实践来看，湾区（三角区）经济成为城市群建设主流。一是美国曾经著名的 128 号公路发展成为当今纽约湾区。当今国际湾区之首的纽约湾区，包括纽约、波士顿、纽瓦克和新泽西等核心城市，形成了以金融保险、科技服务、军工制造为主导的产业，成为世界城市群建设的典范。二是美国西海岸由硅谷逐步拓展成为旧金山湾区。以享誉世界的硅谷为基点，沿着 101 高速公路和旧金山海湾，形成了由旧金山、圣克拉拉、奥克兰、森尼韦尔和圣何塞等数座城市组成湾区，着重发展以科技服务、智能制造、金融保险、信息和医疗健康为主的高科技产业。三是著名的日本东京湾区，这也是该国快速发展的重要战略支撑，快速、便捷、大容量的无缝对接的交通基础设施加速了人口大聚集，促进了服务业和知识经济的兴起。

同样，国内城市群空间布局也进入湾区发展的喷涌期。一是粤港澳大湾区的规划设计。随着 CEPA 协议的深入实施和广东自贸试验区的成立，打造粤港澳大湾区国际都市圈的时机已成熟，以泛珠三角合作为重要基础的"2+9"粤港澳大湾区建设正式上升为战略，成为国家建设世界级城市群和参与全球竞争的重要空间载体，这里将建设成世界第四大湾区。二是沪浙联手打造沪杭大湾区建设。《上海城市总体规划（2017—2035 年）》中提出的同城化都市区，与浙江省正在谋划建设的杭州大湾区空间重叠，沪浙两地将依托沿海

跨湾陆海多条重大交通通道，建设中国第二大湾区。

可见，核心城市的湾区（三角区）建设是牵动世界级城市群经济发展的"牛鼻子"。新一轮全球经济格局的演化，其内在因素和最大变量取决于创新能力。

二、京津冀具备建设湾区的基础和紧迫性

京津冀要在未来的区域竞争中赢得先手，根本出路在于创新驱动，关键是靠京津雄协同创新来提供充足区域发展动能。毋庸置疑，京津冀具备优越的地理构造、发达的港口城市、强大的核心城市、高效的交通设施、合理的分工协作，这些都是湾区经济发展的共同特征；尤其是京津雄三角区拥有全国二分之一院士、三分之一国家级实验室、四分之一"双一流"高校，以及全国半数以上的"独角兽"企业，中关村正在打造世界级科创中心。

京津冀协同创新也面临许多难题。三地科技创新源头分布不均、转化能力迥异；创新协作平台数量多但资源分散，不利于创新链与产业链构建；创新人才合作机制运行主体层次不高，人力资源市场相对分割且流动动力不足；创新合作的园区载体数量虽多，但真正具有特色产业竞争优势和品牌优势的平台很少；同时，还存在中心城市辐射带动作用弱、区域内部分化，以及世界级城市群建设缓慢等问题，亟待通过京津冀协同发展在空间和创新方面提出新思路和新举措。

三、京津雄创新特区的建设构想

京津冀要在未来的区域竞争中赢得先手，根本出路在协同创新，关键在于京津与雄安新区联手，共同建设创新特区，为协同发展提供充足的新动能。

（一）启动创新特区建设，注入京津冀协同发展新活力。

习近平总书记多次指出，京津冀协同发展根本要靠创新驱动，要形成京津冀协同创新共同体，建立健全区域创新体系，为有序疏解北京非首都功能、推动京津冀协同发展提供动力支持。一是打造世界级城市群的"战略支点"。建

设世界级城市群既是京津冀协同发展既定的发展定位之一，也是当前区域经济发展最为关键环节。目前，京津冀是全国乃至全球重要的创新要素聚集地，主要集中在京津廊保辖区的中部核心功能区，尤其是京津雄围成的三角区，这里高度富集科技资源、创新要素和高端高新高质产业的黄金地带，具有不亚于长三角、粤港澳的资源优势和发展潜力。二是京津雄创新特区将极大地补足当前城市群建设中缺失的都市圈环节。当前，京津冀正在经历从单核城市或中心城市直接跨越到城市群建设，但缺少了两者之间的中间环节——都市圈（也称城市区域化环节），而京津雄创新特区正好发挥这一功能作用。三是京津雄创新特区以协同创新为根本动力，推动京津冀三地进入良性循环发展的轨道，进而探索构建科学合理的大都市城镇体系，将有效提高核心城市的辐射力和综合承载力。

（二）启动创新特区建设，谋划京津冀协同发展的创新空间。

京津雄创新特区建设的关键是紧紧扭住空间结构、交通结构、生态环境、产业发展、历史文脉等五大要素，围绕北京建设具有国际影响力的科技创新中心、天津建设具有国际影响力的产业创新中心、雄安新区建设创新发展新增长极的战略目标，以"一核、两城、三带"为基本"骨架"，构建以核心城市为支点，以交通干线为纽带，以人才流动为抓手，以功能疏解为载体，积极开展创新、创业、创造和创智活动，建设一批高端高新产业集群，建设集"科技创新＋研发转化＋高端制造＋高端服务"的具有世界影响力的创新驱动发展领航区。

"一核"是指北京，把有序疏解非首都功能与优化提升首都核心功能作为京津冀协同发展的首要任务，以中关村科学城、怀柔科学城、未来科学城和北京亦庄经济技术开发区的"三城一区"为重要支撑，建设具有世界影响力的科技创新中心。

"两城"是指天津、雄安新区，进一步强化京津雄三足联动，全方位拓展创新分工合作，加快实现同城化发展和创新共同体建设，共同发挥双创高端引领和中心城市辐射带动作用。

"三带"是指京津、京雄、津雄"产业带＋城市连绵带"，这是京津雄协同创新的主体框架，强调深化合作、错位发展。一是优化京津产城融合发展带（也称京津科技新干线或京津科技走廊），空间上包括北京海淀、通州（城市副中心）、大兴、廊坊、武清、北辰、滨海新区，未来可拓展到宝坻、天津市中心城区、唐山等地，该发展带已经进入快车道，以多条通勤轨道交通为先导，以中关村、滨海新区等多个国家级平台为载体，重点发展智能制造、新能源新材料、新一代信息技术、生产性服务业等高端高新产业集群。二是加强京雄创新发展带建设，空间上由G3、G45、G4和京雄等多条高速围成的扇形区域，包括河北·京南国家科技成果转移转化示范区，以及北京的海淀、丰台、大兴与河北的固安、涿州、高碑店、永清、霸州、雄安新区等，重点发展新一代信息技术、生命科学和生物医药、人工智能、新能源新材料、高端服务等产业集群。三是尽快启动津雄生态拓展带规划建设，包括沿线雄安、文安、大城、静海、津南和滨海新区（部分），重点发展生态型、节能环保型、健康养老型等产业。

四、加快推进京津雄创新特区发展的切入点

（一）坚持"共享、共育、共引、共用"创新发展思路

以加强顶层设计为抓手，打造创新资源流动"洼地"与创新集聚高地。围绕将京津雄地区打造成全国创新驱动经济增长新引擎的战略目标，着眼于解决津冀经济社会发展面临的实际问题，强化协同创新支撑，搭平台、建机制、促保障，坚持"共享、共育、共引、共用"，加快吸引北京优质创新资源向津雄流动，如吸引北京中关村高校、研究机构及创新孵化服务组织来津雄建分部。

共享——通过积极培育与京津对接的京津雄创新资源市场，建立创新资源共享网络等，促进创新资源自由、充分流动，实现区域内创新资源共享。需要大力培育一个功能齐全、运作规范、竞争开放且利于北京创新资源向津雄流动的创新资源市场，对创新资源的自由流动做到配置合理、评估科学、激励规范、服务优化。同时，与之相配套建设一个信息网络共享平台，促进从区域外的创新资源引进和区域内的创新协同合作。

共育——整合京津雄科研院所、高校等各类优质创新资源；以合作联动的

方式，促进津雄科研院所和高等院校与北京优质科研院所和高校共同培育更多优质创新资源。北京地区科研院所密集，津冀应充分利用与这些教育资源的地理邻近优势，在创新人才的培养、培训中加强合作。

共引——协调京津雄三地创新资源引进政策、规划和实施步骤，做大唱响京津雄创新引进品牌，实现创新资源引进的一体化、同城化。津雄应加强与北京协调并共同制定有关创新资源引进的政策、规划和实施步骤，加强各城市创新资源信息中心等市场中介组织的沟通和联合，加快培育和发展区域性的创新资源中介机构。

共用——改革各项制度规定，营造良好的创新资源利用环境，实现区域内创新资源共用。需要京津雄各城市总结借鉴已有的经验，积极推进各项有关创新创业制度的改革，创造性地采取多种灵活措施，解决区域内长期存在的地区创新资源分布不平衡等问题，实现"集天下优质创新资源而共用之"的良好局面。

（二）启动创新特区建设，率先开展创新体制机制综合改革试验

一是加强地区间市场准入和监管的协同性，形成互联互通的人才市场、技术市场和多层次的资本市场，促进人口、技术、资本、数据等各类要素跨区域顺畅流动和集聚，激发全社会创造力和市场活力。二是积极探索项目建设与人才培养、引进、使用有机结合的新机制，建立发改、科技、人社等部门协调机制，吸引更多国内外高端人才向企业、向项目等创新前沿聚集。三是率先开展要素市场化配置体制机制综合改革，助力创新制度改革。开展跨区域统筹土地指标、盘活空间资源的土地管理机制，建立统一的建设用地指标管理，统一盘活存量土地，建立建设用地收储和出让统一管理机制。四是以基金为抓手，激发人才创造活力的竞相涌流。建议由中央牵头、地方政府共同成立"京津冀（雄）人才发展专项基金"，解决重点产业紧缺人才和重点项目专业人才的跨域发展；探索京津雄合作共建项目或科研成果异地转化项目的人才项目合作基金。

（三）推进京津雄区域产业集群化和生态化发展

依托各类的园区、平台和基地等载体，按照"强点、集群、组链、结网"的思路，加快京津雄产业分工与空间布局。一是以"缺链补位、短链拉长、弱链增强、同链错构"为思路，组织(企业家、行业、机构)多层次的、多领域、

多范畴的彼此相互链接的创新"空间",积极打造物联网、大数据、生命科学和生物医药、高端服务等若干条高端高新产业链,提升产业链现代化水平。二是沿现有、在建和规划的京雄多条高速和高铁等干线,以技术"进链"、企业"进群"、产业"进带"、园区"进圈"为主线,着力建设先进制造业产业带、新一代信息技术产业带。三是要使各种平台与"空间"成为彼此互动与交流的网络型组织结构,形成若干个创新枢纽。四是将三地产业链模块统一起来,"黏合"形成一个多主体的聚集体,形成产业链的相互融合与无缝对接,形成"研发－转化－生产"良性循环的区域产业生态,促进区域创新空间与物质空间的融合。

(四)以政策衔接为保障,利益纽带为核心动力打造京津冀协同创新新局面

要实现京津雄三地协同创新相关的政策、平台、信息的衔接,为创新协同、创新共同体建设铺路。一是由政府建立和完善多层次的跨省市权威性协调机构;二是强化企业在区域协同创新合作中的主体作用;三是加强高校和科研院所主体的参与,发挥各自优势,充分利用科技创新资源。

利益纽带是加速京津雄协同创新的核心动力。一是确立三地发展目标以及利益分配格局,并对三地在协同创新中的冲突进行整体协调建立利益共享机制,明确合作共建和产业转移园区 GDP 和地方税收分解核算比例。二是建立相应的利益补偿机制,健全政绩考核机制,出台跨区域协同发展政绩考核办法,核减输出地政府经济考核目标要求,对技术输出和产业转移的贡献给予奖励。三是对三地在创新项目合作中投入的人才、技术、土地、资本等要素进行价值评估,根据要素贡献大小确定项目收益的分配比例,并通过税收分成的形式实现三地对成果的共享。

(京津冀协同发展专家咨询委员会)

2022年雄安新区启动区交通规划建设扎实推进：瞄准世界一流、体现中国特色

进入高质量发展新阶段，我国城市面临着破解城市交通拥堵难题和建设生态城市发展绿色交通的双重挑战，结合京津冀协同发展交通一体化，雄安新区启动区主动担当、积极探索应对上述双重挑战的中国城市发展道路，从宏观到中观、微观，全面制定和推进了交通系统与用地的深度融合、多种交通方式交通基础设施与交通服务的一体化，为规划建设绿色交通主导的城市综合交通系统，进行了全面探索、取得了宝贵经验。这些经验，值得借鉴。

一、启动区交通设施建设进展情况

启动区城市骨干道路框架基本成型，EB4以北的两横四纵主干路、一期次干路已基本完工，合计约82公里，EB4以南的其他道路均已开工建设，合计里程约50公里（见图1）。

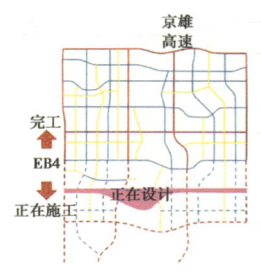  

图1 启动区建设进展

1. 支路网和街道

启动区支路主要配合地块开发和疏解项目同步建设。西北居住片区、东北居住片区等地块代建支路已开工建设；中国移动、中国联通等央企代建支路正在设计阶段；另外由基础公司为疏解项目配套建设的市政支线道路工程一批次也已经开工建设，合计里程约7公里（见图2）。

图2 部分支路设计方案

2. 特色绿道和学径

利用路侧绿地与市政道路一体化设计的绿道，已建设完成26公里，与中央绿谷等蓝绿空间一并实施的独立绿道已完成33公里（见图3）。

图3 一体化绿道实施情况

利用沿水系两侧生态空间建设的独立绿道，建设进度与生态空间的建设保持同步，并已预留下穿市政道路桥梁的通行空间（见图4）。

图4　独立绿道实施情况

启动区特色学径主要利用道路两侧建筑退线和绿空间道，与人行道一体化设计，北京援建"三校"周边学径已建设完成；其他区域的学径与地块开发同步，开展设计与实施（见图5）。

图5　史家胡同小学周边学径实施情况

3. 交通枢纽和公交场站

雄安城际站目前处于设计阶段。城际站为地下站，按 4 台 6 线规模设计，为地面地下三层综合交通枢纽，包括铁路、城市轨道（M1 线、M2 线）、市域轨道（R1 线）等多种交通系统，形成多方式无缝衔接的综合交通枢纽（见图 6）。

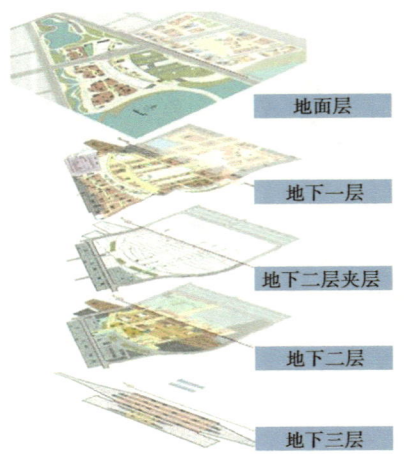
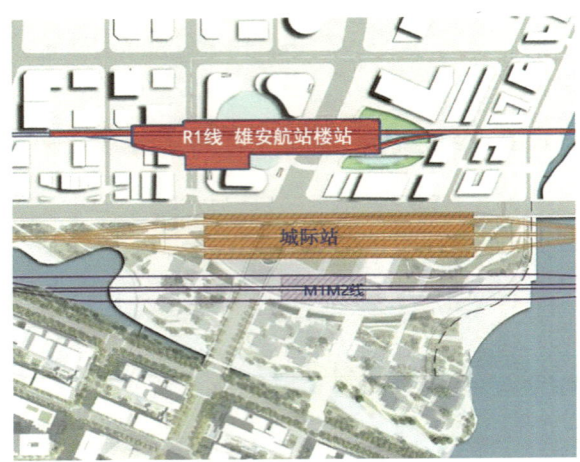

图 6　城际站平面及竖向分层布局图

启动区组团型公交枢纽独立占地，D 地块公交场站位于启动区东北角，用地面积 2.44 公顷，目前处于设计阶段（见图 7）。启动区内部的公交场站不独立占地，鼓励与地块集约共建，目前华能地块内配建公交换乘中心与社区物流配送中心处于设计阶段，建筑方案中将公交换乘中心与物流配送中心实际落位，

图 7　组团型公交枢纽设计方案

公交换乘中心位于首层西北角，物流配送中心位于地下1层。

4.数字道路

启动区数字道路建设方面，以照明灯杆为载体开展多杆合一，为物联网设备的挂载并形成智能杆件预留条件。多杆合一EB4以北部分与道路同步实施，已建设完成；EB4以南与市政道路同步开工建设（见图8）。

图8 多杆合一实施情况

二、在建设过程中，不忘初心，为破解既有"城市病"贡献智慧

（一）总结既有城市交通"病因"，谋划系统性的解决手段

在雄安新区规划伊始，研究城市发展规律，总结既有城市建设的经验教训，利用新区"一张白纸建新城"的优势，建设一座没有"城市病"的城市，并为其他城市破解"城市病"提供经验，就是规划编制的重要主题。

在城市交通领域，贯彻中央"打造绿色城市交通体系"的总体要求和中央领导"要布局高效交通网络，落实职住平衡要求，在这里工作，就在这里居住、在这里生活，交通不搞大进大出"、"交通要以人为本，以人的感受作为标准。不搞宽马路"的指示精神。系统研究既有城市"交通病"：如职住分离和公共服务资源不均衡带来的长距离潮汐式通勤、小汽车过度使用带来的交通拥堵和停车难、步行和自行车通行空间被侵占和环境不佳带来的吸引力不足、传统公交服务模式单一带来的发展瓶颈等。在分析城市"交通病"成因的基础上，紧扣人民美好生活的需求，构建"城市生活圈布局－公共服务资源均衡－控制出行距离－绿色出行街区－新型公交服务－三级绿道体系－引导小汽车使用"一整套的绿色出行导向的逻辑体系，谋划系统性的城市"交通病"解决方案。

（二）紧扣生活圈，落实"小街区、密路网"

利用新区"一张白纸建新城"的优势，首先从根本上扭转不合理的职住分离，从规划层面按生活圈谋划启动区空间布局，强调用地功能混合、职住均衡，在较小的尺度范围配置公共服务等各类资源；同时深刻领会"小街区、密路网"与城市生活圈的组织模式的关系，认识到街区变小、街道变窄等现象的背后其实是城市空间组织模式的变化，启动区接近一半的出行在3公里之内，慢行和公交有天然的优势，广义的家门口的活动越来越多。利用好"小街区、密路网"是启动区破解既有城市"交通病"的根本遵循。

基于绿色出行目标、交通出行特征和交通运行特征分析，提出启动区交通体系组织的思路为：构建外路内街、外动内静的绿色出行街区。密路网要为绿色出行服务：依托主要干路形成若干街区，外围为机动车通道，内部公交和慢行廊道连接生活圈中心，整体为交通稳静化区域。作为落实绿色出行理念的最小空间单元，把"公交、慢行"送到家门口。

（三）统一思想认识，推动绿色出行

为实现启动区90%绿色出行的目标，必须做到各方面统一思想认识，着力避免理念和方案脱节的情况。

首先，分解90%的绿色出行目标，根据出行需求安排各个交通子系统出行目标，做到每个子系统有目标，有分工，有对策。明确各个交通子系统的优先排序，首要保障步行和自行车出行，其次在机动化出行领域优先发展高品质多样化的地面公共交通，并为未来轨道交通的发展预留条件，最后是尊重拥有私人小汽车，靠需求侧管理引导使用。

同时，规划建设领域多种措施指向一致，形成合力。首先明确绿色交通优先的交通政策，其次落实"城市生活圈"的空间布局，再次是完善"小街区、密路网"背景下的道路交通体系，最后慎用为小汽车服务的复杂工程措施。

（四）从规划到落地的传导，形成"雄安经验"

在从规划、设计到实施的过程中，雄安新区启动区特别重视绿色出行理念

的层层传导,对各类交通基础设施的落地管控形成了"工程建设方案+责任规划师"的雄安经验。

在控详规的基础上,重点明确道路系统、公交系统、慢行系统和停车系统的上位要求以及关键传导要素。如道路系统的上位要求是小街区、密路网,应在道路的多样化使用、空间资源分配、交通组织措施等要素方面做好实施传导;公交系统的上位要求是网络化、全覆盖和高品质,应在分散化的场站布局、共享使用的场站空间、新型的公交服务等要素方面做好实施传导;慢行系统的上位要求是构建完整连续的绿道网络、兼顾通勤功能,应在通行空间保障、关键节点衔接等方面做好实施传导;停车系统的上位要求是尊重拥有、引导使用、不设置独立的公共停车场,应在停车配建指标优化细化、共享停车场设施等方面做好实施传导。

在工程建设方案基础上,通过片区责任规划师以规划条件、项目方案审查等手段,严格管控、引导项目设计方案,最终形成符合工程建设方案的相关设计方案,保障启动区道路、地块建设符合规划、经济合理、协调一致、避免冲突。

三、经验和亮点

(一)破解通勤与城市交通拥堵问题

1. 面临问题与挑战

职住分离和机动车过度使用带来长距离通勤和城市交通拥堵

随着经济发展和城市扩张,城市功能分区愈加明显,居住地与工作地之间的距离被动增大,职住分离度增加,大规模、常态化、长距离的通勤交通不但降低了居民生活品质,还导致交通拥堵、空气污染等"大城市病",也不利于"双碳"目标的实现。根据《2022年度中国主要城市通勤监测报告》显示,中国主要城市单程平均通勤时间为36分钟,其中北京最长,平均耗时达47分钟,超过1400万人单程通勤时长超过60分钟,承受极端通勤。如何破解职住分离带来的交通拥堵等问题,是在中国城市规划建设进程中亟待破解的一项重大课题。

2. 雄安解决方案

按生活圈布局公共服务设施，用地混合，功能均衡，缓解职住分离，避免潮汐式的大进大出

在雄安新区规划建设实践中，首先从城市空间结构入手，改传统的单中心结构为多中心、组团式结构，分散城市中心区过度集中的交通压力。

其次在城市功能布局上，改变简单的功能分区，结合"小街区、密路网"的道路系统，启动区共规划6个十五分钟生活圈、16个十分钟生活圈和35个五分钟生活圈。以生活圈为基本空间布局模式，强调功能混合、职住平衡，在较小的尺度范围配置公共服务等各类资源，缩短出行距离，避免产生"大进大出"的潮汐型、钟摆式交通（见图9）。

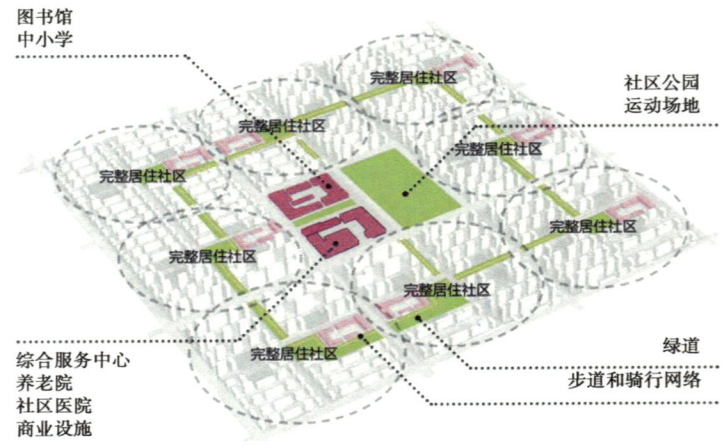

图9 生活圈空间组织模式

依托生活圈，构建外路内街、外动内静的绿色出行街区

依托主要干路形成若干街区，外围为机动车通道，内部公交和慢行廊道连接生活圈中心，整体为交通稳静化区域（见图10）。作为落实绿色出行理念的最小空间单元，把"公交、慢行"送到家门口。

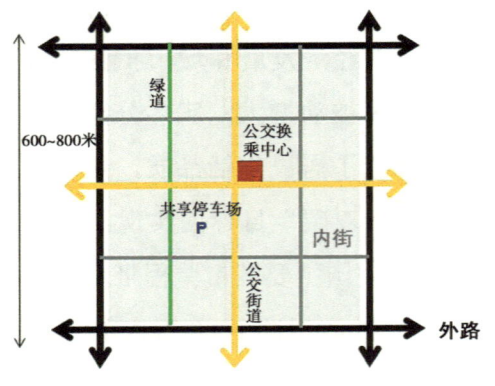

图10 绿色出行街区组织模式

外围道路，承担交通功能，是机动车通行的主要载体，在通行能力上予以保障；内部街道，承担交往功能，与用地紧密结合，塑造多样化的空间，为人的活动提供载体；结合生活圈中心布局小型化、分布式的公交场站设施，贴近客流吸引点，提升公交组织效率和服务水平；不设独立占地的公共停车场，社会出行需求通过地块配建的共享停车场解决，纳入土地出让条件，确保对外开放（见图11）。

图11 启动区内部街道设计

3. 经验总结提炼

通过构建以生活圈为主的空间组织模式，实现职住均衡、功能混合，切实降低出行距离，更有利于公交和慢行发挥优势，在较小的尺度范围内组织交通和生活，是解决长距离通勤带来交通拥堵等问题的有效手段。

依托小街区、密路网，在生活圈层面构建绿色出行单元，明确不同主导功能片区的道路、公交、慢行和停车系统组织模式，在空间和设施层面为绿色出行创造良好的基础条件，以利于整体绿色出行目标的达成。

（二）破解既有地面公交发展困境

1. 面临的问题与挑战

居民出行品质需求升级，传统的公交出行服务无法满足日益增长的生活需要

党的十九大提出，我国社会主要矛盾已经转化为人民日益增长的美好生活需要和不平衡不充分的发展之间的矛盾。传统公交模式是一种"温饱式"的公共服务，是城市公共出行的基本保障，解决的是有无问题。但随着社会经济发展，人们的出行需求升级，出行目的越来越多元化，产生了大量的个性化出行需求。发展舒适、安全、个性化、快捷的公共交通服务是大势所趋，也是公共交通转型的重要契机。

图 12 公交场站不足，车辆停放在路边

公共交通廊道、场站等基础设施规划理念和建设实施滞后，严重制约公交系统发展

一是公交廊道不畅。许多城市的公交车辆专用通道不完善，城市规划往往先有路网，后补充公交专用体系，且在宽路稀网的条件下，一条路承担全部的道路功能，交通流线交织严重，公交优先难以保证，非常不利于运营组织。二是公交场站不足（见图12）。公交场站作为城市基本的公共服务设施不受重视，既有城市中规划的公交场站在建设实施中区位与规模大打折扣，过分强调公交场站的邻避性，公交线路组织出行、吸引人气的综合服务功能远未发挥。

2. 雄安解决方案

挖掘公交需求变化，供给侧主动改革，提供多样化公共交通服务

保障城市常规公交体系，提供城市基本公共出行服务，彰显城市公平。服务面向所有人群，为定点定线的公交运行模式，解决城市内部通勤、通学等日常出行需求，站点布局相对均衡、分散，尽力保证站点300米半径的城市建设用地覆盖率100%。

挖掘疏解人群的跨城联系需求，提供服务京雄双城生活的定制化城际公交服务。雄安新区作为北京疏解非首都功能集中承载地，与北京联系紧密，面对疏解人群未来将形成的北京-雄安双城生活模式，需要加强雄安与北京的交通联系。央企、高校这类体量较大的疏解单位，往往是整体疏解、搬迁，更适用于城际公交班车、校车这类有组织的交通方式。

面对高品质出行需求，探索智能化公交服务路径。从满足基本出行向提供快捷、高品质交通服务转变，通过大数据、云计算等技术手段，基于对公交出行需求计算，智能生成线路，实现公交调度方案的自动生成和实时优化，提供地块到地块的公交服务。利用价格调控，为有高品质、高时效性要求的乘客，提供个性化的共享出行服务。

雄安新区提供多样化公共交通服务图 13 所示。

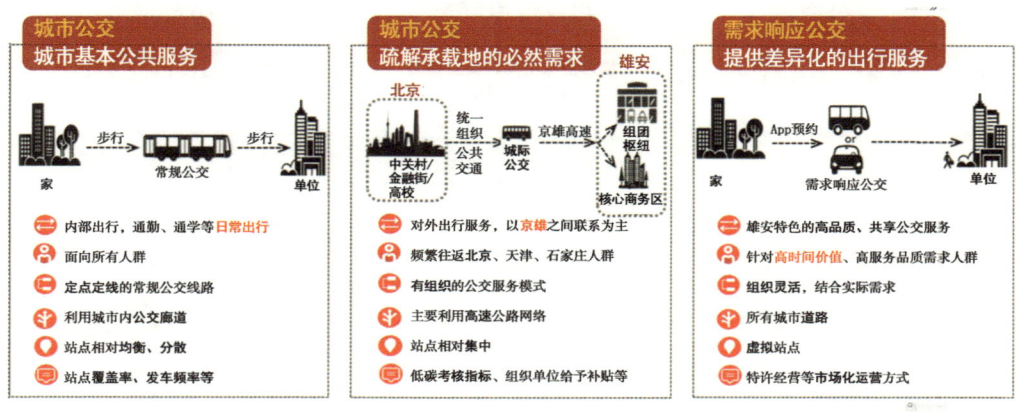

图 13 雄安新区提供多样化公共交通服务

利用窄路密网背景，明确道路主导功能，提前布局公交专用路系统

雄安新区整体采用"小街区、密路网"的路网体系，路网模式从传统的宽路稀网转变为窄路密网，从所有道路承担所有功能转变为不同交通功能空间分离。规划中，优先布局公交网络，保证公交设施的供给，提高公交系统的通达性，利用主干路布局公交专用道系统，并增加公交专用路的体系，按 300～600 米间距布局，保障公交独立路权（见图 14）。

贴近生活圈中心，小型化、分散化布局公交场站

打破传统公交在外围集中布置场站的"邻避式"布局模式，以出行需求为核心，按照小型化、分散化原则布局公交场站。在以生活圈布局城市公共服务设施的背景下，结合 5-10-15 分钟生活圈，分布式布局公交服务设施，形成公交 TOD 核心，实现在公交 TOD 核心满足大部分日常生活需要，以公交为引导，构建生活圈活力点（见图 15）。

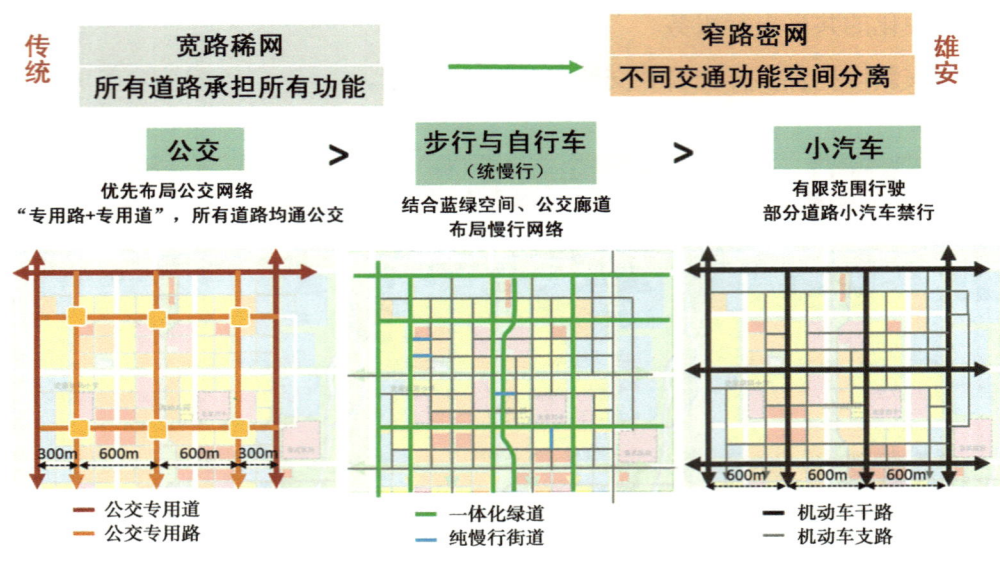

图 14 雄安新区窄路密网交通功能分离

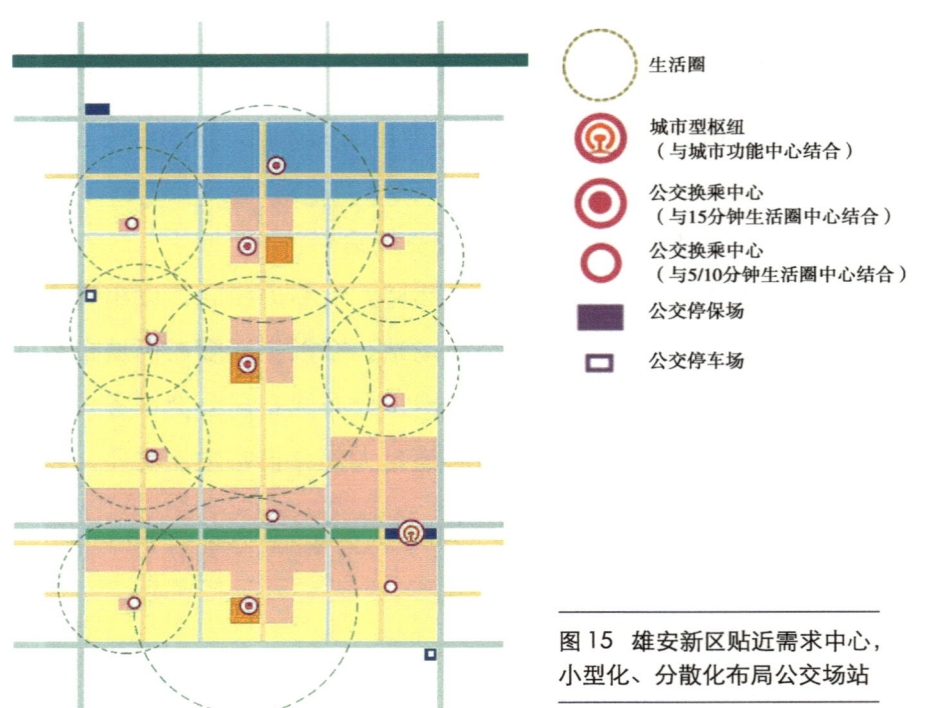

图 15 雄安新区贴近需求中心，小型化、分散化布局公交场站

顺应智能共享交通发展，探索需求响应公交服务模式

需求响应公交是高品质高效率的一种公共交通出行方式，以 7～10 人小巴为主要车型，乘客利用手机 App 等方式提前发布出行需求，系统智能生成线路，同时可实现顺路合乘（见图 16）。结合地块人行出入口，设置贴近起讫点的虚拟站点。可实现"地块到地块"服务，使得公交服务水平接近小汽车。

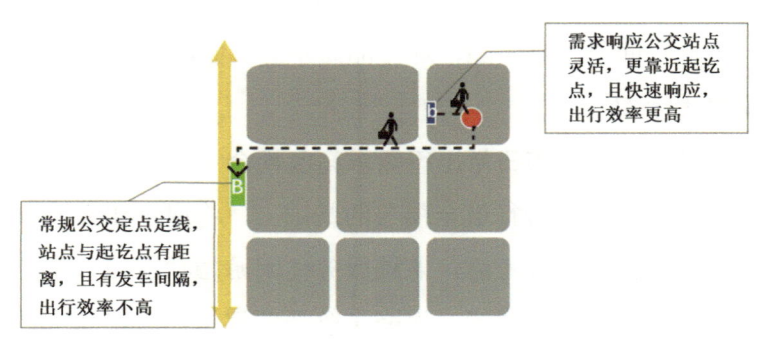

图 16　雄安新区需求响应公交服务更加高效

3. 经验总结提炼

公交体系需在规划阶段提前谋划，确保公交设施供给充足。在道路系统与断面中落实公交廊道，避免出现廊道不畅、系统不完整的情况。公交场站设施在规划阶段提前布局，细化功能与规模要求，与城市功能紧密结合。

窄路密网地区，优化交通组织，实现道路功能分离。利用路网密度高的优势，将不同道路功能空间分离，优先保证公交系统的独立路权、自成网络，并与其他道路功能有序衔接。

城市中心采用小型化公交场站布局，仅保留必要的为人服务功能，其他功能可在外围场站实现。与城市活动中心相结合，利用公交线路组织人流的优势，刺激商业与公共活动，打造公交 TOD 核心。

面对不同特征的城市片区，提供个性化公交出行解决方案。如老城区道路狭窄，可采用小型化定制公交；如 CBD 片区潮汐性明显，可提供通勤班车等。

(三)系统性提升步行自行车出行吸引力

1. 面临问题与挑战

如何将绿道建设和"窄路密网"融合,在城市新建伊始植入"绿色出行基因"

窄路密网条件下,城市慢行系统在可达性提升的同时,也面临着道路断面进一步被压缩,慢行空间得不到有效保障;交叉口距离过近导致频繁过街,安全隐患进一步增加;与城市绿道等其他慢行功能网络难以实施有效融合,慢行系统完整性、连续性不足等一系列问题。另外,学校、轨道站点、交通枢纽等片区的慢行出行空间得不到保障,环境品质不高,影响了慢行系统的吸引力。

2. 雄安解决方案

将绿道系统布局和城市日常出行需求高度耦合

在实现市政道路两侧慢行道全覆盖的基础上,将绿道作为城市慢行交通系统的重要组成部分实施统筹考虑,兼顾服务休闲游憩功能与日常交通出行;绿道网络与城市生活圈、绿地系统、道路系统深度耦合,实现"绿道入城市";深化绿道空间建设形式,形成以利用滨水绿地空间、服务休闲游憩功能为主的独立绿道网络和与市政道路一体化设计、兼顾服务日常出行的一体化绿道网络,有效提升窄路密网条件下的慢行空间路权;保障绿道网络连续性,强化绿道与市政道路的衔接处理,采用节点下穿与地面过街相结合的方式,保障过街安全与便利(见图17至图19)。

图17 启动区独立绿道(左)和一体化绿道(右)空间形式示意图

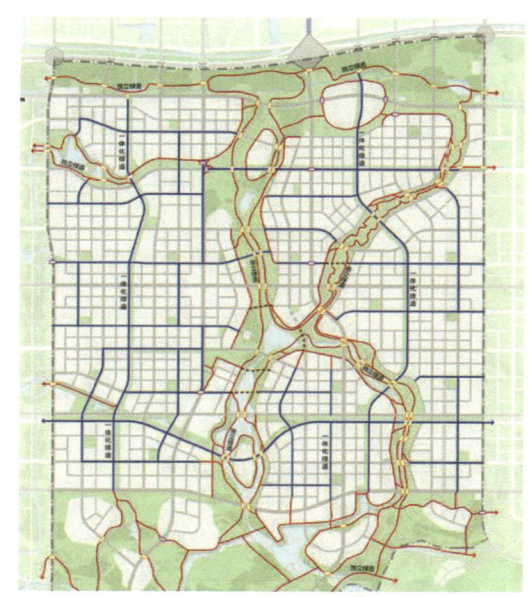

图 18　启动区绿道网络及衔接节点布局示意图

图 19　启动区绿道衔接节点实例

构建雄安特色的安全、无障碍的学径，解决安全上下学

在市政道路系统与绿道系统基础上，结合启动区范围内中小学校及周边 500 米步行范围内的住宅用地、居住综合用地、居住配套设施用地，利用市政道路网络和用地内部道路规划布局，形成服务儿童通学的连续、无障碍步行路径，主要利用道路两侧建筑退线空间与人行道实施一体化设计（见图 20、图 21）。

图20 启动区学径网络布局示意图

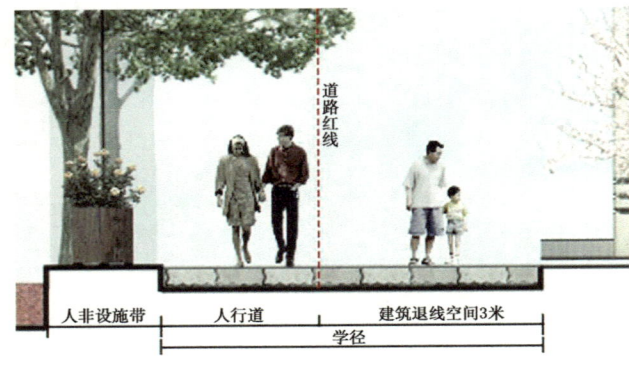

图21 启动区学径空间断面示意

交叉口渠化保障步行自行车过街空间和安全

结合交叉口展宽，优先保障慢行空间。首先确保交叉口非机动车道的有效通行宽度不应小于路段的相应宽度；在交叉口具备相应展宽条件时，还应优先对非机动车道进口道进行适当加宽，由标准宽度2.5米拓宽至3.5米，保障非机动车进口道空间充足（见图22）。

交通枢纽地区形成多层立体的慢行系统

枢纽慢行系统建设利用地面绿道、地下步行廊道、枢纽竖向步行通道、跨河慢行桥等，形成多层立体、网状均质的蛛网型接驳系统。在地面层，耦合绿道、自行车泊位、枢纽出入口实现无缝换乘，内外衔接一体化优化绿道网络，实现枢纽便捷畅达（见图23）。在层间关系上，通过多个竖向交通节点实现地上地下的人行联系，竖向交通节点在主要出入口、候车厅、出站口等临近设置，利于人流集散同时提高乘客进出站便利性。

3. 经验总结提炼

雄安新区启动区的绿道系统针对窄路密网条件下，城市慢行系统存在的空间不足、连续性差等问题，将绿道系统与市政慢行系统统筹考虑、一体化设计，结合城市、郊野地区因地制宜深化绿道空间形式，灵活运用节点下穿、地面过街相结合的方式，极大地补充、提升和完善了城市慢行网络的完整性、连续性

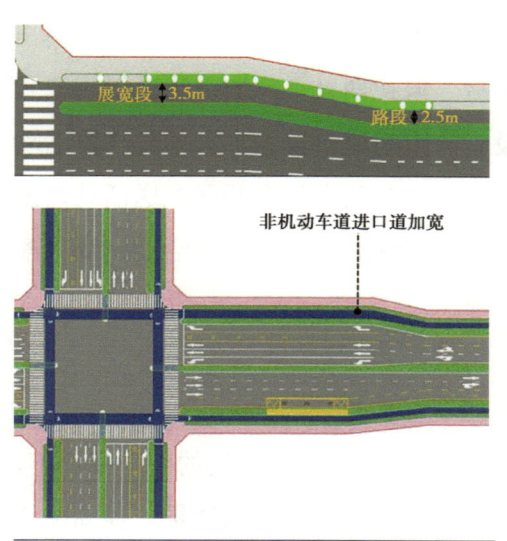
图22 部分交叉口非机动车道进口道加宽示意

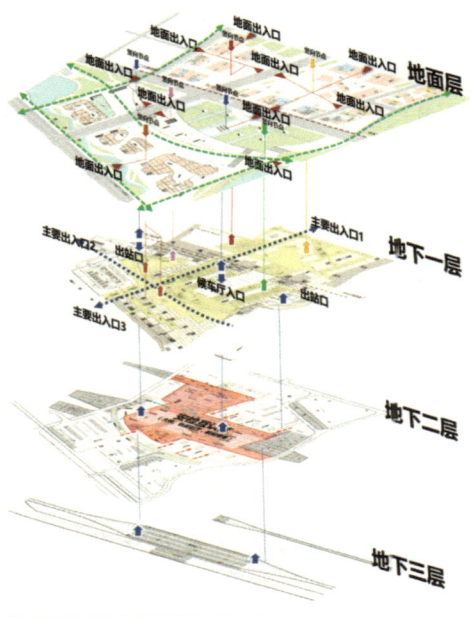
图23 城际站枢纽人行通道竖向关系图

和空间路权保障。

雄安新区启动区的儿童无障碍学径建设,从规划层面切实考虑儿童通学需求与路径科学选取;从空间保障入手,研究探索城市道路、绿道和沿线用地退线空间的一体化设计;落实保障机制,确保学径设计不走样,目前已形成一整套学径规划建设的流程机制。

雄安新区启动区的道路交叉口和出入口优化设计,从空间保障上赋予慢行交通优先路权保障,通过保障人行道连续、机动车上下坡的处理方式,降低了出入口对人行道和行人的冲击,街道风貌得到极大改善、行人出行体验实现极大提升。

雄安新区启动区城际站枢纽在建筑设计时充分考虑使用者需求与体验,通过优化内部步行流线组织、梳理与周边用地及其他交通方式的衔接关系,极大提升了枢纽地区集散效率和空间品质。

(四)将物流配送有机嵌入城市交通体系

1. 面临问题与挑战

物流配送重要性日益重要凸显,但和既有城市交通设施和运行的冲突也逐

渐显现

随着社会经济发展和人民生活水平的提高，物流行业的发展愈加迅速。不断增长的业务量给物流分拨和末端配送带来极大的压力，对物流基础设施提出了更高要求，也对城市运行提出了新的挑战。但长期以来，城市物流组织模式和基础设施缺乏统筹考虑，分拨、配送设施的空间缺口较大，大部分物流活动只能通过临时租用场地，甚至是直接占用道路等公共空间来开展配送活动，影响了交通运行和城市面貌。如何合理、高效地开展城市物流配送活动，提升配送效率和服务水平，是一项亟待解决的课题。

2. 雄安解决方案

推动共同配送模式

在分析各类物流配送运营模式的基础上，提出应在共同配送的统一指导下，用市场化的方式整合配送场站和作业流程，减少车辆、人员的数量，提高配送效率，净化城市物流配送环境。共同配送是指以多个物流企业为主体，整合配送需求、运力资源、信息数据等，对货物进行集中配送的组织方式，在一定区域内提高物流效率，多个客户联合起来共同由一个第三方物流服务公司提供配送服务（见图24）。

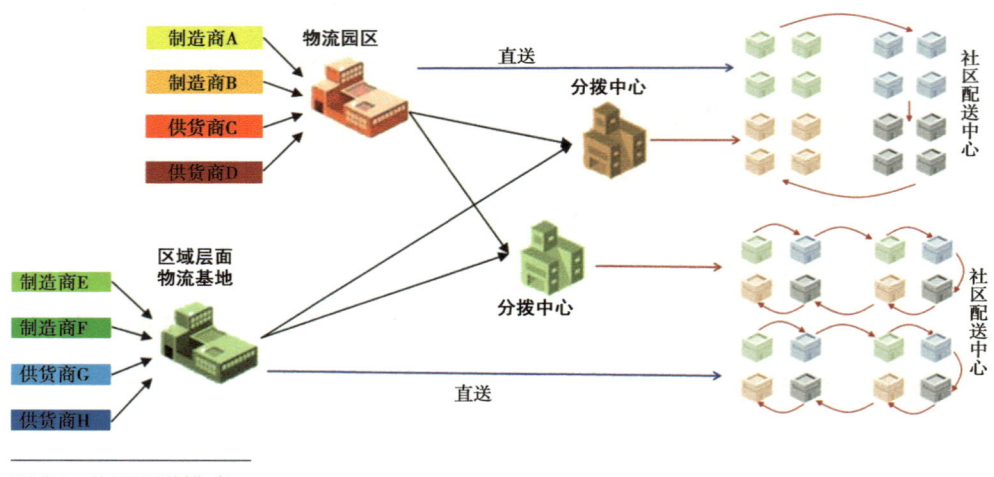

图24 共同配送模式

以共同配送为核心，聚焦场站设施、车辆载具和数据信息三大资源的配置效率，实现资源共享、集约利用。合理配置各类场站设施，统筹布局、功能兼顾，避免重复建设；实现共同配送车辆载具的标准化与共享化，降低整体配送规模。依据物流运营组织的需要，构建包括物流园区、分拨中心和社区配送中心三级物流基础设施体系。

将物流场站分散化嵌入生活圈中心

启动区规划实施层面，依托生活圈中心和公交换乘中心，一体化布局社区配送中心。物流场站主要在生活圈外围布局，临近公交专用道路，与需求响应型公交车辆服务设施（停车、整备、充电）共享空间，鼓励利用公交专用道系统开展共同配送（见图25）。

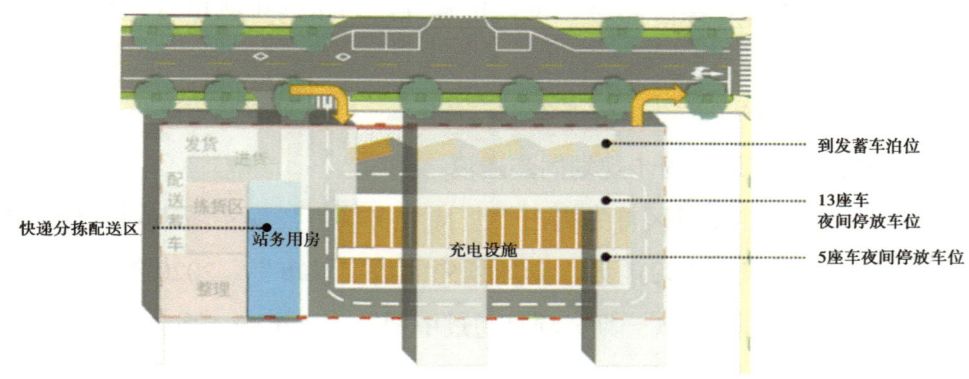

图25 与公交场站集约共建共享的物流配送中心

应用清洁能源、车路协同式智能城市配送车，与公共出行的模块化移动舱共用平台，根据物流订单自动分配、运输、递送。利用无人车等智能运载工具开展"最后一公里"配送。

3. 经验总结提炼

物流快速发展对城市运行提出新的挑战，及时破解物流基础设施不足的难题，提高物流配送效率，净化配送环境，是支撑城市"高质量发展、高水平治理"的重要途径，也是助力实现"高品质生活"的实际举措。

城市物流基础设施应纳入城市基础设施体系，作为综合交通系统的重要组成部分，在国土空间、详细规划层面预留相关用地，建立健全的物流园区、分拨中心、社区配送中心三级设施体系，契合空间用地和生活圈布局，与公交系统集约共建、设施共享，为发展共同配送、推动物流配送体系变革奠定基础。

（五）构建数字道路，助力智慧城市建设

1. 面临问题与挑战

如何在快速建设过程中构建现实城市和虚拟城市的"数字孪生"

快速的城市化发展带来了城市空间扩展过快、空间分布不平衡、格局较为分散、土地集约化程度不高等问题，给城市空间规划与设计、城市空间资源优化配置带来了挑战。面对可持续发展要求，需要在城市规划、建设、运营过程中实现多维度、实时动态、模拟仿真等，为精细化城市管理和运营提供支撑。

2. 雄安解决方案

数字城市与现实城市同步规划同步建设

2018年，河北雄安新区首先提出"坚持数字城市与现实城市同步规划同步建设，打造具有深度学习能力、全球领先的数字城市"。2020年，雄安新区规划建设BIM管理平台（一期）项目通过中期专家评审会。平台构建高效、精简、并联的审批流程，实现基于BIM的工程建设项目智能审批。

根据"放管服"改革精神，借助建设优化规建审批流程，改革全流程的工程建设项目审批制度，构建科学、便捷、高效的工程建设项目审批和管理标准，制定贯通现状空间－总体规划－控制性详细规划－建筑设计－建筑施工－建筑竣工六个阶段的全链条；针对全流程的管控目标，为实现规划管控的层层传递，形成跨行业、跨阶段的业务规则和计算模型，建立涵盖多专业的审查指标体系，构建涵盖建筑工程、市政工程、园林景观、水利工程等全专业、多领域指标审查体系的数字化标识体系，为城市智能治理体系的建立、智能城市运营体制机制的完善打造一个"全周期记录、全时空融合、全要素贯通、全过程开放"的数字规建管智能审批平台。平台各系统运行稳定可靠，将助力雄安数字孪生城市进一步完善提升。

搭建交通基础设施 CIM 平台，辅助规划管理和街道设计

以新区平台为基础，应对启动区大规模开发建设、各项目同步推进的具体情况，搭建基础设施 CIM 平台（见图26）。利用 CIM 平台整合街道周边建筑、道路和地下管线等多源信息，将二维图纸转化为三维场景（见图27）。开展各类设施三维关系协调，辅助开展方案审查和街道设计，包括道路及沿线附属设施间的协调，地下管线管廊的协调，建筑、道路与绿地之间的协调。

图26 启动区 NC3 路 CIM 平台

以照明灯杆为载体、以物联网设备为核心集成综合杆件，建设智慧街道

照明杆件是所有道路杆件中最连续、均匀、密集的一类，且市政照明灯杆杆件结构通常较大，可满足各类设施的挂载要求，照明杆件对市政道路的覆盖

图27 基础设施 CIM 平台

相对全面均匀，在多杆合一工作中应利用照明灯杆作为杆件整合基础。以应合尽合为原则，将交通信号灯、交通标志牌、监控传感设施和智慧城市设施等与道路灯杆归并整合（见图 28）。

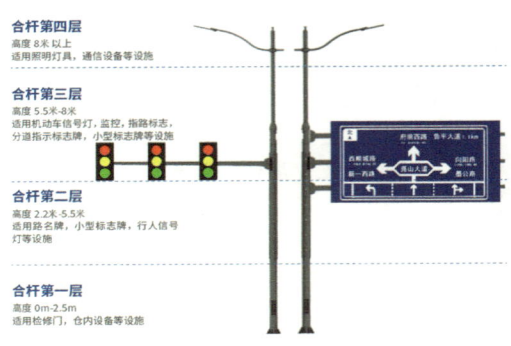

图 28　多杆合一与启动区 NC3 实景图

3. 经验总结提炼

雄安新区规划建设 BIM 管理平台针对城市全生命周期的"规、建、管、养、用、维"六个阶段，在国内率先提出了贯穿数字城市与现实世界映射生长的建设理念与方式，在国内 BIM/CIM 领域实现了全链条应用突破，具有领先性与示范性。

数字道路和多杆合一工作探索了窄路密网条件下道路附属设施的整合思路、原则和方向，既解决了当前杆件林立带来的街道风貌问题，又预留了未来智慧城市扩展的接口，是构建数字城市的重要载体和入口。

（京津冀协同发展专家咨询委员会）

区域产业协同发展国际经验及对京津冀的启示

党的二十大报告指出，促进区域协调发展，构建优势互补、高质量发展的区域经济布局和国土空间体系。产业是经济发展的关键所在，对于京津冀区域实现促进南北均衡、打造新的经济增长极的重要使命至关重要。京津冀协同发展8年来，产业协同发展仍然存在短板，需充分借鉴国际产业协同发展实践经验，打造若干具有国际影响力的产业集群，积极发挥市场主体作用，培育和完善创新生态系统，推动区域经济高质量发展。

一、京津冀区域产业协同现状

（一）产业对接和创新协作不断深化，现代化首都都市圈建设取得成效

2021年，北京流向津冀技术合同5434项，成交额350.4亿元；中关村企业在津冀设立分支机构达9032家，三地在京津冀基础研究合作专项累计投入约5000万元，资助项目100余项，部分项目成果已实现了应用，京冀曹妃甸协同发展示范区已完工投产北京项目达到56个。京津冀三地经信部门加强统筹协调，围绕新能源及智能网联汽车、氢能和燃料电池、工业互联网等领域打造产业链条；鼓励产业链龙头企业在京津冀范围内提高配套率，制定供应链"B计划"；发布京津冀产业链金融支持计划，设置125亿元货币政策资金额度。

2021年北京企业对"通勤圈"投资次数是2015年的2.4倍，"通勤圈"作为北京产业发展腹地作用显现。2021年北京企业对"功能圈""产业圈"投资次数分别是2015年的2.2倍、2.1倍。2021年，现代化首都都市圈实现地

区生产总值 3.9 万亿元，占京津冀地区生产总值的比重超四成。

（二）产业集群发展水平亟待提升，区域经济高质量发展驱动不足

从经济总量上看（见图 1），2021 年，京津冀地区 GDP 突破 9.6 万亿元，占全国 GDP 比重 8.4%，近年来呈缓慢下降趋势，与长三角、珠三角[1]相比差距明显。整体来看，"南强北弱"的格局基本形成，京津冀促进南北均衡任务艰巨。

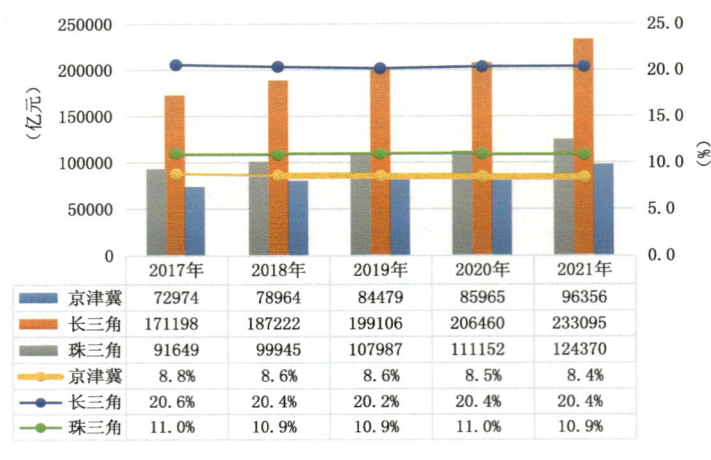

图 1　2017—2021 年三个区域生产总值及占全国 GDP 比重

数据来源：国家统计局。

从主导产业来看（见表 1），京津冀地区制造业主导行业是矿物工程，相较于汽车制造、石油化工、通信电子等行业有明显优势。与长三角、珠三角相比，制造业结构差异明显。长三角各行业发展相对均匀，矿物工程、石油化工、工业机械、汽车制造等行业均处于领先地位；珠三角通信电子行业优势明显。整体来看，京津冀地区产业转型进程急需加速。

---

[1] 本文中"京津冀"指北京市、天津市、河北省；"长三角"指上海市、江苏省、浙江省，不含安徽省；"珠三角"指广东省，不含香港、澳门。

表1 2020年三个区域规模以上制造业企业主要行业[1]总营业收入

单位：亿元

	京津冀	长三角	珠三角
矿物工程	24234	40922	18704
汽车制造	9429	20076	9255
石油化工	7999	34337	13837
通信电子	6545	30256	42858
工业机械	5208	31102	10323

数据来源：艾瑞咨询。

从产业集群发展水平来看，长三角的电子信息、高端装备、汽车、纺织服装产业集群在国内同类产业集群中处于领先地位，其产业规模不断扩大，具有高端核心的领军企业，形成了高效的专业化分工体系与协作网络，具有相关核心技术和创新能力，已经具备了成为世界级产业集群的能力，通过培养和发展，有希望跻身世界级产业集群行列。珠三角有以电子信息、家电、纺织服装、汽车、装备制造业等轻型化为主的产业集群，已经跨越增长和趋同阶段，形成了网络化的产业发展格局，开始走向品牌建设的成熟阶段。京津冀近年来打造了一系列新兴产业园区，如北京中关村高科技园区、软件产业生产基地、信息产业基地、汽车产业基地等；天津中海油能源生产基地、航天产业基地、临港化工产业基地等；河北省软件产业基地、动漫产业生产基地、石家庄国家生物产业基地、纺织服装产业基地、唐山国家钢铁材料产业基地、精品钢材基地、新型化工基地、陶瓷产业基地等。产业园区是产业集群发展的硬件保障，但软环境的欠缺长期制约了京津冀新兴产业园区的建设发展。首先，京津冀三地之间产业断层现象较严重，技术和创新水平差距较大，难以形成有效的转移—承接链条；其次，行政壁垒使得地区之间缺乏交流，新兴产业园区同质化严重；最后，由于园区开发前期大多采取

---

[1] 矿物工程主要包括非金属矿物制品业、黑色金属冶炼和压延加工业、有色金属冶炼和压延加工业、金属制品业。
汽车制造主要包括汽车制造业。石油化工包括石油加工、炼焦和核燃料加工业、化学原料和化学制品制造业、化学纤维制造业、橡胶和塑料制品。通信电子包括计算机、通信和其他电子设备制造。工业机械包括通用设备制造业、专用设备制造业、仪器仪表制造业。

政府主导模式，存在园区功能发育不全、配套不足，产业定位和发展战略不明确等一系列问题。总体来看，长三角、珠三角已经形成较为成熟的产业集群，京津冀产业集群发展仍处于起步阶段，难以对经济高质量发展形成支撑。

从市场化水平和科技创新来看，京津冀企业法人数（见图2）逐年上升，但与长三角相比大幅落后，且增速也低于长三角、珠三角两地。京津冀技术市场成交额（见图3）高于长三角和珠三角，近年来差距正在迅速缩小。京津冀工业企业研发投入（见图4）明显低于长三角和珠三角。整体来看，京津冀区域市场化水平和活力有待提升，企业的市场主体作用仍未充分发挥；虽依托北京高校和科研院所资源，整体科技创新能力与技术转化效率有明显优势，但企业科技创新的投入和动力明显不足。

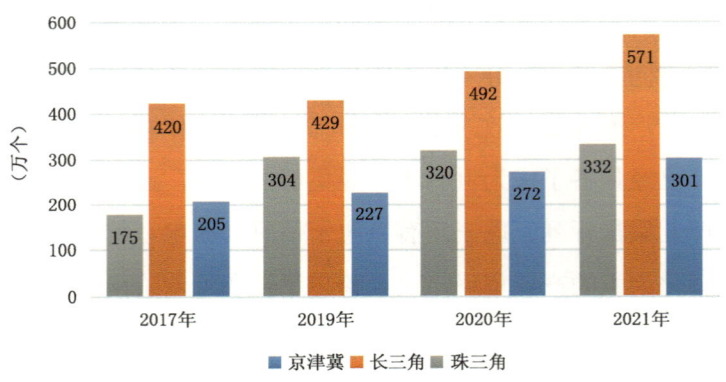

图2 2017—2021年三个区域企业法人单位数

数据来源：国家统计局。

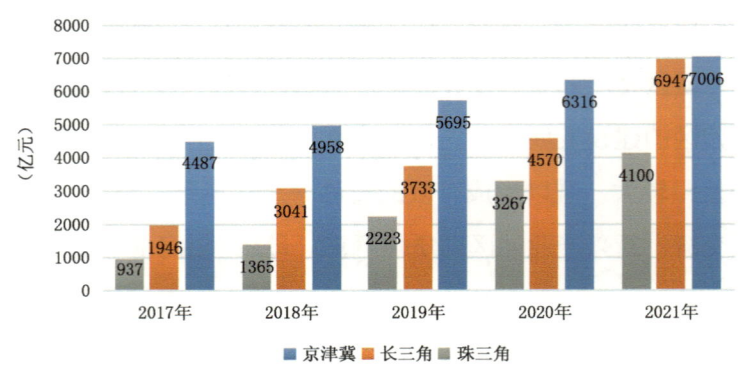

图3 2017—2021年三个区域技术市场成交额

数据来源：国家统计局。

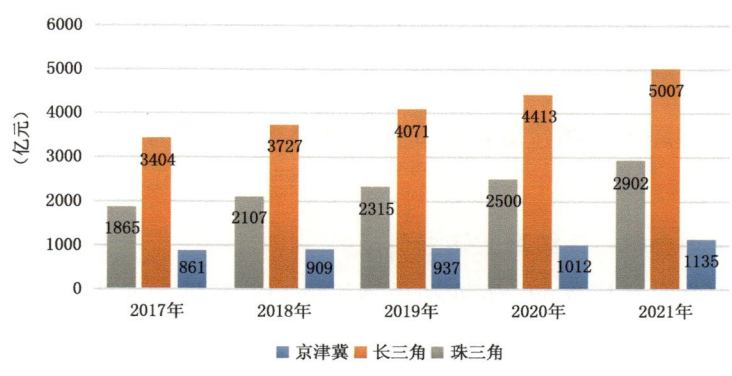

图 4 2017—2021 年三个区域规模以上工业企业 R&D 经费

数据来源：国家统计局。

二、国际区域产业协同发展实践经验

世界范围内存在大量专业化产业集群，这些区域在世界经济版图上形成了色彩斑斓、块状明显的"经济马赛克"，成为一个个经济增长极。

（一）美国旧金山海湾经济区：科技创新生态典范

旧金山海湾经济区位于美国西海岸的加州北部，是全美经济最繁荣的地区之一。2017 年以美国国土面积的 0.19%、总人口的 2.38%，贡献了美国 4.30% 的 GDP[1]。同时，旧金山湾区近年来经济依然维持高增长，高于全球大多数国家的 GDP 增速，也是全球人均 GDP 最高的世界级城市群。

旧金山湾区经历了工业经济和港口经济－高新技术产业经济转型－服务经济和创新经济的多次转型升级，成功的关键在于不断演进和完善的创新生态系统，使得产业具备极强的内驱力和自我更新能力，不论主导产业如何变化，湾区始终凭借强大的创新生态体系，引领着世界科技创新。

旧金山湾区建立了良好的城市间协同发展机制，核心城市旧金山市以旅游业、金融业等现代服务业为主导，东湾滨水的奥克兰市以港口经济为主导，南湾硅谷的核心圣何塞市以高新科技和生物医药业为主导。早期各城市各自为政，

---

[1] 数据来源：Bay Area Council Economic Institute。

产业同质化明显，恶性竞争严重。湾区通过成立半官方的旧金山湾区政府协会，各种问题的专门解决机构，如海湾保护和开发委员会、大都市交通委员会和湾区空气质量控制局等，搭建城市之间的沟通桥梁，促进了湾区各城市间的协调发展。

（二）德国鲁尔：传统产业转型典范

德国鲁尔区是德国能源、钢铁和重型机械制造基地和龙头区域，被誉为"德国工业心脏"。鲁尔区于20世纪60年代起先后遭遇"煤炭危机"和"钢铁危机"，主导产业衰落，出现严重的经济衰退危机。德国政府因地制宜对老工业区开展改造，实现了经济结构转变和产业转型，发展成为融遗迹观赏、旅游度假、文化娱乐、科学展览、体育锻炼、培训教育、商贸购物和市民宜居等于一体的区域，被联合国教科文组织评定为世界第一个以工业旅游为主题的世界文化遗产。鲁尔区成功的关键在于鼓励地方根据要素禀赋发展比较优势产业，以潜在优势产业的生产集群为基础，通过价值链的延伸、空间的整合不断完善产业链结构，实现了产业向集群化、特色化及生态化转型。

产业方面，鲁尔区明确了12个优势产业，并在城市和空间上作出战略部署。这些产业对鲁尔区的转型和发展发挥了不同作用，如能源产业是对传统优势产业的再创新，物流产业是产业转型的发动机，化工产业拉动了经济复兴，健康产业解决了就业问题，纳米、微系统和材料等跨学科技术是产业结构转型的技术驱动，文化和旅游是扩充软实力的主要特色。鲁尔区充分发挥各个区域自身的潜在优势，使得产业结构多元化，强化了优势产业，构建都市区综合竞争力。

（三）东京湾区：人工规划湾区典范

东京湾区是日本最大的工业城市群和最大的国际金融中心、交通中心、商贸中心和消费中心，也是日本重要的能源基地、国际贸易、物流中心，还是日本的政治、经济和产业中心。东京湾区聚集了日本1/3人口、2/3经济总量、3/4工业产值。东京湾区经历了单级城市－以核心城市东京为中心的圈层状大都市区－出现多个增长点，形成鲜明的职能分工体系，多极多圈层的城市群的发展路径，以庞大的经济体量、高效的资源配置、包容的文化成为全球的经济中心，强大的辐射能力带动了周边的经济发展。

东京湾区的主导产业是为高端制造业提供服务的金融、贸易、工程服务、研发等生产性服务业，GDP 占比 80% 以上。东京湾区形成了京滨、京叶两大工业区，京滨工业区以电子信息、精密机械制造为主，京叶工业区以石油炼化、钢铁等工业为主，形成了高科技制造业与重化工工业并驾齐驱的产业格局。东京湾区成功的关键在于政府调控与市场主导相结合，政府强有力的政策保障，为湾区创新体系的建立营造了良好的制度环境，不断的技术创新成为东京湾区经济持续发展的引擎；打造错位发展的产业布局，大力发展城市群协同发展的格局，促进了湾区内城市群共同繁荣。

三、新时期京津冀区域产业协同发展建议

我国经济由高速增长阶段转向高质量发展阶段，对区域协调发展提出了新的要求。习近平总书记强调，要形成能够带动全国高质量发展的新动力源，特别是京津冀、长三角、珠三角三大地区。新形势下促进京津冀区域协调发展，要打造若干世界级产业集群，发挥各地区比较优势，促进各类要素合理流动和高效集聚，增强创新发展动力，加快构建高质量发展的动力系统，形成优势互补、高质量发展的区域经济布局。

（一）发挥比较优势，打造若干世界级产业集群

从美国、德国、日本等国际经验来看，京津冀区域产业协调的关键在于形成差异化、特色化产业分工，形成多个经济增长点，推动区域从围绕核心城市发展的都市圈向多极多圈层的城市群进化，促进区域内城市共同繁荣。京津冀三地要根据资源禀赋特点及产业发展基础形成差异化主导产业方向，打造若干世界级产业集群，如汽车、新能源装备、智能终端、大数据和现代农业等。北京市瞄准国际一流城市群，发挥京津冀国家技术创新中心作用，着力打造国际国内创新高地，重点发展服务经济和创新经济。天津市重点推动实现从北京知识技术创新源，到天津创新转化、先进制造的产业协同网络架构，着力建成研发制造能力强大的全国先进制造研发基地。河北省充分发挥制造大省的优势，聚焦传统产业转型升级，推进产业基础高级化、产业链现代化，承接京津科技

成果转化成果，以应用制造促进区域经济发展，实现三地产业深度融合。

（二）发挥市场主体作用，打破协同发展制度壁垒

政府主导作用在区域协调发展初期至关重要，在基础设施、教育、基础产业以及配套产业体系建设等方面发挥重要的作用。从几个国际城市群发展历程来看，市场逐渐成为区域经济的主导，形成了具有强大自我驱动力的发展模式。随着我国经济进入新发展阶段，京津冀应借鉴深圳、上海浦东等区域的做法，充分发挥市场机制的作用。加大对创新型中小企业的扶持，推动企业在产业链和创新链上形成共生竞争关系。大力发展"科技中介机构"，帮助产业和"学研"对接，促进科技成果更快地市场化。社会资本和政府资本联动，形成良好的融资体系，为产业集群发展提供资金支持。协调与平衡区域内经济发展、基本建设、社会发展和环保教育的要求，突破现行的管理制度与法律法规，消除市场分割和地方保护，降低规则和制度的摩擦成本，实现经济资源高效配置和自由流动。

（三）增强创新发展动力，培育和完善创新生态系统

京津冀要借鉴美国旧金山海湾经济区、东京湾区等世界一流城市群的实践经验，充分认识到科技创新在区域经济发展中的核心地位，积极培育和完善创新生态系统，为区域的持续繁荣和进一步发展奠定坚实基础。重视主导产业基础研究，充分利用区域内科研、教育资源，建立自主创新的产业核心竞争力。依托产业集群周边的大学和科研院所，形成产学研合作的技术开发模式。不断优化产业技术制度创新，激发创新主体积极性，激励创新成果产出，促进创新生态系统的不断成长和自我更新。建立完善的智力、技术、人才、资金等融合的区域创新网络系统，为区域发展注入活力。推动创新资源共享和联合研发、科技成果跨区域转移转化、重点园区建设、创新链产业链供应链协同发展，加快构建京津冀科技协同创新共同体。

（京津冀协同发展专家咨询委员会）

京津冀绿色生产方式评价研究

京津冀协同发展是国家重大战略，促进绿色低碳发展，加强生态环境保护是京津冀协同发展的重要任务。京津冀三地同处一个地理单元，山水相依，地域相连，生态环境密不可分，形成了生态共同体。《京津冀协同发展规划纲要》明确要求，打破行政区域限制，推动能源生产和消费革命，促进绿色循环低碳发展，加强生态环境保护和治理。加快形成绿色生产方式是推进京津冀绿色循环低碳发展的重要内容。《京津冀协同发展规划纲要》实施以来，京津冀绿色可持续发展取得了明显成效，绿色生产方式发展水平显著提升。

一、京津冀绿色生产方式的指标体系与评价方法

（一）京津冀绿色生产方式指标体系

基于现有研究和京津冀三地的数据可得性，本文从绿色生产过程和绿色供应体系两个维度出发，构建京津冀绿色生产方式评价指标体系，共选取了 5 个二级指标和 15 个三级指标，基于 2015—2020 年数据，通过熵权法确定各指标权重，对京津冀绿色生产方式进行计算和评价。京津冀绿色生产方式评价指标体系如表 1 所示。

表 1　京津冀绿色生产方式评价指标体系

		评价因子	单位	性质
绿色生产过程	资源消耗	工业能源消耗量	万吨标准煤	−
		万元工业增加值能耗	吨标准煤	−
		工业用水量	亿立方米	−
		万元工业增加值水耗	立方米	−
		工业企业从业人员数	万人	−
		工业企业从业人员占比	%	−
	废物循环利用	一般工业固体废物综合利用处置率	%	+
	污染物排放	工业二氧化硫排放量	吨	−
		万元工业增加值二氧化硫排放量	千克	−
		一般工业固体废物产生量	万吨	−
		万元工业增加值固体废物产生量	千克	−
绿色供应体系	公路运输	公路货运量	万吨	−
		公路货运量占比	%	−
	铁路运输	铁路货运量	万吨	+
		铁路货运量占比	%	+

1. 绿色生产过程

生产过程的绿色化一直是绿色生产方式的重要体现，包括资源消耗、废弃物循环利用和污染物排放。1976 年，欧共体在巴黎举行的"无废工艺和无废生产国际研讨会"最早提出了减少污染的思想，并据此推行了清洁生产政策，以从源头削减污染物，提高资源利用效率，实现废弃物循环利用，减少对生态环境的污染与破坏。资源消耗、废弃物循环利用以及污染物排放是产业环境友好程度的直接表现。因此，在绿色生产过程维度，本文选择资源消耗、废弃物循环利用和污染物排放三个二级指标度量生产过程的绿色化水平。在资源消耗指标下，选择工业能源消耗量、万元工业增加值能耗、工业用水量、万元工业增加值水耗、工业企业从业人员数和工业企业从业人员占比六个评价因子；在废弃物循环利用指标下，构建一般工业固体废物综合利用和处置率评价因子，为一般工业固废综合利量和处置量之和与一般工业固废产生量之比，之所以将处置量纳入考虑，主要是由于根据国家统计局的定义[1]，一般工业固体废物处置也符合环保要求，能够降低废弃物的污染和危险；在污染物排放指标下，选择工业二氧化硫排放量、万元工业增加值二氧化硫排放量、一般工业固体废物产生量和万元工业增加值固体废物产生量四个评价因子。

2. 绿色供应体系

绿色供应体系是一种在供应过程中充分考虑资源利用效率和环境污染程度的供应链管理方式。而绿色物流是绿色供应体系的重要环节，绿色物流是指通过先进物流技术减少物流活动中资源消耗和环境污染的物流形式。运输过程中燃油消耗和尾气排放产生的碳氧化合物是物流活动造成环境污染的主要原因之一。因此，绿色供应体系的实现主要在于优化货物运输方式，减少物流业的资源消耗和污染物排放。目前，我国的货物运输结构仍以公路为主，但公路运输所依赖的重型运输卡车能耗和污染物排放量较大，不符合产业绿色转型的要求。而铁路在地面长距离运输方式中相比公路更低碳节能[2]，大力促进"公转铁"可以促进绿色物流的发展。因此，在绿色供应体系维度，本文选择公路运输方式和铁路运输方式两个二级指标度量供应体系的绿色化水平。在公路运输方式指标下，选择公路货运量、公路货运量占货运总量的比重两个评价因子；在铁路运输方式指标下，选择铁路货运量、铁路货运量占货运总量的比重两个评价因子[3]。

（二）权重确定与指数计算方法

综合评价方法按照指标权重确定方式的差异可分为主观赋权法和客观赋权法。考虑到主观赋权法依赖人的主观判断，客观性较低，本文采用客观赋权法中的熵权法对评价因子进行赋权。熵权法通常以模糊综合评价矩阵以及各因素输出熵为依据来确定权重，主要通过信息熵值的计算来实现：通常情况下，信息熵的数值越高，表明该指标值的变化幅度越大，所能反映出的信息量就越丰富，在综合评价中所能发挥的作用也越大，因此对其所赋的权重也就越高；反之则反。本文运用熵权法对京津冀三地的绿色生产方式指标体系中的评价因子

---

[1] 一般工业固体废物处置量指调查年度企业将工业固体废物焚烧和用其他改变工业固体废物的物理、化学、生物特性的方法，达到减少或者消除其危险成分的活动，或者将工业固体废物最终置于符合环境保护规定要求的填埋场的活动中，所消纳固体废物的量（包括当年处置的往年工业固体废物贮存量）。

[2] 资料来源：交通运输部。

[3] 这里的公路货运量和铁路货运量均为一定时期内各地区各种运输工具实际运送的货物重量。

进行赋权，三地各年生产方式绿色化指数的计算步骤如下：

1. 指标选取

本文设有 i 个主体、j 个指标、t 年，则 x_{ijt} 为主体 i 在第 t 年的第 j 个指标值。

2. 指标标准化处理

由于 15 个评价因子具有不同的单位和量纲，无法直接进行对比分析，因此本文对各个评价因子进行标准化处理，以便进行后续分析。采用最小 - 最大标准化方法对各个评价因子进行标准化，将评价因子按照比例进行缩放，处理后的数据在 [0，1] 区间。具体处理方法如下，其中，式（1）为正向因子的标准化过程，式（2）为负向因子的标准化过程，x_{ijt} 为第 i 个主体的第 j 个评价因子在第 t 年的原始值，x'_{ijt} 为第 i 个主体的第 j 个评价因子在第 t 年经标准化处理后的标准值。

$$x'_{ijt} = \frac{x_{ijt} - \min\{x_{1j1}, L, x_{ijt}\}}{\max\{x_{1j1}, L, x_{ijt}\} - \min\{x_{1j1}, L, x_{ijt}\}} \quad (1)$$

$$x'_{ijt} = \frac{\max\{x_{1j1}, L, x_{ijt}\} - x_{ijt}}{\max\{x_{1j1}, L, x_{ijt}\} - \min\{x_{1j1}, L, x_{ijt}\}} \quad (2)$$

3. 确定评价因子权重

本文采用熵权法对第 i 个主体的第 j 个评价因子在第 t 年的数值进行赋权，在式（3）中，y_{ijt} 为第 i 个主体的第 j 个评价因子在第 t 年数值的权重，n 为主体个数，q 为样本期年数。

$$y_{ijt} = x'_{ijt} \Big/ \sum_{i=1}^{n}\sum_{t=1}^{q} x'_{ijt} \quad (3)$$

4. 计算第 j 个评价因子的熵值

计算第 j 个评价因子的熵值，如式（4）所示。其中，e_j 代表第 j 项评价因子的熵值，在 [0，1] 之间，$k=1/\ln(n)$，n 为主体个数，q 为样本期年数，y_{ijt} 表示第 i 个主体的第 j 个评价因子在第 t 年所占的权重。

$$e_j = -k\sum_{i=1}^{n}\sum_{t=1}^{q} y_{ijt}\ln(y_{ijt}) \quad (4)$$

5. 计算第 j 个评价因子的信息熵冗余

基于第 j 个评价因子的熵值，可以得到第 j 个评价因子的信息熵冗余，如（5）

所示。

$$g_j = 1 - e_j \tag{5}$$

6. 计算第 j 个评价因子的权重

可以进一步得到各个评价因子的权重，如（6）所示。其中，w_j 代表第 j 个评价因子的权重，g_j 为第 j 个评价因子的信息熵冗余，m 表示总的评价因子个数。

$$w_j = g_j \bigg/ \sum_{j=1}^{m} g_j \tag{6}$$

7. 计算各主体各年的绿色化指数

基于各个评价因子的标准值和权重，可以得到各个地区各年生产方式的绿色化指数，计算过程如（7）所示。

$$H_{it} = \sum_j w_j x'_{ijt} \tag{7}$$

二、京津冀绿色生产方式综合评价

（一）总体评价

京津冀绿色生产方式综合评价变动趋势如图 1 所示，可以看到，2015 年以来，京津冀三地绿色生产方式发展水平总体呈上升趋势，且三者之间的差距逐渐缩小，绿色生产一体化发展趋势明显。2015 年，北京市绿色生产方式

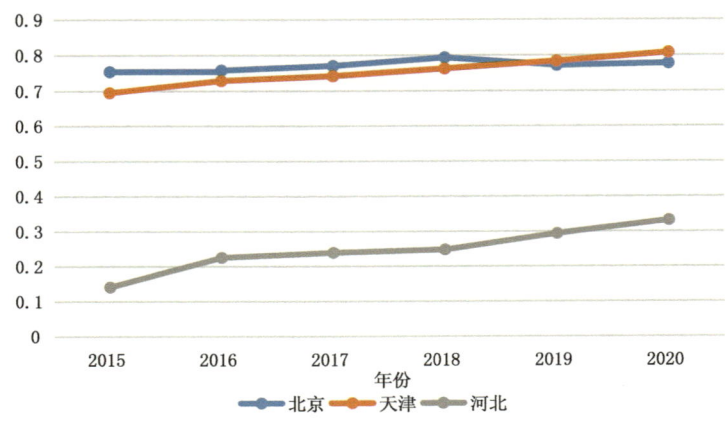

图 1　京津冀绿色生产方式综合评价

发展水平最高，为0.75，天津和北京的绿色生产方式水平相差不大，为0.70，河北省绿色生产方式发展水平明显低于京津，仅为0.14。样本期内，北京市绿色生产方式发展水平小幅上升，从2019年开始下降；天津市则呈持续增长态势，并于2019年超过北京，2020年达到0.81，同期北京为0.78；河北省的绿色生产方式加快形成，绿色生产方式指数持续较快增长，与北京和天津之间的差距逐步缩小，2020年其绿色生产方式指数已达到0.33，但和京津相比仍存在显著差距。为了深入剖析京津冀绿色生产方式变动趋势的原因，进一步从绿色生产过程和绿色供应体系两个维度以及内部评价因子层面进行分解分析。

（二）绿色生产过程维度评价

京津冀绿色生产过程评价结果如图2所示。2015—2020年，京津冀三地的绿色生产过程发展水平均呈增长态势，三者之间的差距也呈逐渐缩小趋势。2015年，北京绿色生产过程发展水平最高，为0.91，天津和河北位列二三，分别为0.68和0.06。样本期内，三地绿色生产过程指数均实现一定幅度增长，其中，北京一直保持较高水平，2020年绿色生产过程指数为0.97；天津和河北也实现了较快增长，在2020年分别达到0.80和0.27，与北京的差距有所减少，但河北与京津仍存在较大差距。总体来看，京津冀在绿色生产过程维度的发展状况良好，同时，三地的发展差距持续缩小，协同发展的局面逐渐形成。

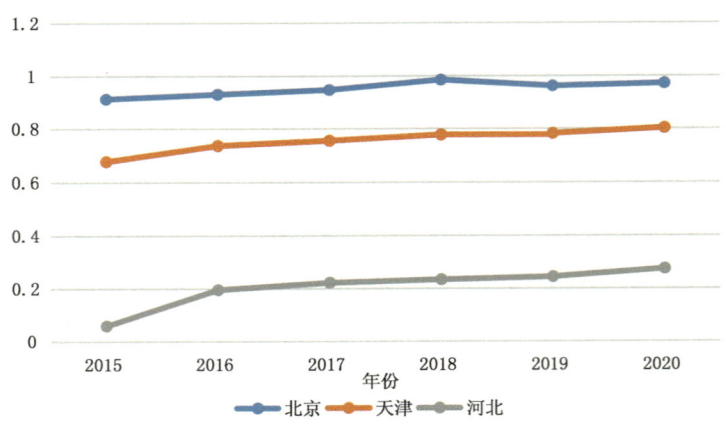

图2 京津冀绿色生产过程评价

进一步将绿色生产过程分解为资源消耗、废弃物循环利用和污染物排放。其中，资源消耗绿色评价结果如图3所示，可以看到，资源消耗绿色化程度和生产过程的总体绿色化程度变动趋势相似，也呈现总体增长，地区间小幅收敛的态势。废弃物循环利用绿色评价结果如图4所示，受数据限制，本部分仅选择了一般工业固废综合利用和处置率这一个评价因子。可以看到，北京和天津的一般工业固废综合利用和处置率明显高于河北，且变动趋势不大，而河北一般工业固废综合利用和处置率总体呈下降趋势。表2展示了样本期各年京津冀一般工业固体废物的综合利用量和处置量，可以看到，北京市一般工业固废的综合利用量并不高，且呈下降趋势，这可能是由于北京的产业结构中工业的占比较低（如图5所示），工业固废的产生量较少，综合利用的成本较高。

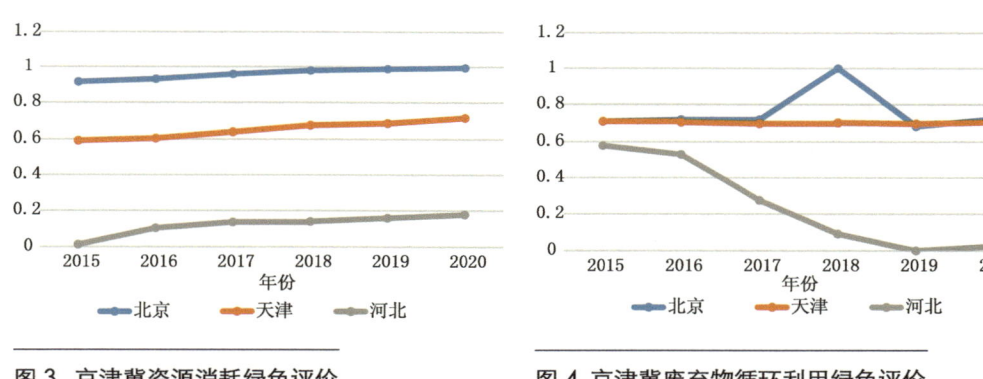

图3 京津冀资源消耗绿色评价　　　　图4 京津冀废弃物循环利用绿色评价

表2　京津冀一般工业固体废物综合利用量和处置量

单位：万吨

城市（省份）	年份	一般工业固体废物综合利	一般工业固体废物处置量
北京市	2015	592	118
北京市	2016	543	87
北京市	2017	467	164
北京市	2018	463	195
北京市	2019	427	260
北京市	2020	193	223

续 表

城市（省份）	年份	一般工业固体废物综合利	一般工业固体废物处置量
天津市	2015	1524	22
天津市	2016	1544	22
天津市	2017	1553	46
天津市	2018	1849	23
天津市	2019	1939	25
天津市	2020	1732	6
河北省	2015	19900	14729
河北省	2016	18455	13818
河北省	2017	18741	11668
河北省	2018	17631	11235
河北省	2019	17661	11297
河北省	2020	18880	11399

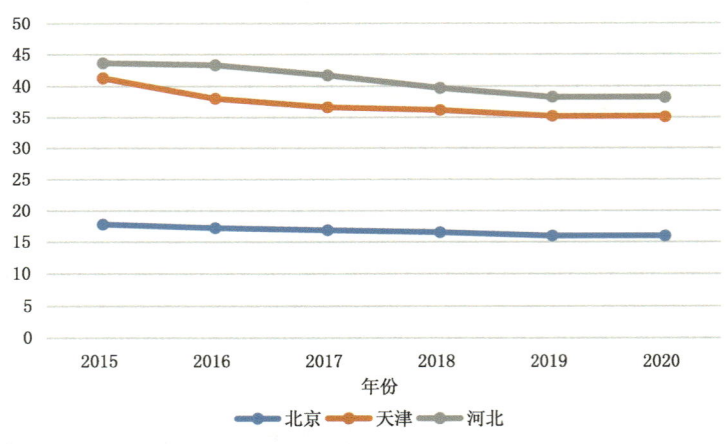

图 5 京津冀第二产业占比变动趋势

污染物排放绿色评价结果如图6所示，北京市在样本期内的污染物排放绿色评价指数总体平稳，一直处于领先地位，从2015年的0.97增长到2020年的接近1；天津略低于北京，总体变动幅度也不大，从2015年的0.80增长到2020年的0.96；河北省的污染物排放绿色评价指数在样本期内实现较大幅度增长,从 2015 年的 0 增长到 2020 年的 0.48,大幅缩小了与京津之间的差距。综上所述,在绿色生产过程维度,京津冀三地的资源消耗、污染物排放均向绿色化发展,且地区间差异逐渐缩小,但天津的资源消耗绿色化水平有待进一步提高,河北的各项表现均有待改善,工业固废综合利用和处置率持续下降的趋势急需转变。

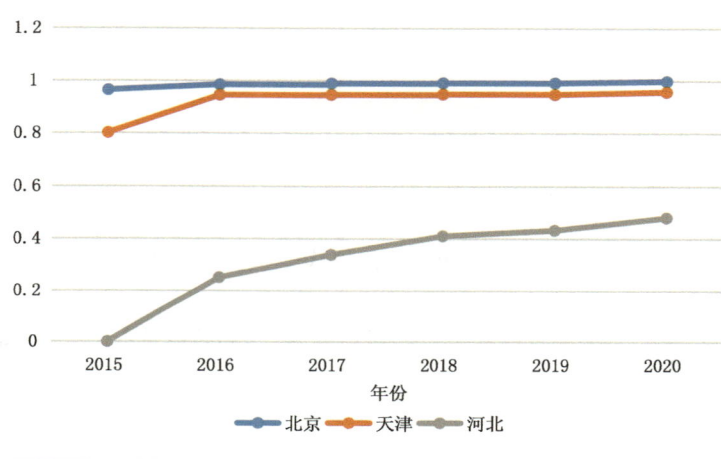

图 6　京津冀污染物排放绿色评价

(三) 绿色供应体系维度评价

京津冀绿色供应体系评价的变动趋势如图 7 所示。可以看到,2015—2020 年,天津市的绿色供应体系发展水平最高,且呈明显的上升趋势,从 2015 年的 0.74 上升到 2020 年的 0.82;河北和北京的绿色供应体系发展水平在期初较低,分别为 0.36 和 0.32,其中,北京的绿色供应体系发展水平一直呈下降趋势,2020 年仅为 0.25,与天津的差距进一步拉大,而河北则从 2019 年开始反弹,2020 年达到 0.49,与天津的差距有所缩小。究其原因,表 3 展示了京津冀绿色供应体系评价因子的数值变动,可以看出,北京公路货运量占比较高且持续攀升,在 2020 年已达到 98%,明显高于天津和河北,公路货运量总规模也呈上升态势;河北虽然公路货运量的绝对规模较大,但占比从 2019 年开始明显下降,结构渐趋绿色化。北京公路货运占比高也与其产业结构中工业占比较低,大宗商品货运量较少有一定关联。综上,河北省和北京市的绿色供应体系仍有待进一步完善。

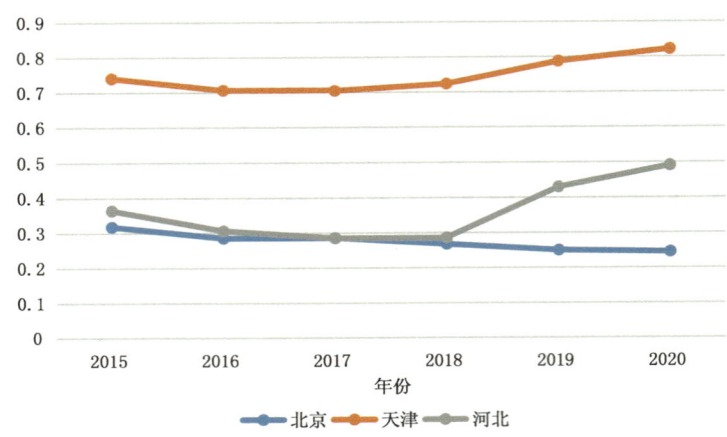

图 7　京津冀绿色供应体系评价

表 3　京津冀绿色供应体系评价因子

城市	年份	公路货运量（万吨）	铁路货运量（万吨）	公路货运量占比（%）	铁路货运量占比（%）
北京市	2015	19044	1034	94.85008	5.149915
北京市	2016	19972	762	96.32488	3.675123
北京市	2017	19374	736	96.34013	3.659871
北京市	2018	20278	596	97.14943	2.855363
北京市	2019	22325	484	97.88232	2.122062
北京市	2020	21789	414	98.13539	1.864613
天津市	2015	30551	8378	62.63146	17.17542
天津市	2016	32841	8150	65.02396	16.1367
天津市	2017	34720	8736	67.02703	16.86486
天津市	2018	34711	9249	66.46943	17.71127
天津市	2019	31250	9888	62.38397	19.73928
天津市	2020	32261	11124	61.42729	21.18091
河北省	2015	175636.6	17843	88.1746	8.957695
河北省	2016	189822.1	16313.17	89.96563	7.731579
河北省	2017	207309.2	17100.25	90.44485	7.460495
河北省	2018	226333.6	19579.83	90.66051	7.842927
河北省	2019	211461.3	26823.21	87.06923	11.04446
河北省	2020	211941.7	30805.64	85.52929	12.43165

三、推进京津冀绿色生产方式协同发展

综合来看,《京津冀协同发展规划纲要》实施后,京津冀绿色协同发展取得了显著的进展,三地绿色生产方式的发展水平持续提升,且差距在逐步缩小,其中,北京和天津水平较高,河北增速最快,但与京津仍存在一定差距。分解来看,在绿色生产过程维度,三地的发展水平均持续提升,且差距趋于缩小,其中,天津的资源消耗绿色化水平有待提升,河北资源消耗和污染物排放的绿色化水平均有待提升,废弃物循环利用水平持续下降的趋势急需转变;在绿色供应体系维度,三者的差距仍然较大,河北和北京的绿色供应体系指数有待提升。尽管成绩显著,但从各个维度来看,京津冀的差距依然存在,尤其是河北与京津的差距仍然较大,需进一步完善绿色发展协同机制,结合各地具体情况推动绿色生产方式协同纵深发展。

大力推动清洁生产,提升生产过程的绿色一体化发展水平。加快区域内绿色生产过程的相关标准制定,尽量做到技术标准的统一,持续优化京津冀绿色生产方式协同发展的制度基础;打造可持续利用的一体化资源体系,提高资源集约化利用水平,加大对清洁能源的使用;完善废弃物循环利用合作机制,建设资源综合利用基地,加强可再生资源的回收利用;实施污染限额排放,从源头上对工业污染进行防控,并强化对工业污染的治理,构建绿色技术服务一体化平台,建立绿色技术创新协同体系,构建区域内绿色技术信息共享机制。

积极发展绿色物流,促进供应体系的绿色一体化发展。一方面,要进一步统筹各种运输方式,不断减少公路运输占比,大力发展"公转铁",发挥区域内高铁网络在释放现有铁路货运能力方面的积极作用,落实中央财经委员会第八次会议要求,加强高铁货运能力建设,积极发展绿色物流,积极构建京津冀区域绿色物流枢纽,优化物流节点;另一方面,加大政策引导,完善并建立对绿色运输方式的激励机制和优惠政策,加强协同合作,促进区域内制造业企业加快落实运输结构调整方针,降低公路运输在货物运输结构中的占比。

从各地区实际短板出发,坚持因城施策。研究发现,不同地区绿色生产方

式发展中的短板不同，需要具体问题具体分析，比如，北京应更注重绿色物流发展水平的提升，天津应进一步提升资源消耗的绿色化水平，河北则应全面提升绿色生产方式的绿色化水平，提高资源消耗和污染物排放的绿色化水平，转变废弃物循环利用率持续下滑的趋势，优化运输结构，推动绿色物流。各地区应基于自身短板问题，有针对性地调整完善，同时充分发挥京津冀一体化优势，加强经验交流和协同合作，促进人才和资源的跨地区流动，支持和鼓励绿色发展资源有序整合，以实现三地绿色生产方式协同纵深推进。

（京津冀协同发展专家咨询委员会）

京津冀构建现代能源体系进程思考与建议

京津冀协同发展是以习近平同志为核心的党中央在新的历史条件下作出的重大决策部署。能源协同发展是京津冀协同发展的重要内容。京津冀三地全面贯彻落实《京津冀协同发展规划纲要》和《京津冀能源协同发展规划（2016—2025年）》要求，积极推进能源革命，构建清洁、低碳、安全、高效的能源体系取得显著成效，区域的能源环境得到很大改善。本文从清洁、低碳、安全、高效四个维度开展了京津冀现代能源体系建设进程评估，并与我国典型区域的情况开展横向对比，结合京津冀的实际情况提出有针对性的意见建议。

一、京津冀构建现代能源体系的现状及挑战

（一）构建现代能源体系是京津冀协同发展的重要内容

能源是经济社会发展的基础和动力，对国家繁荣发展、人民生活改善和社会长治久安至关重要。2015年党的十八届五中全会首次提出"推动低碳循环发展，建设清洁低碳、安全高效的现代能源体系，实施近零碳排放区示范工程"。2022年正式印发《"十四五"现代能源体系规划》，明确了"十四五"时期加快构建现代能源体系，推动能源高质量发展的总体蓝图和行动纲领。可以认识到，党中央国务院高度重视现代能源体系构建，而能源协同发展是京津冀协同发展的重要内容，加快京津冀三地构建现代能源体系，推进区域能源实现高质量发展也是京津冀能源协同发展的应有之义。

（二）京津冀构建现代能源体系取得显著成效

在清洁发展方面，京津冀地区聚焦打好大气污染防治攻坚战，多措并举，大力推动压减燃煤和清洁能源设施建设，能源清洁发展实现新突破。以北京市为例，2021年，北京市持续推进采暖、工业锅炉用煤清洁替代，清洁能源消费比重为69.9%，比2012年提高26.7个百分点；煤炭消费量由2012年的2179.6万吨大幅压减到2021年的130.8万吨，占全市能源消费的比重由25.2%下降到1.4%。能源的清洁发展带来了大气环境的持续改善，2021年，"2+26"城市优良天数比例达到67.2%，为打赢蓝天保卫战提供了重要支撑。

在低碳发展方面，京津冀三地供给和需求侧双向发力，立足区域尤其是张北地区的巨大可再生能源资源潜力，先后出台支持政策，推动区域低碳发展。以北京市为例，2021年，全市可再生能源利用量849.3万吨标煤，占全市能源消费总量的比重为12%，比2016年提高7.7个百分点。可再生能源发电装机容量242.2万千瓦，比2016年增长64.6%；可再生能源电力消纳总量达244亿千瓦时，占全社会用电量的19.8%，比2016年提高9.3个百分点。成功实现了冬奥场馆100%绿色电力覆盖和2022年北京冬奥会和冬残奥会可持续性承诺。

在安全发展方面，京津冀三地以能源技术革命为引领，以能源合作为契机，持续提升安全保障水平。一是依托区域科技资源优势，围绕储能、氢能等领域开展技术攻关，培育能源清洁发展新动能。二是持续深化区域能源合作，协同推动一批跨区域电力、燃气重点项目建设。张家口－北京可再生能源±500千伏柔性直流输电示范工程建成投运，形成北京电网交直流混联新格局。建成陕京三线、陕京四线、唐山LNG、大唐煤制气等外部气源工程，形成"三种气源、七大通道、10兆帕大环"燃气供应格局。

在高效发展方面，京津冀三地始终以能源消费革命为主线，不断强化能源消费总量和消费强度"三级双控"目标考核制度，持续提升能源利用效率。三地先后印发《"十四五"节能减排工作实施方案》，充分发挥节能的"第一能源"作用。以北京市为例，按可比价格计算，2021年全市单位地区生产总值能耗0.182吨标准煤，较2012年下降37.8%；第二产业单位地区生产总值能耗0.239

吨标准煤，比 2012 年下降 54.1%；能源消费总量从 2012 年的 6564.1 万吨标煤增长至 2021 年的 7103.6 万吨标煤，以年均 0.88% 的较低能耗增速支撑了年均 6.4% 的经济增长。

（三）京津冀构建现代能源体系面临诸多挑战

一是京津冀能源结构以化石能源特别是煤炭为主，清洁能源消费比重低。2020 年以前，河北省煤炭消费比重长期保持在 80% 以上，2021 年煤炭占能源消费总量比重仍为 67%，高于全国 56% 的平均水平。单位能源产出效率不高，2021 年河北省单位 GDP 能耗 0.8 tce/万元，比全国平均水平高出近 60%。

二是清洁发展在部分区域仍面临挑战。京津冀区域内部发展差距较大，2021 年河北省人均 GDP 分别为北京市的 29.4% 和天津市的 47.7%。随着清洁能源替代工程的大力推进，"政府补不起、企业担不起、群众用不起"情况隐现，同时，对华北地区电力和燃气的供应能力提出了新的挑战，供应风险依然存在。

二、京津冀构建现代能源体系进程评估

（一）现代能源体系进程评估指标体系

通过引入泛能源大数据理念，采用系统分析法构建包含四个维度和 27 个指标的现代能源体系指标体系。指标、维度和现代能源体系综合指数均进行数据归一化处理，指数 100 代表最优，50 代表 2020 年世界平均水平。分维度影响指标见表 1。

表 1　分维度影响指标

维度	指标	单位
清洁	清洁能源消费总量占比	%
	清洁能源生产总量占比	%
	单位 GDP SO_2 排放量	吨/亿元
	单位 GDP NO_x 排放量	吨/亿元
	单位 GDP 颗粒物排放量	吨/亿元

续　表

维度	指标	单位
低碳	二氧化碳人均排放量	吨/人
	单位能源消耗的二氧化碳排放量	吨/吨标煤
	单位GDP的二氧化碳排放量	吨/万元
	单位工业增加值的二氧化碳排放	吨/万元
	非化石能源消费占比	%
	非化石能源发电量比重	%
	森林面积覆盖率	%
	人均森林蓄积量	立方米/人
安全	石油储采比	年
	天然气储采比	年
	原煤储采比	年
	单位面积非化石能源可开发量	万千瓦时/（平方千米·年）
	煤炭生产量/消费量比值	%
	天然气生产量/消费量比值	%
	石油生产量/消费量比值	%
	电力生产量/消费量比值	%
	能源多样性	—
高效	GDP单位能源能耗	吨标煤/万元
	能源消费弹性	—
	电力占终端能源消费比重	%
	供电煤耗	克标煤/千瓦时
	电力线损率	%

（二）京津冀2020年现代能源体系指数与分析

京津冀同属京畿重地，但三地能源资源禀赋和能源生产与消费结构特征差异显著，现代能源体系构建进程不同，在清洁、低碳、安全、高效四个维度各有千秋。由于西藏、台湾、香港和澳门能源数据缺失，本文未涉及，排名仅为我国30个省（市、自治区）的先后顺序。此外，限于数据可获得性，无法获得全部指标2021年数据，因此本文分析了京津冀2020年现代能源体系建设情况，如表2所示。

表2 2020年京津冀地区现代能源体系指数及排名情况

维度		北京	天津	河北
综合	指数	56.8	43.8	44.6
	排名	3	22	21
清洁	指数	88.6	59.9	47.0
	排名	1	15	21
低碳	指数	43.7	22.9	17.9
	排名	11	24	26
安全	指数	17.9	38.7	60.9
	排名	30	20	10
高效	指数	87.4	55.2	48.4
	排名	1	20	18

就清洁指数而言，2020年北京清洁指数位居全国首位（88.6），这是因为北京取缔了燃煤机组，外调绿电规模不断扩大，清洁能源生产与消费占比较高，污染物排放低；天津清洁指数位于全国中间水平，其单位GDP污染物和颗粒物排放得分高，而清洁能源生产总量占比低；河北清洁指数排名靠后，因其清洁能源消费总量占比低。在低碳指数方面，北京低碳指数为43.7，位居全国第11位；天津低碳指数排名较靠后，各项指标整体得分不高，尤其是二氧化碳人均排放量和人均森林积蓄量；河北低碳指数为17.9，全国排名第26位。对于安全指数，北京由于化石能源匮乏，煤油气的生产占比极低，安全指数全国最低；天津安全指数为38.7，位于第20名，石油生产/消费比具有一定优势；得益于化石能源储量和非化石潜在可开发量较高，河北安全指数排名位于第10名。关于高效指数，北京排名全国第一，其GDP单位能源能耗低、能源消费弹性高；天津和河北高效指数分别排名第10和第18，指标整体得分较高。综上所述，北京综合指数为56.8，位居全国第三；河北和天津综合指数排名较为靠后，分别位于第21位和第22位。

（三）京津冀与典型区域的横向对比

我国区域能源资源禀赋特点差异较大，针对京津冀地区指标体系与典型区域进行对比分析，其中长三角地区包括上海、江苏、浙江和安徽；珠三角地区泛指整个广东省；老工业基地包括东北三省和山西省，曾是我国重要的工业和能源供应基地；中部地区包括河南、湖北、湖南、江西四个相邻省份；能源富集地区主要包括新疆、宁夏、内蒙古和陕西，资源型经济特色突出；西南地区包括四川、重庆、云南、贵州四个省份。典型区域指标评价结果如图1所示。

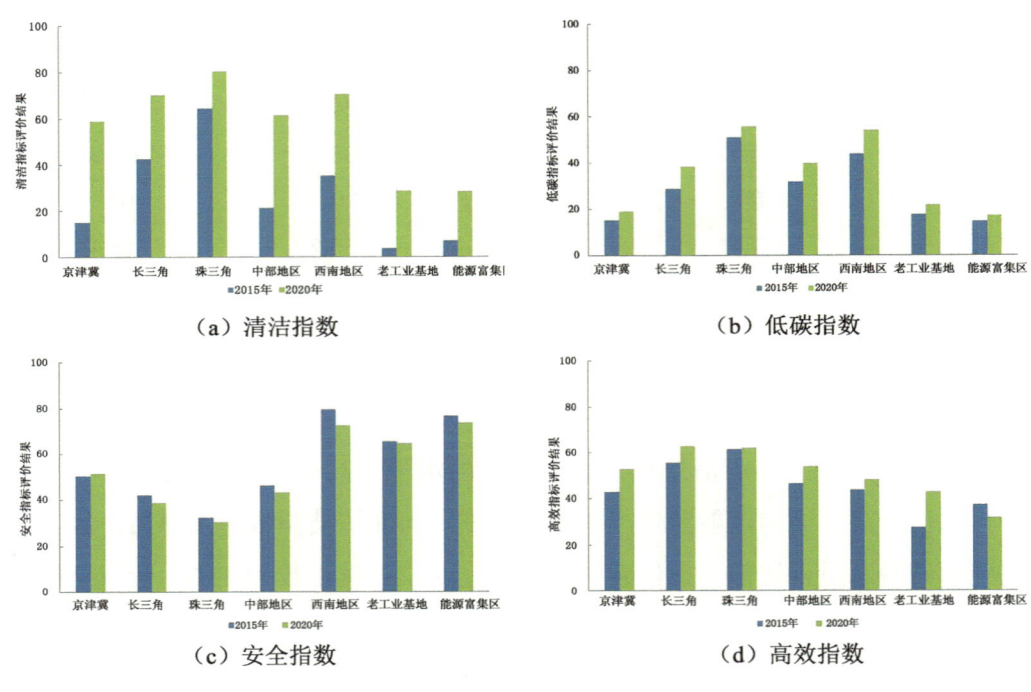

图1 典型区域指标评价结果

就清洁指数而言，2015—2020年各分区均有大幅提升，其中京津冀地区提升297.8%，老工业基地和能源富集区分别提升699.6%和306.8%。2020年清洁指数珠三角最高（80.3），西南地区次之（70.4），老工业基地和能源富集区较低。在低碳指数方面，2020年京津冀低碳指数为19.0，仅高于能源富集区，最高为珠三角（55.8），西南地区次之（54.3）。珠三角地区的低碳指数是能源富集区的3.3倍。对于安全指数，京津冀地区安全指数低于能源富集区（73.9）、西南地区（72.8）和老工业基地，此外，珠三角最低（30.4）。2015—2020年京津冀地区有所提升,增幅为2.0%,其他地区均略有下降。关于高效指数,京津冀高效指数低于长三角(62.8)和珠三角(62.0);能源富集区最低(31.7)。从高效指数变化看,2015—2020年京津冀地区有所提升;老工业基地提升54.4%;珠三角地区基本持平;能源富集区下降14.9%。

综合来看,2020年京津冀现代能源体系综合指数位于全国中间水平,西南地区最高(62.1),珠三角次之(55.5),老工业基地和能源富集区较低,分别为41.0和39.9,如图2所示。从现代能源体系指数变化看,2015—22020年各分区均有所提升,京津冀增幅最大(43.7%),珠三角增幅最小(8.5%)。

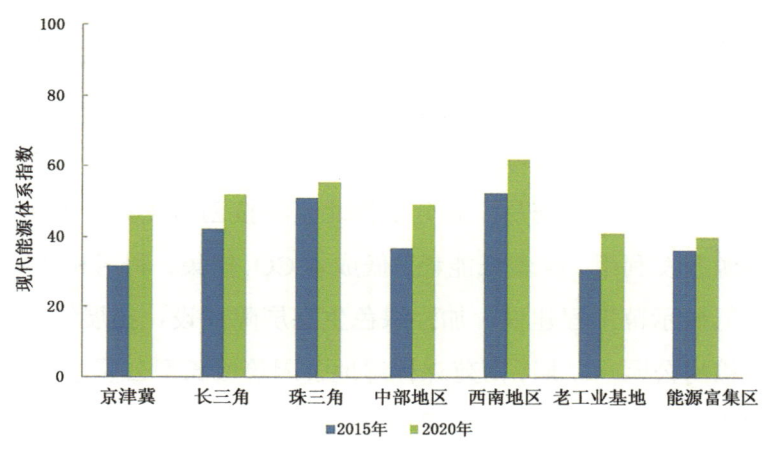

图2 典型区域现代能源体系指数评价结果

三、京津冀构建现代能源体系战略思路与建议

以习近平总书记提出的京津冀协同发展重大国家战略为指导,以"四个革命、一个合作"为抓手,持续推进能源革命,加快构建清洁低碳、安全高效能源体系,以能源高质量发展为京津冀地区经济社会持续健康发展提供坚实保障,实现京津冀协同发展。

(一)聚焦京津冀蓝天绿水青山行动,推进区域能源清洁高效利用

统筹推进京津冀生态环境联防联治常态化机制建设,聚焦大气污染联防联控、水土污染协同治理、危险废物处置区域合作、生态环境执法和应急联动等方面，整体提升区域清洁发展水平。制定京津冀能源协同转型升级实施方案，推动光伏、风电、生物质能、天然气等清洁能源替代行动，协同打好散煤治理攻坚战，进一步扩大清洁能源消费比重。推动煤电清洁高效低碳转型，充分发挥煤电机组优势，推进风光水火储一体化清洁能源基地建设。积极推动煤电"三改联动"，大力推进煤电技术创新，研发新一代超净超灵活机组。推进科技创新 2030——煤炭清洁高效利用国家重大项目和国家攻关任务，持续提升煤炭清洁高效转化领域科技创新能力和水平，切实做到"清洁高效利用的煤炭也是清洁能源"，持续做好煤炭清洁高效利用这篇大文章。

（二）创新引领京津冀低碳转型发展，协同推进森林、湿地、海洋碳汇建设

大力发展非化石能源，协同建设京津冀低碳能源基地，推进张承百万千瓦风电基地、张家口可再生能源示范区建设，优先支持区域内可再生能源上网、消纳，加大省际绿色电力交易。充分发挥北京科技创新优势，聚焦大规模高比例可再生能源开发利用，探索低能耗、低成本 CO_2 捕集、利用和地质封存技术，开展多领域低碳示范工程建设。加强绿色生态屏障建设，拓展绿色生态空间，推进北京温榆河公园一二期、南苑森林湿地公园等成长型公园建设，天津"871"重大生态建设工程，抓好白洋淀、衡水湖、渤海近岸海域综合治理，发挥京津冀自然生态优势，加强山水林田湖草沙协同保护，发挥森林、湿地等固碳作用，加强海洋碳汇建设。

（三）建设多元清洁低碳能源供给体系，提升区域能源安全供应保障水平

京津冀地区化石能源资源贫乏，可再生能源开发潜力大。煤炭主要分布在河北和北京，油气分布在天津，可再生能源分布于在张家口、承德坝上地区，应加强化石能源和可再生能源的耦合利用，多措并举建设多元清洁低碳的能源供给体系，确保能源供应安全，保障现代能源高质量发展。做好资源和产能储备，在释放优质产能的同时科学划定化石能源产能"红线"。加强区域能源协同发展，推动清洁低碳能源大范围、跨省市优化配置，提升能源资源配置和优势互补能力。强化能源基础设施互联互通，实现区域能源互通互济，拓展区域内外能源合作体制机制协同空间，共同构建区域清洁低碳安全高效现代能源体系，提高能源供应保障能力，进而融入全国统一的能源大市场。

（四）深入贯彻落实节能优先方针，加强京津冀各领域电能替代和能效提升

开展能效创新引领专项行动，持续深化电力、工业、建筑、交通等重点领域节能，组织开展节能诊断服务，推进节能技术改造。推进工业燃煤锅炉、窑炉等耗煤领域的清洁化替代和节能环保综合改造，大力推广成熟先进节能减排技术。扩大全社会各行业电气化终端用能设备使用比例，拓展电能替代的广度和深度，提高工业、建筑、交通等领域终端电气化水平，切实提升电能占终端能源消费的比重。及时修订和实施更高能效的能耗标准并强制性实施，加速淘汰高耗能设备，精准推进节能降耗，挖掘能效提升潜力。

（京津冀协同发展专家咨询委员会）

部门篇

京津冀协同发展报告（2022年）

精心开展京津冀协同发展宣传报道营造良好舆论氛围

2022年，中宣部认真贯彻落实中央决策部署，积极做好京津冀协同发展宣传引导工作，组织中央和地方媒体深入解读政策举措，充分反映进展成效，为推动京津冀协同发展营造良好舆论氛围。

一、深入宣传中央部署要求

中央各媒体在"沿着总书记的足迹""奋进新征程 建功新时代"等主题宣传中，推出《推动京津冀协同发展迈向更高水平》《努力开创首都发展更加美好的明天》等报道，深入宣传习近平总书记亲自谋划、亲自部署、亲自推动京津冀协同发展，引领构建优势互补、高质量发展的区域经济布局。推出《京畿大地涌新潮——贯彻落实党的二十大精神深入推进京津冀协同发展观察》等重点稿件，宣传各地区各部门认真落实中央战略部署，推进京津冀协同发展的思路举措。

二、做好京津冀协同发展战略实施8周年宣传报道

人民日报、新华社、中央广电总台等中央媒体刊播《京津冀开创协同发展新局面》《风好正是扬帆时 奋楫逐浪天地宽——京津冀协同发展迈向更高水平综述》《京津冀协同发展八周年：向更深更广推进》等重点报道，宣传三地交通一体化建设稳步推进、生态环境联防联控成效显著、产业合作升级持续深化、公共服务均等化水平不断提高等发展亮点，系统反映京津冀协同发展新进展、新突破，展现京津冀群众不断增强的获得感、幸福感、安全感。

三、做好雄安新区设立五周年宣传报道

《人民日报》刊发《雄安新区——协同发展开新篇》《千年大计 雄安五年》，新华社播发《努力创造新时代高质量发展的标杆——以习近平同志为核心的党中央关心河北雄安新区规划建设五周年纪实》，中央广播电视总台推出三集纪录片《雄安 雄安》，《经济日报》推出"雄安新区这五年"系列报道，展现雄安新区建设五年来的科学规划和重大进展，展望雄安建设高水平社会主义现代化城市的美好图景。

四、做好北京冬奥会促进京津冀协同发展的成效宣传

各媒体推出《瓣瓣同心，"一起向未来"——从 2022 年北京冬奥会看京津冀协同发展新成就》《区域协同发展 共创美好未来（走向冬奥）》《冰雪运动成京津冀协同发展抓手》等报道，展示北京冬奥会在促进和带动京津冀协同发展方面取得的积极成效。

五、做好北京非首都功能疏解宣传引导

各媒体推出《北京持续疏解非首都功能 降低核心区人口、建筑、旅游密度》《加快打造承载非首都功能疏解高标准新区》《北京市非首都功能疏解有序推进，京津冀协同发展取得积极成效》等稿件，有序对外发布北京非首都功能疏解项目和政策信息，及时宣传解读相关规划和项目，逐步释放深入推进北京非首都功能疏解的信号。

2023 年，中宣部将按照京津冀协同发展领导小组有关工作部署，进一步加强权威信息报道和政策宣传解读，大力宣传重要事项、重点工程和重大改革取得的新进展新成效新亮点，持续为京津冀协同发展创造良好舆论环境。

（中央宣传部）

扎实推动京津冀协同发展网上宣传

一、开展工作情况

一是大力宣介京津冀协同发展新气象。聚焦京津冀三地贯彻落实党的二十大精神，推进京津冀协同发展新成效，组织推动《京畿大地涌新潮——贯彻落实党的二十大精神深入推进京津冀协同发展观察》《京广高铁助力京津冀协同发展 石家庄融入环首都一小时交通圈》《推动京津冀协同发展 北京与河北县级首次开行通勤高铁》《京唐、京滨开通在即"轨道上的京津冀"网络更密集》等稿件，展现京津冀协同发展的成效经验和重大进展，为共同开创京津冀协同发展新篇章营造良好网上舆论氛围。

二是指导中央和地方新闻网站充分发挥网络传播优势，运用微动漫、短视频、图文等网民喜闻乐见的形式手段，策划推出《数据发布：京津冀协同促发展 区域发展指数持续提升》《天津滨海新区：京津冀协同赋能海上门户 港产城融合构筑美丽滨城》等融媒体产品，生动展现京津冀协同发展取得的丰硕成果，充分反映人民群众在协同发展中的获得感、幸福感、安全感。

二、下一步工作考虑

中央网信办将结合职能，按照有关工作安排，继续配合做好京津冀协同发展网上宣传，营造良好的网上舆论氛围。

（中央网信办）

部省联动优化教育资源布局
全面推进京津冀教育协同发展

2022年,教育部以习近平新时代中国特色社会主义思想为指导,深入学习贯彻党的二十大精神和习近平总书记关于推动京津冀协同发展的重要讲话和指示精神,有序推进首批疏解高校项目落地,深化三省市职业教育合作,提升城市副中心基础教育资源供给水平,持续增强教育支撑保障协同发展能力,教育领域协同发展取得新成效,实现新突破。

一、有序推进北京非首都功能疏解,优化教育空间布局

(一)首批部委所属高校疏解项目取得实质性进展

一是首批高校项目选址基本确定。积极与河北省及雄安新区沟通协调,确定首批高校的选址方案和用地规模,并在此基础上,最终确定首批高校的具体选址方案。雄安新区向有关高校反馈了规划要求,首批高校随即启动雄安校区的总体规划编制工作。

二是首批高校完成校园总体规划设计工作。多次召开专门会议,协调雄安新区与首批高校加快工作进程,指导做好项目总体规划编制工作。教育部有关负责同志多次听取首批疏解高校项目规划工作汇报,并到高校实地调研指导工作。目前,四所高校均已完成雄安校区总体规划设计。

三是高校积极推进联合研究生院和重大设施平台建设。组织有关高校结合雄安校区总体规划编制和联合研究生院建设,在雄安新区加快布局建设相关重大科研设施及平台,积极对接雄安新区创新驱动要求,服务地方经济社会发

展。有关高校还与雄安新区进一步明确雄安数字图书馆的功能定位及运行保障机制，数字图书馆项目实现主体封顶。

（二）京内高校新校区建设稳步推进

教育部指导直属高校加快推进京内新校区建设。中国人民大学通州校区首个项目封顶，预期一期项目于2023年完工；北京化工大学昌平校区学院科研楼陆续投入使用，入驻师生达到15000人；北京邮电大学沙河校区聚焦学科发展推进校区建设，实现4个学院整建制转移至沙河校区。北京师范大学沙河校区、中央财经大学沙河校区、北京中医药大学良乡校区、中国矿业大学（北京）沙河校区等高校新校区持续完善办学条件。

北京市建立常态化"周调度"机制，积极推进高校新校区建设。北京信息科技大学昌平校区科研楼、行政楼等项目如期竣工；北京工商大学良乡校区AB座教学科研楼完成地下基础施工；北京城市学院顺义校区学生宿舍完成主体结构施工；首都医科大学新校区校本部完成校园规划设计和项目建议书（代可研）编制；首都体育学院新校区建设方案通过市政府专题会审议，有序开展规划设计和前期工作，高校新校区建设项目持续稳步推进。

（三）服务国家重大战略需求能力进一步提升

三省市高校、企事业单位持续深化合作，开展重大科研项目攻关，共建高水平学科平台，服务国家重大战略需求。北京大学、中国人民大学和南开大学联合成立"国家区域重大战略高校智库联盟"，为京津冀协同发展提供智力支撑。天津师范大学与北京师范大学签署战略合作协议，面向京津冀地区城市化进程中的生态环境与区域可持续发展战略需求，共建"京津冀生态文明发展研究院"。天津工业大学与沧州市人民政府合作共建天津工业大学沧州研究院，致力于培育和凝聚一批分离膜及相关领域高层次人才和研究群体，形成以膜为特色的主导产业，共同打造京津冀区域最大的膜产业集群，实现以科研优势带动区域发展，现已完成首批7个入驻项目。

二、大力发展职业教育，提升劳动就业能力

（一）聚集优质资源，支持雄安新区职业教育提质增效

一是加大资金支持力度，持续提升雄安新区职业学校建设水平。河北省给予雄县职教中心、安新县职教中心、容城县职教中心资金支持，改善雄安新区职业学校办学条件。继续将雄县职业技术教育中心纳入河北省中等职业教育质量提升工程（名牌三档学校），加大财政经费支持力度，支持其打造品牌，发挥示范引领作用。

二是汇集优质教育资源，合力提升雄安新区职业教育发展能力。围绕雄安新区高起点规划、高标准建设需求，京津两市以雄安新区当前紧缺、急需专业和未来产业发展方向为指引，共同培养高素质技术技能型人才。北京市通过密集开展雄安新区高中职学生来京短期访学，举办2022年京雄地区教师教学能力提升系列线上培训活动、京雄职业教育教师优秀教育教学论文及课程思政教学设计评选、第二届"京雄"职业院校学生技能大赛、雄安新区首届职业院校

首届"京雄"职业院校教师教学能力大赛

教师教学能力大赛、雄安新区职教干部"跟岗研修"活动等,吸引超过 700 余名师生参加,有力提升雄安新区高中职学生职业能力和教师教学水平。天津市职业大学、天津市第一商业学校和天津交通职业学院利用自身优势,开展优质专业培训,助力雄安新区培养优秀职教师资。

三是创新教育培养模式,稳步提升雄安新区职教人才培养质量。三省市借鉴高等教育同城化经验,稳妥开展京津冀高职院校跨省市单独考试招生合作试点,全面提升高等职业教育发展水平。北京财贸职业学院、天津轻工职业技术学院等 6 所京津高职院校在河北省投放单招计划 3000 余人,比 2021 年增加 50%。同时,京冀两地探索开展"3+2"跨省培养合作,北京工业职业技术学院对接雄县职教中心,单列 100 名"3+2"招生计划,通过中职阶段在河北培养、高职阶段在北京培养的模式,共同培养服务区域产业发展的技术技能型人才。天津市第一商业学校与雄县职教中心联合办学,招收雄县学生 61 人;天津市机电工业学校招收 50 名雄安新区学生,成立雄安班,精准培养技能人才;天津市经济贸易学校与安新县职教中心合作,招生 400 余人,并为 600 余名河北中职学校毕业生提供高质量实习或就业岗位。

(二)持续推进三省市职业教育合作

京津两地充分发挥优质职业教育资源富集优势,着力搭建紧密型职业院校共同体,不断输出优质资源,与河北省职业教育院校开展密切合作,深化职业教育产教融合,共建技能型人才协同培养体系。北京市举办京津冀新专业·新课程·新教法财经类说课大赛,深化京津冀中等职业学校教师、教材、教法"三教改革";举办京冀地区职业技能培训机构教师线上教学能力提升培训班,推动河北省职业技能培训机构提升劳动技能培训能力,促进当地劳动力多渠道就业。天津市职业大学积极建设京津冀职业教育交流平台,发挥京津冀"双高计划"建设联盟作用,编制《京津冀双高建设咨询》4 期 196 篇文章,促进京津冀三地职业教育资源共建共享,推动三地"双高"院校高标准定位、高水平建设、高质量发展。天津医学高等专科学校等 9 所联盟副理事长单位,遴选 23 门优质在线开放课程、10 本已确定出版的优质新形态教材并确定 61 门课程思政案例库建设课程,与帮扶院校共建教学资源库,帮扶成效初显。天津铁道职业技术学院与石家庄铁路职业技术学院、唐山科技职业技术学院在 8 个专业持续进行全方位帮扶，通过资源共建等方式进行师生互动，协助石家庄铁路职业技术学院修订铁道工程专业国家教学标准。

三、提升基础教育质量，增强协同发展能力

（一）支持北京城市副中心基础教育高质量发展

一是推动中心城区优质基础教育资源向通州区合理布局。根据通州区教育设施专项规划，2018 年以来，在行政办公区（6 平方公里）周边规划布局了从中心城区引进的优质基础教育学校 14 所，其中：幼儿园 7 所、小学 3 所、中学 2 所、十二年一贯制学校 2 所，目前，除北京第一实验学校正在加紧施工建设，其余学校已全部开园开学。

二是持续推进北京优质教育资源向周边扩散布局。通过学校联盟、开办分校等多种模式引入北京市知名中小学到北三县开展跨区域合作，北京潞河中学三河校区、北京实验学校三河校区、北京五中大厂分校、北京景山学校香河分校等一批优质教育资源先后落户北三县。北京教育学院、北京教育科学研究院、通州区教委参与河北廊坊北三县项目推介洽谈会，开展河北名校长、骨干教师来京跟岗研修，组织 60 余名北京专家及一线教师面向大厂县 1300 余名中小幼教师开展线上培训。北京市还向国家智慧教育平台补充优质课程 2000 余个，面向三省市共享。

天津市武清区自北京引进优质高中教育资源，建设天津市燕京高级中学和天津市燕京雍阳高级中学。武清区还深度参与"通武廊"基础教育协同发展合作机制，持续推动"通武廊"教育一体化建设，通过管理经验交流研讨、名师讲座、线上观摩课等在课堂教学、教育管理、学生艺体活动等方面深度合作，整体提升教育教学水平。

（二）不断加强雄安新区基础教育建设

一是持续做好疏解项目落地配套服务。河北省下达 2022 年中央和省级补助资金，支持雄安新区高质量建设 26 所幼儿园、中小学，加快普及高品质基

北京实验学校三河校区

础教育。编制起草《承接北京非首都功能疏解教育配套政策》，努力为疏解人员子女入学提供优质便捷服务。协调三省市优质基础教育资源对接雄安，目前，已有59所京津冀优质学校与雄安新区61所学校建立帮扶合作关系，实现县域层面全覆盖。

二是加快推进"交钥匙"学校委托办学和新一轮"援四"办学。3所"交钥匙"学校全部竣工交付，目前正在补充完善后续委托办学协议。北京第四中学、史家小学、北海幼儿园选派专门人员协助雄安新区推进三所学校教职人员招聘事宜。召开"交钥匙"学校委托办学项目工作会议，专题研究有关工作，配合完成"交钥匙"项目学校命名工作。新一轮"援四"办学有序推进，北京第八十中学选派团队在雄安容和第一中学援助办学，通过召开线上活动、举办教学比赛、组织入职培训、开展教师培训、举行"青蓝工程"等系列工作，持续提升雄安新区办学水平。其他三所学校继续修改完善援助办学协议，援助办学工作有序推进。

"交钥匙"学校项目竣工交付

（三）县中托管帮扶助力河北省基础教育水平提升

2022年5月，印发《教育部办公厅关于组织实施部属高校县中托管帮扶项目的通知》（教基厅函〔2022〕13号），决定组织实施部属高校县中托管帮扶项目。清华大学、中国人民大学等5所部属高校及创新人才教育研究会等帮扶河北省青龙一中等10所高中，数量位居全国第一。

下一步，教育部将按照京津冀协同发展领导小组的部署要求和2023年确定的重点工作安排，持之以恒指导在京高校疏解工作走深走实，大力支持职业教育发展，持续推动中心城区优质中小学教育资源在北京城市副中心及周边地区合理布局，提升城市副中心综合实力和承载能力，不断提升京津冀教育协同发展水平，着力打造教育高质量发展的示范高地，加快教育强国、科技强国和人才强国建设。

（教育部）

深入推进京津冀协同创新
加快实现高水平自立自强

科技部深入学习贯彻党的二十大精神，认真贯彻落实习近平总书记关于京津冀协同发展系列重要指示精神，按照党中央、国务院关于推动京津冀协同发展的系列重大部署，在京津冀协同发展领导小组领导下，积极推进京津冀协同发展，取得积极成效。

一、2022年工作进展

（一）以北京国际科技创新中心建设引领京津冀协同发展

一是贯彻落实京津冀协同发展工作部署。全面贯彻落实京津冀协同发展顶层制度设计，有效促进科技成果"京津研发、河北转化"，资源共享、优势互补、分工协作的京津冀协同创新体系基本建立。发挥北京资源优势，支持北京市落实《"十四五"北京国际科技创新中心建设战略行动计划》，加快建设人工智能和医药健康创新策源地，以科技创新引领支撑京津冀协同发展。

二是支持北京创新成果在津冀转移转化，通过共同组织项目、引导社会资本参与，充分发挥引领示范作用。初步统计，已发掘高质量项目126个，完成研发并成立产业化公司6家，新培育或重组企业18家，成果转化规模效应逐步显现。由国家科技成果转化母基金、京津冀三地政府、社会资本等共同组建成立总规模25亿元的京津冀协同创新基金。

三是推动在京高校院所向雄安新区疏解转移。加强科技创新对雄安新区建设支撑引领，研究设立支持雄安新区科技创新的科技专项，围绕雄安规划建设的科技需求,支持入驻雄安的高校、院所、企业尽快落地开展实质性科研工作,支持各类科技人才,尤其是青年科技人才在雄安新区创新创业。加强对首批入驻雄安新区的北京科技大学、北京交通大学、中国地质大学(北京)、北京林业大学等4所高校在雄安新区开展科研活动的支持。

(二)加强京津冀创新平台建设

一是加快京津冀国家技术创新中心建设。中心聚焦京津冀地区主导产业,围绕新能源汽车、光电显示等产业领域重点方向开展研发攻关,已有"微型化双光子显微镜""活细胞超分辨显微镜"等11项技术成果达到世界先进水平,"流体力学仿真软件"等16个产业化项目获得社会大额投资。中心加强三地协同联动,推动河北、天津、雄安分中心建设。同时,科技部在人才引育方面对中心给予支持,推荐中心纳入工程硕博士培养改革专项试点及国内博士后派出专项试点。

二是建设国家区块链技术创新中心。支持由北京市作为组织单位,北京微芯区块链与边缘计算研究院作为牵头建设单位,建设国家区块链技术创新中心,支撑区块链新型基础设施建设。目前已经完成专家咨询论证和建设方案修改,正在按程序加快推进建设批复。

三是推进河北京南国家科技成果转移转化示范区建设。2016年批复以来,河北京南示范区以吸引京津地区成果落冀转化为主线工作,积极搭建科技成果转化创新平台,健全成果转化服务体系,加强园区监督考核。"十三五"期间,河北省国家级高新技术企业数量增长近5倍,跻身全国前十位。

四是支持京津冀农业科技创新发展。在京津冀地区建设了房山、津南、威县等25家国家农业科技园区,着力拓展农村创新创业、成果展示示范、成果转化推广和高素质农民培训等功能。支持京津冀创新型县(市)、"星创天地"建设。

(三)支持京津冀高水平开放合作

一是提升外专项目、平台支撑京津冀地区科技创新发展的能力和水平。2022年度,持续支持京津冀地区"高端外国专家引进计划"、"'一带一路'创新人才交流外国专家项目"和"外国青年人才计划"等外国专家项目;支持在建"高等学校学科创新引智计划""国家引才引智示范基地",为京津冀地区企业、科研院所和高校与外国专家开展合作研究提供有力支撑，推动国际科技人才交流与合作。

二是推动京津冀主动融入国际创新网络。进一步完善科技人才流动机制，支持京津冀引进海外高层次人才，推动外国专家平台建设，探索实施国外智力引进新模式。持续举办中意创新合作周系列活动，举办中欧光电和微波创新合作对接会，支持"一带一路"联合实验室建设工作，支持承担政府间国际科技合作项目。

二、2023年工作考虑

2023年，科技部将深入贯彻落实党的二十大精神，按照京津冀协同发展领导小组统一部署，以科技创新引领京津冀协同发展，在率先实现科技自立自强方面走在全国前列。

一是持续建设北京国际科创中心。深入落实北京国际科技创新中心建设有关顶层设计，支持北京加快建设具有全球影响力的人工智能和医药健康创新策源地。积极支持中关村国家自主创新示范区加强先行先试改革，支持中关村加快建设成为世界领先科技园区，筹备做好中关村论坛举办工作。

二是科技创新引领京津冀协同发展。加快推动京津冀国家战略科技力量布局。提升国家农业科技园区、技术创新中心建设水平。支持在京科研机构向雄安疏解转移，加强科技创新对雄安新区建设的支撑。加快推动国家重点研发计划有关重点专项，实现京津冀环境质量改善与人民生活质量提升。

三是推动京津冀积极参与国际合作。继续通过支持合作项目精准支持重点领域外国人才需求，大力引进一流科技领军人才和创新团队来华或远程开展技术指导、人才培养、联合科研攻关等合作。加快推进京津冀地区高水平人才高地和吸引集聚人才平台建设。支持京津冀地区各类急需紧缺专业技术和管理人才开展出国（境）培训。支持京津冀积极参与国际合作，为京津冀地区企业、研究机构和大学开展技术引进、联合研究和设立海外研发中心等提供信息和渠道支持。

（科技部）

大力推动京津冀产业协同发展取得新成效

工业和信息化部认真学习贯彻习近平总书记关于京津冀协同发展的重要指示批示精神，深入贯彻党的二十大精神，不断创新政策举措，推动京津冀产业协同发展取得成效。2022年，工业和信息化部落实党中央、国务院决策部署，围绕北京非首都功能疏解，聚焦京津冀产业协同，扎实开展相关工作，京津冀产业协同发展取得标志性成果。

一、2022年工作进展和取得的成效

（一）加强产业协同规划政策引导

一是会同发展改革委、科技部和京津冀三地政府共同研究制定京津冀产业协同发展相关规划，统筹谋划提出未来一段时期京津冀合力培育发展的先进制造业集群和重点产业链，引导三地聚焦重点领域，发挥各自优势，加强产业链上下游协同创新，联手打造产业生态链。二是落实十部门联合印发的《关于促进制造业有序转移的指导意见》，引导超大特大城市有序疏解中心城区一般制造业、区域性物流基地等功能和设施；发挥大中城市综合成本相对较低优势，主动承接超大特大城市产业转移和功能疏解，鼓励其立足差异化定位，因地制宜建设先进制造业基地、商贸物流中心和区域专业服务中心。三是修订产业发展与转移指导目录，引导包括京津冀地区在内的各地方结合资源环境、要素禀赋条件，积极发展和承接优势特色产业。

（二）推动产业集聚发展和绿色发展

一是实施先进制造业集群发展专项行动，支持京津冀地区聚焦生物医药、电力及新能源高端装备等优势产业打造有国际竞争力的先进制造集群。2022年完成的第三轮先进制造业集群竞赛中，"京津冀生命健康集群"和"保定市电力及新能源高端装备集群"成功胜出，并被公告为国家先进制造业集群。二是组织开展的第十批国家新型工业化产业示范基地评审，京津冀地区新增4家示范基地，占全国新增数量（33家）的12%，累计达到45家。开展国家新型工业化产业示范基地发展质量评价，推动京津冀45家示范基地持续提升发展水平，一批高水平的产业发展载体加速形成。三是依托《国家鼓励的工业节水工艺、技术和装备目录（2021年）》，围绕共性通用技术、钢铁及有色、石化化工、纺织印染、造纸及皮革等重点用水行业，组织召开5场线上工业节水技术交流活动，推动京津冀等地区推广应用一批先进适用的工业节水技术装备。四是推动阿里巴巴张北云计算庙滩数据中心、数据港阿里巴巴张北中都草原数据中心和腾讯怀来东园云数据中心积极应用先进节能技术，加强可再生能源消纳，持续提高能效和可再生能源利用水平。

（三）推动中小企业专精特新发展

一是印发《优质中小企业梯度培育管理暂行办法》，推动创新型中小企业、专精特新中小企业和专精特新"小巨人"企业培育和支持工作体系化、系统化和规范化。印发《工业和信息化部办公厅关于开展第四批专精特新"小巨人"企业培育和第一批专精特新"小巨人"企业复核工作的通知》，培育公告第四批专精特新"小巨人"企业4328家，其中京津冀领域专精特新"小巨人"企业1117家，占比25.8%。有效带动京津冀培育省级专精特新中小企业9000余家，梯度培育体系初现成效。二是联合财政部印发《关于做好第三批支持"专精特新"中小企业高质量发展工作的通知》，启动财政第三批重点"小巨人"企业遴选工作，支持73家京津冀地区的"小巨人"企业发展（其中北京市31家，天津市14家，河北省28家）。

（四）支持金融赋能制造业发展

一是探索产融合作新模式新方法，支持北京市朝阳区、北京经济技术开发区、天津经济技术开发区、河北省廊坊市、雄安新区等5个产融合作试点城市加强财税、金融、产业等政策协同，探索绿色金融、科创金融改革创新，推动产业和金融良性循环、协调发展。二是实施"科技产业金融一体化"专项和"补贷保"联动试点，"科技产业金融一体化"专项首批路演48个早期硬科技项目，其中京津冀地区项目有18个；指导北京等地积极出台"补贷保"联动试点配套政策。三是推动国家产融合作平台赋能制造业融资增信，为金融机构提供授信参考，为政府决策提供数据支持，平台自2021年2月上线以来支持京津冀三地137家企业融资27亿元。

（五）加快推进新型基础设施建设

一是认真落实《"双千兆"网络协同发展行动计划（2021—2023年）》和《IPv6流量提升三年专项行动计划（2021—2023年）》任务要求，组织电信企业稳妥有序推进5G和千兆光网建设，持续推动IPv6规模化部署和应用，深化共建共享，加快提升京津冀地区"双千兆"网络覆盖广度和深度，以及应用基础设施IPv6支持能力和服务性能。截至2022年底，京津冀地区已累计建成开通92.6万个移动通信基站，其中已建成开通5G基站20万个，所有地级市和县城城区已实现5G网络覆盖，所有行政村已实现"村村通宽带"；京津冀地区互联网宽带接入端口达8663.9万个，光缆线路长度达到332.2万公里，网络承载能力有效提升。二是支持京津冀开展工业互联网示范区创建工作。引导有条件的地区先行先试、突破创新，系统推进区域工业互联网基础设施建设，健全工业互联网平台体系，推动工业互联网高质量发展，打造制造业数字化转型高地。在河北、天津等地区成功举办工业互联网平台赋能深度行系列活动，进一步强化工业互联网平台企业、制造企业、行业协会等优质资源对接，推动政产学研用等各方资源的汇聚和共享，形成工作推进合力，赋能行业和区域发展。

（六）大力发展冰雪装备特色产业

一是加大政策体系建设。积极配合国家发展改革委联合印发《关于推动"冰雪丝路"高质量发展的指导意见》，引导推动北京、河北围绕城市休闲旅游及现代赛事特点，开展国际合作，着力打造成为冰雪经济高质量发展和高水平开放的重要支撑带。支持河北崇礼等地建设冰雪丝路带。支持张家口依托京张体育文化旅游带建设，推动体育研发制造、文化、旅游等产业集聚，打造世界级滑雪度假胜地。二是加强冰雪装备示范基地建设。建设河北张家口冰雪装备国家新型工业化产业示范基地，推进冰雪装备器材与冰雪运动、旅游、文化等融合发展，打造形成张家口冰雪运动装备产业园、冰雪装备制造基地和冰雪运动体验基地的"一园两基地"发展格局。三是推动关键技术攻关。支持开展冰雪运动项目模拟训练装备攻关，成功研制了六自由度模拟训练系统、超大型真冰真雪场地模拟训练设备、高山滑雪体能训练设备、青少年体能训练设备等，部分产品已应用于国家队运动员训练。

（七）完成无线电安全保障任务

圆满完成北京2022年冬奥会、冬残奥会及党的二十大无线电安全保障任务。任务期间，工业和信息化部协调满足冬奥会频率使用需求，加强重点区域重点频率无线电监测和干扰隐患处置，保障民航、铁路、电信、广播、公安、应急等重要系统正常运行。由工业和信息化部、北京冬奥组委、北京市人民政府、河北省人民政府共同牵头的北京冬奥会无线电管理协调小组办公室荣获党中央和国务院颁发的"北京冬奥会、冬残奥会突出贡献集体"称号。

（八）加强职业技能人才培训力度

持续实施工业和信息化职业技能提升行动，遴选新一代信息技术、高端装备等工业和信息化重点领域372个优质培训项目，发布《工业和信息化职业技能提升培训项目目录》，推动相关培训机构加大对京津冀地区技术技能人才的培训力度。

二、下一步工作考虑

（一）持续完善产业协同发展机制

印发京津冀产业协同发展相关政策文件，完善京津冀产业协同发展推进机制。制定京津冀产业协同发展的工作要点，推动重点工作加快落实，取得标志性成果。加强有关政策文件解读宣贯，面向相关省市、园区、基地和集群等进行动员部署，凝聚各方共识，推动政策文件落实见效。

（二）围绕重点产业链推进产业协同发展

围绕节能与新能源汽车、氢能、生物医药、工业互联网等重点产业链，基于三地比较优势，明确分工，加快补链强链延链，统一三地行动目标，在打造区域有竞争力的链群过程中深化协同合作。联合财政部支持京津冀开展燃料电池汽车示范运行。在北京、天津等地重点培育电子专用装备等集群，推动京津冀生命健康集群完善跨区域协同培育机制，加快提升国际竞争力。

（三）引导三地共同开展试点示范

继续在京津冀推动开展新一代信息技术与制造业融合发展、工业互联网试点示范。推动京津冀地区相关城市加大车联网示范应用先行先试力度，积极开展技术规模验证，开发成熟应用场景，探索可复制可推广的商业模式。进一步发挥国家产融合作平台载体作用，深化实施"科技产业金融一体化"专项和"补贷保"联动试点，持续引导金融资源有效支持京津冀产业协同发展。

（四）深化信息赋能促产业协同

深入开展工业互联网试点示范，在京津冀遴选并推广一批基于工业互联网平台的解决方案，提升平台供给能力。高质量建设京津冀工业互联网协同发展示范区，引导技术、产业、金融、人才等生产要素深入融合，构建基于平台的制造业新生态。持续开展工业互联网平台赋能深度行活动，实施工业互联网平台进园区、进基地行动，支持京津冀地区开展面向特定区域和行业的特色"深度行"活动。完善京津冀地区标识解析节点布局，深化标识在各领域应用创新。深入推进绿色数据中心、5G、物联网、卫星互联网等网络建设。

（五）支持重点区域产业协同发展

支持雄安新区规划建设，推动雄安新区超算中心建设，支持雄安新区智能网联汽车示范应用。推动北京国家网络安全产业园区加快建设，促进网络安全产业创新集聚发展，助力北京城市副中心产业发展。积极引导区域间的科技研发、产业转化顺畅开展，搭建高水平的产业交流平台。搭建产业对接合作平台，进一步推动产业向曹妃甸区、新机场临空经济区、张（家口）承（德）生态功能区、滨海新区四个战略功能区集聚。

（工业和信息化部）

扎实推进京津冀民政事业协同发展

一、2022年工作进展和成效

（一）社会组织管理方面

一是严格执行疏解北京非首都功能政策。严控新成立的全国性行业协会、学术类社会团体将住所设在北京。二是严禁已成立的全国性行业协会、学术类社会团体将住所从京外迁入京内；引导全国性社会组织将住所迁往京外。三是配合京津冀协同办和首都规划办做好全国性社会组织疏解工作。进一步加强对京津冀及雄安新区民政部门工作指导，做好相关政策解读。

（二）基层政权建设和社区治理方面

一是指导京津冀三地及时出台《关于加强基层治理体系和治理能力现代化建设的意见》和《"十四五"城乡社区服务体系建设规划》，为推动基层治理和服务提供政策指导。二是确认北京市朝阳区、昌平区2个案例为首批全国基层治理创新典型案例，为推进京津冀地区基层治理体系和治理能力现代化奠定实践基础。三是开展全国城乡社区治理专项表彰活动，选树一批京津冀地区先进基层群众性自治组织和优秀城乡社区工作者，发挥典型示范作用，带动京津冀地区社区治理水平不断提升。通过编发民政部简报、会议典型发言等方式，总结推广京津冀地区各项经验做法。四是总结宣传疫情发生以来京津冀三地加大社区疫情防控工作力度，坚持党建统领，全面推进资源下沉、工作下沉，做强"最小作战单元"，发挥"五社联动"机制作用，关心关爱社区工作者的工作做法。

(三)养老服务方面

一是指导支持北京市民政局、河北省民政厅研究制定《关于推动北京养老项目向廊坊北三县等环京周边地区延伸布局的实施方案》。二是指导支持京津冀民政部门共同签订《京津冀运营补贴资金拨付、监管委托协议》,规范异地养老机构运营补贴申请拨付,确保补贴政策落实落地。三是指导支持北京养老服务项目向北三县等环京周边地区延伸布局,推动养老服务质量同步提升,养老服务信息互认互联。

(四)社会事务方面

一是加快推动京津冀地区康复辅助器具产业协同发展,指导在河北省秦皇岛市筹备召开第五届中国康复辅助器具产业创新大会;指导北京市石景山区、河北省衡水市等地做好康复辅助器具产业第二批国家综合创新试点,推动京津冀地区在康复辅助器具产品创新、工作机制、人才培养等方面的交流合作;指导全国残疾人康复和专用设备标委会做好冬残奥会相关标准制定修订工作。二是实施残疾人两项补贴资格认定申请"全程网办",指导京津冀地区开展残疾人两项补贴全程在线审批等"不见面审核"工作。指导京津冀地区做好各类残疾人福利机构跨区域安置服务对象等工作。

二、下一步工作考虑

(一)社会组织管理方面

一是继续严格执行疏解北京非首都功能政策,配合京津冀协同办和首都规划办稳妥推进中央政务区的全国性社会组织疏解,确保疏解政策在社会组织登记领域落地。二是继续指导京津冀及雄安新区社会组织登记管理机关加强社会组织登记工作,为全国性社会组织疏解创造有利条件。

(二)基层政权建设和社区治理方面

一是重点指导京津冀地区贯彻落实《中共中央 国务院关于加强基层治理体系和治理能力现代化建设的意见》《中共中央办公厅 国务院办公厅关于规范村级组织工作事务、机制牌子和证明事项的意见》和《"十四五"城乡社区服务体系建设规划》，不断深化基层治理体系和治理能力现代化。二是做好各类示范培训和创新试点工作，指导京津冀地区在基层治理创新中先行先试，为全国社区治理发展提供创新经验。三是开展全国和谐社区建设示范创建活动，指导支持京津冀地区对标示范创建指标体系，以创建促发展，推动京津冀地区加强社区治理体系和治理能力建设。

（三）养老服务方面

一是持续指导京津冀养老服务协同发展工作，推进京津冀养老服务资源共享、政策互通、规划衔接、标准协同。进一步加强京津冀对接合作和磨合，充分挖掘优势，协同推进养老服务成果共享。二是建议打造京津冀周边康养产业环，依托廊坊北三县，聚焦健康养老等领域，引入北京向外疏解的优质公共服务资源，主动融入北京城市副中心产业链、创新链、供应链，推动政策衔接、资质互认、标准互通，引领京津冀康养产业协同发展。

（四）社会事务方面

一是继续深化京津冀地区康复辅助器具产业第二批国家综合创新试点、社区租赁工作的交流合作与资源共享。二是持续推动落实残疾人两项补贴资格认定申请"跨省通办"和"全程网办"，落实补贴标准动态调整机制，推动京津冀地区残疾人两项补贴政策的便民利民、精准管理等工作协同。三是指导做好京津冀地区残疾人福利服务对象的跨区域安置和照料等工作，深化工作经验交流，共同提高残疾人福利服务水平。

（民政部）

积极发挥财政职能 助力京津冀协同发展

财政部高度重视京津冀协同发展工作，2022 年，按照党中央、国务院统一部署，切实发挥财政职能，围绕《京津冀协同发展规划纲要》等确定的重点任务，从政策和资金等方面加大支持力度，扎实推进京津冀协同发展。

一、统筹推进生态环境协同治理，推动绿色高质量发展

（一）加大对重点生态功能区财力保障

近年来，中央财政积极推动生态保护补偿机制建设，初步建立起多维度、多层次的生态保护补偿体系。其中，中央财政通过设立中央对地方重点生态功能区转移支付，对生态功能重要地区因经济发展受限和实施生态环境保护带来的减收增支进行补偿。2019 年起，中央财政通过重点生态功能区转移支付每年专门安排 6.5 亿元，支持雄安新区及白洋淀周边地区加强生态保护补偿。2022 年中央财政合计下达京津冀地区重点生态功能区转移支付 48.79 亿元，比上年增加 2.5 亿元。

（二）支持深入打好污染防治攻坚战

中央财政通过大气、水、土壤污染防治资金支持京津冀地区深入推进环境污染防治，重点支持开展北方地区冬季清洁取暖、流域水环境治理、土壤污染防治等工作，全力保障打好蓝天、碧水、净土保卫战。

（三）推动京津冀流域横向生态保护补偿机制长效化运行

指导北京市与河北省、天津市与河北省分别签订密云水库上游潮白河流

域水源涵养区横向生态保护补偿第二期协议、引滦入津上下游横向生态保护补偿第三期协议，促进京津冀三省（市）加强联防联控，共抓流域生态保护，保障区域水环境质量稳中向好，不断扩大生态、社会、经济等多方面的综合效益。

二、加快推进交通一体化建设，助力京津冀协同发展

（一）支持跨省城市群综合货运枢纽补链强链

按照党中央、国务院有关决策部署，自2022年起，中央财政用3年左右时间集中力量支持一批国家综合货运枢纽优化货物运输结构，实现多种运输方式深度融合发展，支持产业链供应链稳定，服务产业链供应链延伸。首批已将天津－石家庄跨省城市群纳入支持范围，支持其在基础设施及装备硬联通、规则标准及服务软联通、建立健全一体化运营机制等方面补链强链，实现铁水、陆空等多式联运深度融合发展，合力打造互联互通、便捷顺畅、经济高效、绿色集约、智能先进、保障有力的综合货运枢纽体系。

（二）支持公路建设和农村客运发展

一是支持公路建设。2022年，中央财政安排京津冀地区车辆购置税收入补助地方资金101.23亿元，用于支持开展国家高速公路、地方高速公路、普通国道、普通省道和农村公路建设等工作。此外，2022年，中央财政还安排京津冀地区政府还贷二级公路取消收费后补助资金6.55亿元，由相关地区统筹用于普通国道、普通省道、农村公路等普通公路养护工作。二是支持农村客运发展。2022年，中央财政安排农村客运补贴资金4.29亿元，用于支持北京市、天津市、河北省农村道路客运、岛际和农村水路客运等。

（三）支持民航发展

2022年，中央财政安排民航发展基金2.57亿元，用于支持北京市、天津市、河北省的民航业相关固定资产投资补助、中小机场补贴、支线航空补贴、特殊国际航线补贴、通用航空发展专项、安全能力和教育培训专项等。

三、积极支持重大项目建设，不断完善基础设施建设

（一）加大地方政府新增债券支持

将京津冀协同发展作为国家重大战略项目纳入地方政府专项债券重点支持范围，结合京津冀地区的财力状况、债务风险和项目需求等情况，中央财政下达京津冀地区 2022 年新增地方政府债务限额 4168 亿元，为京津冀地区经济社会发展提供有力支撑。

（二）利用国际金融组织和外国政府贷款支持京津冀协同发展

目前在建项目共 6 个，其中亚洲开发银行贷款项目 5 个，贷款金额 14.52 亿欧元，支持京津冀区域协同发展和大气污染防治；德国复兴信贷银行贷款项目 1 个，贷款金额 0.7 亿欧元，支持修建天津西站至北京大兴国际机场站铁路工程。

下一步，财政部将深入学习贯彻党的二十大精神，按照党中央、国务院关于京津冀协同发展的部署要求，认真落实并研究完善有关财税支持政策，加大支持力度，推动京津冀协同发展不断取得新进展、新突破、新成效。

（财政部）

强统筹、搭平台、促联动、聚合力 加快推进京津冀人社事业协同高质量发展

2022年，人力资源社会保障部深入贯彻党的二十大精神，深入贯彻习近平总书记关于京津冀协同发展的一系列重要讲话和指示批示精神，坚决落实党中央、国务院关于京津冀协同发展和建设雄安新区的重大决策部署，坚持强统筹、搭平台、促联动、聚合力，绘就京津冀人社事业协同发展最大"同心圆"。

一、2022年工作进展

（一）聚焦平台搭建，系统协同联动实现新加强

一是推进落实京津冀人社事业协同部省（市）联席会议制度，组织召开第四次部省（市）联席会议，系统总结了近年来京津冀三地人社事业协同发展取得的优异成绩，对下一步工作作出部署，并将雄安新区纳入部省（市）联席会议制度。二是指导京津冀人社部门加强沟通交流和工作对接，指导三地人社部门联合印发相关文件，签署劳务协作、公共人才服务协同发展等合作协议。

（二）聚焦就业优先，就业创业服务水平实现新提升

一是落实就业优先政策。进一步简化政策申办流程，推进免申即享，便利政策享受。协调财政部加大对京津冀三地就业补助资金支持力度，2022年共支持三地约41.47亿元开展稳就业保就业。二是强化区域公共就业服务。指导京津冀完善均等化公共就业服务制度，三地失业人员可在区域内任一地点进行失业登记，平等享受公共就业服务。三是强化区域招聘对接。指导京津冀持续做好公共就业服务专项活动，北京市与雄安新区、承德市和张家口市等地联合

举办线上线下招聘会 82 场。推进京津冀"通武廊"区域人力资源信息、政策、服务一体化，编制《2022 年公共就业服务专项活动及招聘会日志》。四是积极推进劳务协作。指导三地联合印发《关于进一步加强京津冀劳务协作的通知》（冀人社字〔2022〕286 号），共同签署《京津冀劳务协作协议》，巩固脱贫攻坚成果，助力乡村振兴。五是全力支持雄安新区开发建设。支持将外国人来华工作许可审批权限授权雄安新区，按照现行外国人来华工作法律法规和政策做好审批工作。

（三）聚焦以人为本，社会保障体系建设取得新突破

一是持续优化失业保险跨省经办服务。指导京津冀开展失业保险待遇"畅通领、安全办"行动，创新"四免"经办模式，稳步提升失业保险经办服务水平和群众满意度。通过大数据比对直接锁定符合条件企业，推动稳岗留工扩岗补助资金直达，实现"免申即享"。二是指导京津冀落实城乡居民养老保险帮扶政策，为参加城乡居民养老保险的低保对象、特困人员、返贫致贫人口和重度残疾人代缴部分或全部最低标准养老保险费，三地共为 83.9 万困难人员代缴 1 亿元城乡居民养老保险费。三是稳步提高城乡居民养老保险待遇水平。指导京津冀进一步提高本地基础养老金至每人每月 887 元、317 元、123 元，月人均待遇水平分别达到 950 元、491 元、133 元，更好保障了广大城乡老年居民的基本生活。四是指导京津冀实现社保卡申领、启用、临时挂失、补换等服务事项"跨省通办"，支持雄安新区加快推进以社保卡为载体的居民服务"一卡通"建设。

（四）聚焦自立自强，人才共引共育共享迈上新台阶

一是积极推进专业技术人才职称互认。指导京津冀实行职称评审结果互认，在职称晋升、岗位聘用、人才引进等方面具有同等效力，有效促进了人才合理流动。加快推进雄安新区与中央直属企事业单位专业技术人员职称互认，减少人才重复评价，便利人才向雄安新区合理流动。二是加强博士后青年科技英才培养。支持京津冀备案设立 51 家博士后科研工作站，开展 8 场全国博士后学术交流活动。三是指导京津冀落实《深入推进京津冀专业技术人员继续教育区域合作的实施意见》，依托实施专业技术人才知识更新工程，支持京津冀

举办高级研修项目 18 期，新设国家级专业技术人员继续教育基地 3 家。四是指导京津冀做好县以下事业单位建立管理岗位职员等级晋升制度，支持通过特设岗位引进急需紧缺高层次人才，有效激发京津冀县以下事业单位人员干事创业、担当作为的积极性、主动性、创造性。五是指导京津冀贯彻落实中央办公厅、国务院办公厅《关于加强新时代高技能人才队伍建设的意见》，持续开展职业技能提升行动，全面提升劳动者职业技能水平和就业创业能力。推进落实与天津签署的共建技能强市协议，推动技能人才改革先行先试和"技能中国行动"全面实施，为京津冀培养大批实用型技能人才。六是指导京津冀落实《关于健全完善新时代技能人才职业技能等级制度的意见（试行）》（人社部发〔2022〕14号），扩大特级技师评聘范围，推动首席技师评聘试点，技能人才发展职业通道进一步畅通。

（五）聚焦自由流动，人力资源服务业协同实现新发展

一是指导京津冀贯彻实施《人力资源市场暂行条例》，施行《网络招聘服务管理规定》。加快推进地方人力资源市场立法，指导河北省出台《河北省人力资源市场条例》。二是指导京津冀加强人力资源市场事中事后监管，创新事中事后监管措施，完善年度报告公示制度，开展清理整顿人力资源市场秩序专项行动。三是加强人力资源服务标准化建设。实施人力资源服务京津冀区域协同地方标准，提升人力资源服务机构规范化、标准化水平。四是发挥人力资源服务产业园集聚作用。加强国家级人力资源服务业产业园建设，建成中国北京、中国天津、中国石家庄国家级人力资源服务产业园，指导河北省建设省级产业园，形成协同发展的产业园体系。会同商务部评审认定北京、天津产业园为人力资源服务出口基地，大力发展人力资源服务贸易，为中国企业"走出去"提供人力资源服务支撑。五是发布雄安新区急需紧缺人才目录。将雄安新区急需紧缺人才目录列入重点支持项目，指导河北省紧紧围绕雄安新区规划建设总体要求和高端高新产业发展编制形成目录稿。

（六）聚焦权益维护，劳动关系协同发展取得新成效

一是指导京津冀落实《京津冀劳动关系工作协同发展协议书》，进一步加强政策制定的沟通和日常工作信息交流，加强三地企业薪酬调查信息发布协同，

定期分析研判区域劳动关系形势，共同做好劳动关系风险防范化解工作。二是指导三地持续落实维护新就业形态劳动者劳动保障权益系列政策，加强新就业形态劳动者权益保障。三是继续推广《京津冀集体合同参考文本》（用人单位版）实际应用，助力企业人力资源管理工作跨区域协同。四是指导京津冀严格落实《跨地区劳动保障监察案件协查办法》《京津冀地区拖欠劳动者工资异地投诉办法（试行）》《京津冀劳动保障监察跨区域突发性、群体性事件处置办法》等文件，完善跨区协作机制，及时查处跨区域案件，切实维护劳动者合法权益。依托全国根治欠薪线索反映平台开展欠薪案件线索跨区域联动处理，确保欠薪问题得到及时解决。

二、2023年重点工作考虑

2023年是贯彻落实党的二十大精神开局之年，也是"十四五"时期京津冀协同发展向纵深推进的重要一年。人力资源社会保障部将全面贯彻党的二十大精神，深入学习领会习近平总书记关于疏解非首都功能、推动京津冀协同发展的系列重要讲话和指示批示精神，立足新发展阶段，贯彻新发展理念，构建新发展格局，指导京津冀三地人社部门进一步打破"一亩三分地"思维定式，发挥三省市"一盘棋"优势，改革创新，开拓进取，推动京津冀人社事业协同发展再上新台阶。

（一）着力推动京津冀就业政策更加协同

推动京津冀就业创业服务区域协作，紧盯高校毕业生、农民工等重点就业群体，千方百计拓宽高校毕业生就业渠道，推动河北劳动力向京津两地有序输出，促进高质量充分就业。进一步提升区域公共就业服务质量，强化公共就业服务能力建设，提升公共就业服务专业化智慧化水平。加强区域内信息协同互通，完善常态化统计监测制度，加强风险预警防范。

（二）着力提高京津冀社会保障一体化建设水平

加强京津冀人社领域社保信息系统顶层设计，推进数据交流共享、业务高效协同，实现三地一网通办、异地可办、就近能办的智能化便民服务新格局。

支持雄安新区建立社会保障卡"一卡通""一码通"服务管理模式，在公共交通、文化旅游等主要功能上实现与京津冀互通。

（三）着力加强京津冀人才自由流动和优化配置

紧密结合京津冀功能定位和产业布局，加大三地重大人才工程的统筹力度，避免无序竞争和盲目引才。围绕服务北京城市副中心建设，谋划在廊坊三河共建京津冀人力资源服务产业园，加快雄安人力资源服务产业园落地实施，合力推动环京津人力资源服务产业协同发展。

（四）着力推动区域和谐劳动关系高质量发展

进一步健全三地劳动关系领域信息资源共享机制，推动三地劳动关系风险监测预警、劳动关系公共服务等信息平台共建共享。在人社部智慧劳动监察系统上加载京津冀监察案件协查流转等功能，更好提升三地案件协同处理效率。推动仲裁办案数据和资源共享，统一仲裁办案法律适用标准，加强跨区域案件处理。

（五）全力服务雄安新区规划建设

采取部省共建模式积极推进雄安技师学院规划建设，形成"公办主导、股份合作、产权明晰、法人治理"的多元化建管体系。加强非首都功能疏解对接和政策支持。

（人力资源社会保障部）

优化国土空间布局　促进京津冀协同发展

一、2022年工作进展

（一）优化国土空间布局

按照党中央、国务院决策部署，加快完善国土空间规划体系，牵头完成编制《全国国土空间规划纲要（2021—2035年）》，会同有关部门完善《京津冀国土空间规划》，指导京津冀地区加快推进市县、乡镇国土空间规划和"多规合一"实用性村庄规划编制，统筹划定耕地和永久基本农田、生态保护红线、城镇开发边界"三条控制线"，着力优化区域经济布局、促进要素自由流动、增强产业链供应链安全性，推动京津冀协同发展。

一是推进京津冀一体化布局。充分考虑京津冀协同发展要求，协调区域农业、生态、城镇和基础设施空间布局，以绿色开放空间网络约束空间蔓延，促进空间结构优化。有序疏解北京非首都功能，合理控制北京市中心城区人口密度和开发强度，推动老城整体保护与更新改造，实现功能疏解与城市综合整治并举、疏解存量与严控增量相结合、空间腾退与功能优化提升相衔接。推动雄安新区建设北京非首都功能疏解集中承载地，强化国土空间规划引领，筑牢承接功能疏解和人口转移的基础，保障雄安新区承接高校、科研院所、医疗机构、企业总部、金融机构、事业单位等北京非首都功能的空间需求。

二是筑牢生态安全屏障。统筹开展生态保护红线评估调整工作，妥善处理永久基本农田、镇村、矿业权、人工商品林、重大建设项目等矛盾冲突，将京津冀生态功能极重要、生态极脆弱区域以及具有潜在重要生态价值、必须强制性严格保护的区域划入生态保护红线，包括整合优化后的自然保护地，划定三省市生态保护红线总面积4.23万平方公里，筑牢京津冀重要生态屏障。

三是增强城镇空间安全韧性。加强自然灾害防治，优化城镇空间布局，提高安全基础设施建设标准。加强京津冀所在的华北平原地面沉降、地裂缝地区的综合防治。保障区域型分布式网络化的应急设施、防灾减灾救灾设施和救援设施体系建设的用地供给。

四是保障海洋经济创新发展。指导天津推进滨海新区海洋经济创新发展示范城市和临港海洋经济发展示范区建设，指导河北推进秦皇岛海洋经济创新发展示范城市建设，推动天津、河北海水淡化、海工装备等海洋战略性新兴产业加快发展。

（二）加强生态保护修复

一是编制出台生态保护修复系列规划。依据《全国重要生态系统保护和修复重大工程总体规划（2021—2035年）》，联合相关部委编制印发《北方防沙带生态保护和修复重大工程建设规划（2021—2035年）》《海岸带生态保护和修复重大工程建设规划（2021—2035年）》，布局京津冀协调发展生态保护和修复重点工程，助力提升京津冀地区生态系统质量和稳定性。组织开展省级国土空间生态修复规划编制工作，指导北京市出台《北京市国土空间生态修复规划（2021—2035年）》，河北省、天津市基本完成国土空间生态修复规划编制。

二是统筹推进山水林田湖草沙一体化保护和修复。2022年，配合财政部指导河北省继续统筹推进河北京津冀水源涵养区、雄安新区两个已纳入"十三五"中央财政支持范围的山水林田湖草生态保护修复工程试点，中央财政合计下达补助资金40亿元（每个试点20亿元），对于提升实施区生态系统质量和服务功能发挥积极作用。

三是组织实施海洋生态保护修复。印发《"十四五"海洋生态保护修复行动计划》，将天津市、河北省相关区域海洋生态保护修复工作纳入重点任务。配合财政部下达中央财政转移支付资金5亿元，支持河北省、天津市实施2个海洋生态保护修复项目。

四是强化地面沉降综合防治。贯彻落实《京津冀平原地面沉降综合防治总体规划（2019—2035年）》，组织开展京津冀地区2021年地面沉降InSAR监测数据和水准监测数据校核工作。持续推进特大城市地面沉降风险评估工作，组织召开特大城市地面沉降风险评估与区划工作视频培训班，指导北京市、天津市及石家庄三个特大城市按要求开展地面沉降风险工作。指导天津、河北推进海水淡化规模化利用，做好海水淡化水替代地下水开采量年度目标任务的分解和实施，保障区域供水安全和生态安全。

（三）做好重大项目用地服务保障

一是提升审批效率，推进项目依法依规及时落地。2022年，自然资源部批准京津冀地区建设用地预审项目17件，批准拟用地面积2738.9207公顷（4.11万亩），报请国务院批准京津冀地区农用地转用和土地征收项目36件，批准用地面积4276.2059公顷（6.41万亩），保障了国家高山滑雪中心、国家雪车雪橇中心及配套设施、首都地区环线高速公路（G95）承德（李家营）至平谷（冀京界）段、团大公路（省界—新津涞公路段）改建工程、京新至京藏高速联络线项目、河北省秦皇岛至唐山高速公路唐山段等重大项目建设需求。

二是开展2021年度用地审批"双随机、一公开"抽查工作。2022年初，开展2021年度用地审批"双随机、一公开"抽查，向京津冀相关省份人民政府反馈了抽查结果，指出了存在问题，提出了整改要求，现已基本完成整改工作。

二、下一步工作考虑

（一）优化京津冀国土空间布局

进一步落实《全国国土空间规划纲要（2021—2035年）》，深化完善《京津冀国土空间规划》，指导京津冀3省（市）加快推进各级各类国土空间规划编制，以"三区三线"划定成果为基础，统筹优化各类空间布局，保障体现国际门户枢纽等国际化功能的设施和空间需求，优化区域性高等级公共服务和创新功能空间，支持京津冀协同发展。

(二)继续推动生态保护修复项目实施

一是继续指导京津冀编制实施生态修复相关规划。二是配合财政部等部门指导河北有关部门做好山水林田湖草生态保护修复项目总结等工作。三是指导河北省、天津市落实《"十四五"海洋生态保护修复行动计划》确定的相关工作部署，科学实施海洋生态保护修复项目。四是持续组织实施《京津冀平原地面沉降综合防治总体规划（2019—2035年）》，做好2019—2022年工作总结和2023—2025年工作部署安排。

(三)推动海洋新兴产业发展

结合《"十四五"海洋经济发展规划》的实施，继续指导天津、河北大力发展海水淡化等海洋战略性新兴产业，加快构建现代海洋产业体系，推动海洋经济高质量发展。

（自然资源部）

深入打好污染防治攻坚战
持续改善京津冀生态环境质量

2022年，生态环境部全面贯彻党的二十大精神，深入贯彻习近平生态文明思想和习近平总书记关于京津冀协同发展系列重要讲话精神，扎实推进京津冀生态环境保护各项工作，区域环境质量进一步改善，人民群众切实感受到生态环境质量的积极变化，获得感、幸福感进一步增强。2022年，京津冀及周边"2+26"城市细颗粒物（$PM_{2.5}$）平均浓度44微克/立方米；优良天数比例66.7%；重度及以上污染比例2.2%，同比下降0.9个百分点。京津冀地区地表水Ⅰ～Ⅲ类水质断面比例为77.5%，同比上升7.1个百分点，劣Ⅴ类水质断面比例为0，同比下降0.5个百分点。

一、主要工作开展情况

（一）健全京津冀生态环境保护联建联防联治工作机制

支持京津冀三地生态环境保护主管部门联合成立生态环境联建联防联治工作协调小组，共同推进三地生态环境保护。2022年6月，指导京津冀三地生态环境保护主管部门召开京津冀生态环境联建联防联治工作协调小组第一次会议，研究推动相关工作落实。三地生态环境保护主管部门签署"十四五"时期京津冀生态环境联建联防联治合作框架协议，按年度联合确定重点任务措施，围绕减污降碳协同增效，在大气、水、危险废物等领域深化区域联防联控联治，共同推动区域协作纵深发展。

(二) 持续推进污染防治攻坚

1. 大气污染防治方面

一是完成重大活动空气质量保障。会同京津冀及周边地区，科学精准制定措施，顺利完成北京冬奥会和冬残奥会、党的二十大和全国"两会"等重大活动空气质量保障工作。二是开展夏季和秋冬季监督帮扶，2022年5月，对京津冀地区的2个直辖市、9个地级市夏季臭氧污染防治措施落实情况开展远程在线监督帮扶。11月，启动秋冬监督帮扶工作。三是加强冬季大气污染联合治理攻坚。印发《2022—2023年冬季大气污染综合治理攻坚方案》，以实现减污降碳协同增效为总抓手，以减少重污染天气和降低PM2.5浓度为主要目标，持续开展冬季大气污染综合治理。四是推进钢铁企业超低排放。京津冀地区共66家钢铁企业，约2.37亿吨粗钢产能，截至10月底已完成全流程超低排放改造和评估监测工作的有18家，约9215万吨粗钢产能，占全国已完成产能的50%以上。五是推进噪声污染防治行动。支持指导北京市发布实施《北京市环境噪声污染防治工作方案（2021—2025年）》，天津市发布实施《天津市集中整治群众反映的突出生态环境问题专项整改方案》，河北省发布实施《河北省2022年噪声污染防治工作方案》。

2. 水污染防治方面

一是加强重点流域污染治理。组织编制"十四五"重点流域水生态环境保护规划，系统谋划京津冀地区水污染防治工作。每月组织开展包括京津冀地区在内的全国水生态环境形势分析，精准识别工作滞后地区和突出水环境问题。2022年以来，对京津冀地区突出水环境问题预警42次，启动独立调查2次，共销号12次。开展《潮河流域生态环境保护综合规划（2019—2025年）》2021年度实施情况评估。协调指导京冀两地研究签署密云水库上游潮白河流域水源涵养区生态保护补偿协议（第二期）。二是推进渤海综合治理攻坚。联合相关部委印发《重点海域综合治理攻坚战行动方案》，继续将渤海作为攻坚区域之一，部署实施并深入推进陆海污染治理、生态保护修复、环境风险防范、美丽海湾建设等10项重点任务。三是推进美丽海湾建设。联合有关部委印发《"十四五"海洋生态环境保护规划》，将京津冀等国家重大战略区域作为海洋生态环境保护重点区域，推动秦皇岛湾、唐山湾、天津北部湾区等海湾的美丽海湾建设和海湾综合治理。秦皇岛湾北戴河段入选首批美丽海湾优秀案例。

3. 土壤污染防治方面

一是加强农业污染治理。指导天津宁河等试点地区完成工作方案和监测方案编制。印发《关于进一步加快推进畜禽养殖污染防治规划编制的通知》。截至2022年10月，京津冀地区39个畜牧大县，已全部完成规划编制。二是加快农村人居环境整治提升。2022年，京津冀地区新增完成2142个行政村环境整治；农村生活污水治理率达到45%左右；新增完成12个国家监管清单农村黑臭水体整治。三是推进农用地安全利用。指导推动京津冀地区开展农用地土壤镉等重金属污染源头防治，依法将194个、161个涉镉等重金属排放企业分别纳入水、大气环境重点排污单位名录；完成92个矿区和107个涉重金属尾矿库周边历史遗留固体废物排查；2个县级行政区有序开展耕地土壤重金属污染成因排查工作。四是加强地下水生态环境保护。在京津冀地区组织实施53个省级及以下化工园区、19个危险废物处置场和垃圾填埋场地下水环境状况调查评估工作。确定北京市丰台区、河北省唐山市作为地下水污染防治试验区建设。指导地方探索地下水污染防治重点区划定，河北省，天津市静海区、滨海区已完成地下水污染防治重点区划定工作。

4. 固体废物治理方面

一是推进无废城市建设。将北京市密云区，天津市和平区、河西区、南开区、河东区、河北区、红桥区、东丽区、滨海高新技术产业开发区、东疆保税港区、中新天津生态城，河北省石家庄市、唐山市、保定市、衡水市和雄安新区等16个城市（城区、开发区）纳入建设名单。指导相关城市和地区科学编制"无废城市"建设实施方案。目前已有7个城市（城区、开发区）印发实施方案。二是加快补齐医疗废物、危险废物收集处理能力短板。落实《强化危险废物监管和利用处置能力改革实施方案》，持续指导推动京津冀地区加快补齐危险废物和医疗废物收集处理能力短板。

（三）推进生态修复，积极应对气候变化

1. 完成太行山（京津冀）生物多样性保护状况总体评估

依托生物多样性保护重大工程，在太行山（京津冀区域）生物多样性保护优先区域开展生物多样性调查评估工作，共调查到物种5501种。现已基本完成太行山（京津冀区域）生物多样性保护优先区域生物多样性数据集建设，基本完成该区域生物多样性保护状况总体评估，并结合区域生物多样性的主要环境因子与威胁因子，研究提出保护与监管对策。

2．持续开展"绿盾2022"自然保护地强化监督工作

定期组织开展自然保护地人类活动遥感监测，通过自然保护地人类活动监管系统下发京津冀三省市自然保护地生态环境问题线索，组织地方开展实地核实，推动问题整改和生态修复。同时，积极支持河北省推动张家口"两区建设"。

3．积极应对气候变化

2022年6月，联合16个相关部委印发《国家适应气候变化战略2035》。8月，发布《省级适应气候变化行动方案编制指南》。11月，组织包括京津冀在内的各省、自治区、直辖市及新疆生产建设兵团召开省级适应气候变化行动方案动员培训，进一步指导和规范各地因地制宜编制适应气候变化行动方案。

（四）推动中央生态环境保护督察整改落实

每两个月对京津冀三省市中央生态环境保护督察整改情况开展清单化调度，每半年组织对相关重点任务开展盯办。组织对三省市中央生态环境保护督察整改情况进行现场抽查，形成审核意见，按有关程序报送党中央、国务院。北京市第一轮中央生态环境保护督察整改任务共47项，第二轮中央生态环境保护督察整改任务共39项。天津市第一轮中央生态环境保护督察整改任务共49项，第二轮中央生态环境保护督察整改任务共36项。河北省第一轮中央生态环境保护督察整改任务共47项，第二轮中央生态环境保护督察回头看整改任务共57项。

（五）推进京津冀三地产业结构调整与承接北京非首都功能转移

1．做好"三线一单"落地应用工作

指导京津冀三地落实《关于实施"三线一单"生态环境分区管控的指导意见（试行）》有关要求，积极推进"三线一单"成果落地应用。北京市通州区充分结合区域发展定位、空间发展和保护格局，开展区级细化完善工作，制定区级精细化准入清单，助力副中心规划建设目标实现；河北省、天津市将生态

环境分区管控成果应用于规划环评和项目环评，充分发挥生态环境分区管控在优化规划布局和项目选址选线、预判环境影响方面的引导作用，为项目快速落地、产能优化、入园搬迁等提供了系统政策指引。

2. 依托"三本台账"服务重大项目环评

依托环评审批"三本台账"和绿色通道机制，已将涉及京津冀地区2022年拟计划开工的28个重大项目纳入台账，涉及总投资3300亿元。针对纳入台账的重大项目，采取提前介入、全程服务、定期调度等措施强化环评保障，对符合生态环保要求的开辟绿色通道，在严守生态环保底线的基础上加快审查审批。

（六）全面加强雄安新区和北京副中心生态环境保护

1. 加强雄安新区生态环境保护

支持河北省开展《雄安新区生态环境保护规划》《白洋淀生态环境治理和保护规划》实施情况评估，持续实施白洋淀生态环境治理和生态修复。健全流域协同治理工作机制，编制大清河流域综合治理相关规划，持续实施大清河流域"控源－截留－治河"系统治理。京津冀晋四省市持续开展白洋淀流域综合治理和生态保护的跨区协同立法、普法、执法等工作。

2. 推进北京副中心生态环境保护

指导北京市副中心绿色低碳发展，建设国家绿色发展示范区。落实通州区与廊坊市污染防治联防联控实施意见，在大气、水、移动源等方面与廊坊市加强联动，积极推动通州区与北三县一体化高质量发展。支持河北雄安新区生态环境建设，落实白洋淀流域跨省（市）界河流水污染防治工作机制，京冀两地共同推进大清河流域水污染治理，推进房山区大石河下段水环境治理与生态修复，与保定市涿州市、涞水县开展大清河流域污水排放联合执法检查，2022年1—9月流域出境断面水质Ⅲ类及以上。

二、下一步工作计划

下一步，以习近平新时代中国特色社会主义思想为指导，全面贯彻落实党的二十大精神，以改善区域生态环境质量为核心，以健全区域联建联防联治机制为有效抓手，推动生态环境保护法规标准更加统一，持续深化区域生态保护补偿，进一步激发区域绿色发展和生态环境保护内在动力，完善京津冀协同发展中长期生态环境保护的顶层设计，持续推进京津冀协同发展生态环境保护工作取得更大成效。

（一）做好中长期生态环境保护顶层设计

强化规划引领，推动编制面向美丽中国的新一轮京津冀协同发展生态环境保护规划。以2035年"美丽中国"为目标，从制度建设、协同发展、能力建设等多方面多角度构建京津冀区域2025年、2030年、2035年分阶段生态环境协同治理和综合调控路线图。

（二）推动区域减污降碳协同增效

支撑京津冀地区在结构优化调整和绿色低碳发展方面取得明显成效，城市间减污降碳协同度明显增强，区域分工和产业布局明显优化，重点行业和领域多要素污染物与温室气体协同控制取得明显进展。

（三）深入打好区域污染防治攻坚战

聚焦京津冀国家重大战略打造绿色发展高地，着力打好重污染天气消除攻坚战，加大重点区域、重点行业结构调整和污染治理力度，持续开展秋冬季大气污染综合治理专项行动。持续打好城市黑臭水体治理攻坚战。建立三省市协同推动危险废物处置长期稳定合作机制。

（四）加强雄安新区和北京副中心生态环境保护工作

持续实施白洋淀环境治理和生态修复。推动河北省及雄安新区加快打造高质量发展样板之城。继续支持北京副中心绿色发展和生态环境领域的改革创新，完善支持疏解北京非首都功能的生态环境政策与保障措施。

（五）提升生态环境治理能力和治理体系现代化水平

推动解决京津冀三地进一步强化联建联防联治，统一执法标准等难点、堵点问题，推进编制京津冀及周边地区大气污染防治条例。着力提升京津冀生态环境保护领域协同发展水平，推动涉及三地生态环境保护的重要目标、重大任务落地。

（生态环境部）

推动京津冀地区城乡建设高质量发展 努力为人民群众创造高品质生活空间

2022年，住房和城乡建设部认真学习落实习近平总书记关于京津冀协同发展的重要讲话和指示批示精神，贯彻落实党中央、国务院重大决策部署，深入推进京津冀协同发展战略实施，改善人居环境质量，创造高品质生活空间，让群众生活得更方便、更舒心、更美好。

一、扎实做好房地产和住房保障工作

（一）促进房地产市场平稳健康发展

坚持"房子是用来住的，不是用来炒的"定位，坚定不移实施房地产长效机制，指导京津冀有关省市落实城市主体责任，强化省级监督指导责任，因城施策用好用足政策工具箱，支持刚性和改善性住房需求，促进京津冀地区房地产市场平稳健康发展。同时，支持京津冀地区人口净流入的城市发展住房租赁市场，加快解决新市民、青年人租房问题。

（二）加快完善住房保障体系

会同有关部门指导督促北京、天津、河北加快完善以公租房、保障性租赁住房和共有产权住房为主体的住房保障体系，做好住房保障工作。截至2022年底，京津冀地区棚户区改造新开工14.7万套，超额完成年度计划，完成投资811.8亿元；保障性租赁住房开工建设和筹集26.6万套（间），占年度计划的104.1%，完成投资204.2亿元。配合国家发展改革委下达京津冀地区中央预算内投资11.5亿元，配合财政部下达京津冀地区中央财政补助资金17.7亿元。

（三）充分发挥住房公积金作用

一是指导北京市住房公积金管理中心与天津市住房公积金管理中心、河北省住房城乡建设厅以及省内14个中心共同签署《京津冀住房公积金区域协同发展合作备忘录》，深化三地合作和研究，切实解决好京津冀缴存人的急难愁盼问题。二是推动住房公积金高频服务事项"跨省通办"在京津冀落实落地，2022年通过全程网办方式进一步实现了"住房公积金汇缴""住房公积金补缴""提前部分偿还住房公积金贷款"等3个高频服务事项"跨省通办"，更好满足缴存单位和职工异地办事需求。三是指导京津冀地区住房公积金管理机构利用全国住房公积金小程序，实现职工转移接续"一键办""掌上办"。2022年1月1日至12月31日，京津冀地区通过全国住房公积金小程序办理13.9万笔住房公积金转入业务、涉及资金28亿元，办理19万笔转出业务、涉及资金46亿元。

二、推进城市建设高质量发展

（一）开展2022年城市体检

一是继续选取北京市、天津市、石家庄市、唐山市作为住房和城乡建设部2022年城市体检样本城市，采用城市自体检、第三方体检和社会满意度调查相结合的工作方法，围绕生态宜居、健康舒适、安全韧性等8个方面，全面系统查找城市建设发展的问题和短板，提出针对性政策建议，为京津冀地区城市制定相关工作计划提供依据。二是指导河北省建立健全城市体检评估机制。河北省在设市城市全面开展城市体检，推动城市体检工作向县城延伸，强化城市体检与城市更新的衔接，将城市体检结果应用于编制专项规划、推动民生工程建设等。

（二）指导推进城乡历史文化保护传承

指导京津冀地区加大历史文化资源普查力度，推进历史文化街区和历史建筑的普查认定、挂牌测绘建档工作，按照应保尽保、应挂尽挂的原则，扩充不同时期不同类型保护对象，加强数字化信息采集。截至目前，京津冀地区公布

8座国家历史文化名城，48个中国历史文化名镇名村，划定历史文化街区108片，确定历史建筑2827处。配合国家发展改革委推动实施"十四五"时期文化保护传承利用工程，加大京津冀地区历史文化街区、历史建筑保护修缮力度。

（三）推动城镇老旧小区改造和完整社区建设

一是安排中央补助资金41.66亿元，支持京津冀地区两市一省新开工改造城镇老旧小区4286个、惠及居民84.8万户。二是推进完整社区建设。指导京津冀地区推进"一老一幼"设施建设，聚焦为民、便民、安民服务，因地制宜建设和改造幼儿园、老年服务站等设施，尽快补齐社区服务设施短板。

（四）加强节水型城市和海绵城市建设

一是指导京津冀地区落实《关于加强城市节水工作的指导意见》，深入开展城市节水工作，推动再生水就近利用、生态利用、循环利用。指导开展城市节约用水宣传周活动，提高全社会节水意识。二是推进海绵城市建设，会同财政部、水利部遴选了河北秦皇岛市开展全国海绵城市建设示范，聚焦城市内涝治理，增强城市防洪排涝能力。

（五）积极推广应用绿色建材

2022年10月，住房和城乡建设部会同财政部、工业和信息化部印发《关于扩大政府采购支持绿色建材促进建筑品质提升实施范围的通知》（财库〔2022〕35号），将政策实施范围扩大至包括北京朝阳区、通州区，天津滨海新区、静海区以及河北唐山市、保定市、雄安新区在内的全国48个市（市辖区），运用政府采购政策积极推广应用绿色建材。

（六）支持北京市探索创新管理制度

一是支持北京市试点开展城市更新行动，探索城市更新统筹谋划机制、可持续实施模式和配套制度政策，修改完善《北京市城市更新条例》草案。及时总结北京试点经验和做法，向各省级住房和城乡建设主管部门印发《城市更新情况交流》，专刊介绍北京市城市更新有关工作经验和典型案例。二是支持北京市在民用建筑工程领域推进建筑师负责制，发挥建筑师的主导作用。指导北京市印发《北京市建筑师负责制项目应用指南》，明确实施范围、服务内容、过程管理等。在中国（北京）国际服务贸易交易会"智建城市，碳惠民生"工程勘察设计行业综合展上，宣传推广建筑师负责制试点项目。目前，北京市在37个工程建设项目中试点采用建筑师负责制。

（七）支持中新天津生态城建设发展

充分发挥中新天津生态城联合协调理事会中方牵头部门作用，持续支持中新天津生态城建设发展。2022年推动生态城城市信息模型（CIM）基础平台建设和完整社区试点工作，指导生态城编制行动方案，先行先试推进碳达峰碳中和。目前，正在协调相关部委出台加大绿色建筑信贷支持等新一批支持政策。

三、提升乡村建设水平

（一）指导开展乡村建设评价工作

将河北省平山县、乐亭县、涉县、柏乡县纳入全国乡村建设评价样本县，组织专家团队走访12个乡镇，与135位村民、45位村干部面对面开展访谈，收回村民调查问卷8425份、村委会调查问卷504份，掌握了4个样本县乡村建设的成效；查找乡村建设中的突出问题和短板，提出针对性建议，形成省和样本县评价报告，为乡村建设工作提供指导。

（二）推进美好环境与幸福生活共同缔造活动

组织2022年全国共同缔造活动视频培训，讲授不同层级组织开展共同缔造活动的经验做法，并请河北省邯郸市肥乡范庄村进行经验交流，指导京津冀地区学习借鉴。指导各地把共同缔造活动作为根本方法，组织动员村民参与村庄建设活动，共同建设美好家园。

（三）加强农村生活垃圾收运处置体系建设

指导京津冀地区落实《住房和城乡建设部等6部门关于进一步加强农村生活垃圾收运处置体系建设管理的通知》（建村〔2022〕44号），明确"十四五"期间工作目标和重点任务，加快农村生活垃圾收运处置体系建设。组织第三方对河北省农村生活垃圾收运处置情况开展现场检查。目前，京津冀地区农村生活垃圾进行收运处理的自然村比例稳定保持在95%以上。

四、下一步工作考虑

住房和城乡建设部将深入贯彻落实党的二十大精神,牢牢抓住让人民群众安居这个基点,以努力让人民群众住上更好的房子为目标,着力推动京津冀地区城乡建设高质量发展取得新进展、新成效。

(一) 房地产和住房保障方面

一是指导京津冀地区有关省市,因城施策、精准施策,稳地价、稳房价、稳预期,促进房地产市场平稳健康发展。二是会同有关部门指导北京、天津、河北加快完善以公租房、保障性租赁住房和共有产权住房为主体的住房保障体系,稳步推进棚户区改造,做好住房保障工作。三是继续指导京津冀住房公积金管理机构落实区域协同发展合作的各项举措,推动更多高频服务事项"跨省通办""区域通办",不断提升服务效能。

(二) 城市建设方面

一是指导京津冀地区设区城市全面开展城市体检评估,继续组织技术团队对京津冀地区样本城市开展第三方体检工作,指导设市城市全面开展城市体检,促进城市高质量发展。二是继续指导京津冀地区聚焦为民、便民、安民,有序推进城镇老旧小区改造,改善老旧小区居住环境、设施条件和服务功能。三是指导京津冀地区开展完整社区建设试点工作,打造一批完整社区建设样板,及时总结推广好经验做法。四是加强对政府采购支持绿色建材促进建筑品质提升政策实施的跟踪指导,推动政府工程率先采用绿色建材,促进绿色建材推广应用。五是继续支持北京市在民用建筑工程领域推进建筑师负责制试点相关工作。

(三) 乡村建设方面

一是持续开展乡村建设评价,指导地方运用评价结果,推动解决查找出的乡村建设问题和短板。二是指导京津冀地区依托乡村建设、农村人居环境整治提升等工作,广泛开展美好环境与幸福生活共同缔造活动。三是继续指导京津冀地区加强农村生活垃圾收运处置体系建设,建立长效机制,提高农村生活垃圾治理水平。

附件

河北省邢台市任泽区区域城乡生活垃圾统筹治理

一、区域基本情况

邢台市任泽区位于河北省南部，是邢台市重点向东发展的主要承载区，温带季风气候，总面积431平方公里，人口38万，辖4镇4乡2区、195个行政村。2020年，生产总值完成64.37亿元，农村居民人均纯收入1.5万元/年。

二、区域城乡生活垃圾治理体系建设情况

（一）农村生活垃圾处理模式

为破解"怎么分"难题，任泽区在总结城乡环卫一体化处理的基础上，于2018年选择了40多个基础条件好、民风民意好、规模适中、村两委班子威信高的村庄作为垃圾分类试点村。经历了"实践－总结－再实践－再总结"的过程，探索形成了群众认同、易于接受的"双四分"垃圾分类法。截至目前，全区共195个行政村，已有100个村开展了生活垃圾分类工作。

第一个"四分法"。按照日常产生的垃圾品种类别及投放、收运、处置等方面的要求，将农村产生垃圾大类粗分为建筑垃圾、农作物废弃物、生活垃圾三类。建筑垃圾集中用于乡村道路建设、低洼地回填，回填完成后，因地制宜建设小游园、健身广场等，做到了"一举三得"，既消化了建筑垃圾，又节约了土地，更美化了环境；农作物废弃物除粉碎还田部分外，统一联系专业公司实施资源化回收利用，既减少了卫生环境污染，又实现了"变废为宝"、经济效益最大化。农村生活垃圾可分为四类，第一类包括废纸、塑料、金属、玻璃等，为可回收垃圾；第二类包括厨余垃圾、人畜粪便、农作物秸秆、杂草落叶等，

为可堆肥垃圾；第三类包括建筑垃圾、废塑料袋、废衣物等，为不可堆肥垃圾；第四类包括废旧电池、灯泡灯管、农药瓶等，为有毒有害垃圾。

第二个"四分法"。就是以生活垃圾"四分类"为基础，建立"分类投放、分类收集、分类转运、分类处理"的全链条垃圾分类模式。"分类投放"就是由第三方公司安排指导员上门培训指导，由农户把生活垃圾按照可回收垃圾、可堆肥垃圾、不可堆肥垃圾、有毒有害垃圾进行源头分类。"分类收集"就是由保洁员实行"公交站点"式上门收集，农户把分好类的垃圾投放到垃圾车内具有明显标识的四个垃圾桶，做到"垃圾不落地"。"分类转运"就是由第三方公司针对不同垃圾，用分类运输车转运。"分类处理"就是按不同生活垃圾类别对垃圾进行不同的处理，实现农村生活垃圾"无害化、资源化、减量化"目标。

（二）农村垃圾分类和收运处置体系建设情况

1. 户分类投放

按照每300人配备1名保洁员，为每户配发2个20L铁桶，其中可堆肥垃圾桶为绿色，不可堆肥垃圾桶为橘色的，并印刷明显标识和户主信息，配备垃圾分类指导员上门培训指导，从生活垃圾产生源头进行分类，目前已发放铁桶8个。

2. 定点收集

每100户配备1辆垃圾分类收集电瓶车，每辆收集车上配备"1把扫帚、1台秤、1个夹子、4个桶"等必要工具，每天早晚2次定时定点由保洁员"公交站式"逐户上门分类收集，保洁员对收集上来的各类生活垃圾做好台账记录。

农村生活垃圾分类双色桶

3. 分类转运

结合农村家庭整理垃圾多为老人妇女，以及可回收垃圾投放量少、有毒有害垃圾产生量低的实际情况，生活垃圾分类转运的重点是可堆肥垃圾和不可堆肥垃圾，根据垃圾种类的不同，加强第三方转运车辆监管，安装车辆GPS定位，采取专车专用的转运方式，杜绝混运现象发生。

4. 分类处置

根据生活垃圾种类，可回收垃圾由保洁员代为称重收购，集中出售，实现回收利用；可堆肥垃圾进行好氧堆肥，肥力回田，变废为宝；有毒有害垃圾集中收集存储，统一交专业公司进行无害化处理；不可堆肥垃圾由第三方公司密闭外运至巨鹿县生活垃圾焚烧厂进行焚烧发电，资源化利用。

农村垃圾分类电动收集车

分拣员分拣垃圾

（三）生活垃圾设施建设情况

任泽区农村生活垃圾中，可用以堆肥的垃圾占农村生活垃圾总量的14%左右，即平均每人每天产生的可堆肥垃圾在196克左右。按照规划标准，建设可堆肥垃圾收集中心3个，实现可堆肥垃圾收集基本覆盖。同时建设垃圾分类中转站6处，配备分类收集车辆547辆，有效保障分类垃圾规范收运。

三、农村生活垃圾治理工作措施

按照行政体系管理与市场运营服务相辅相成的两条线模式，共同帮助农户完成垃圾分类工作。

（一）做好职责定位，为农村生活垃圾分类提供组织保证

1. 行政体系管理

区委、区政府做好顶层设计，成立区城乡环卫一体化协调服务中心（区城

管局代管），负责全区农村生活垃圾分类的统筹协调和工作推进等相关工作；乡镇区负责制定宣传方案，做好各村垃圾分类组织、动员、指导工作；村"两委"负责组织召开"两委"会、村民代表会，对垃圾分类工作进行培训、宣传、引导，建立街长制、巷长制，对村民分类工作进行指导监督；农户负责将各类垃圾精准分类投放。

2. 市场运营服务

区城乡环卫一体化协调服务中心、环卫公司、管理员、收运员逐级管理服务，把农户分类的垃圾进行分类收集、分类转运、分类处理。同时，为增强村民垃圾分类的主动性，做到"愿意分"，通过"两杆秤"（即保洁员"一杆秤"，上门对农户家的可回收垃圾，以高于农村废品收购价格进行称重收购；垃圾中转站"一杆秤"，对保洁员收购的可回收物进行称重，集中出售给废品收购站，差价补贴给保洁员），调动农户和保洁员对垃圾回收利用的积极性。

（二）建立机制，为农村生活垃圾分类治理提供组织保证

农村生活垃圾分类"三分建，七分管"，如果管理跟不上，仅仅依靠突击式、运动式的工作方法，不可能保持长期效果。

1. 定期督查考核

区城乡环卫一体化协调服务中心在区委、区政府领导下，负责组织实施对开展垃圾分类工作的乡镇（区）实施考核，结果记入年度考核，与评先评优挂钩。同时，建立区乡村三级监管体系，区级层面，成立农村垃圾集中处理协调服务中心，对第三方公司和试点村垃圾分类工作进行定期巡查；乡镇层面，由乡村环境卫生综合整治办公室对试点村工作开展日常检查；村级层面，村班子成员划片包户对村民分类工作进行指导监督。

2. 建立奖惩机制

按照职责分工和分级负责原则，区、乡、村分别组织实施考核奖惩。乡镇负责对各村实施考核排名，村对户实施红

垃圾分类标兵

黑榜公示制度；区城乡环卫一体化协调服务中心负责对第三方公司实施考核奖惩。通过规范管理、宣传引导、习惯养成，有效提高了农村群众参与垃圾分类的自觉性和主动性，实现了以"要我分类"到"我要分类"的转变。

（三）加强宣传，督促村民养成良好的生活垃圾分类习惯

为了引导群众养成良好生活习惯，任泽区加强宣传教育，引导全民参与，根据农村人居环境整治要求和该区实际，明确了工作推进机制，实行"1+2+N"工作法，促进群众养成垃圾分类良好习惯。"1"就是用一周时间现场示范，环卫公司派保洁员逐户上门发放分类垃圾桶和分类指导手册，现场演示，手把手指导；"2"就是用两周时间对认识不到位、分类不正确的农户，村干部进行一对一教育指导，重点帮扶，做好每家每户的垃圾分类情况统计记录。保证两周后分类准确率达 80% 以上；"N"就是长期管理阶段，该阶段采用日监测数据驱动动态管理法进行常态化保持，垃圾分类管理员对监测数据 80% 以上的分错户进行精准指导，确保分类准确率。对分类较好的农户，通过发放日用品等方式进行奖励，对分类较差的进行点对点培训指导，并在村内设置"红黑榜"进行公示。农民的环保意识并不能在短时间内形成，想要获得良好的环境保护效果，需要对其进行充分的引导和教育，依赖村政府、村集体、运营企业等多方面的通力协作。因此，农村地区环保宣传教育更需要从小抓起，在指导垃圾分类的过程中，环卫公司深入部分重点中小学宣传环保知识，在日常的教育中结合环保实践，通过理论和实际活动使得环保意识深入中小学生的生活。同时，中小学生的环保意识也会对其家人产生正面影响，促进人人环保示范环境形成，利用自小就开展的环保教育引导农户在日常的劳作和生活中养成良好垃圾治理习惯，自我约束乱扔垃圾、随意倾倒行为，形成合理的生活消费方式，从自身出发，保护村落环境。

四、垃圾分类带来的经济和社会效益

农村生活垃圾治理是持久的环境工程，完成垃圾分类的收运处理需要做好环卫配套设施建设、垃圾分类技术支持、专业保洁队伍培养等各项基础性保障

工作，但相比较投入的资金，垃圾治理取得了巨大的社会和经济效益。

一是政府通过购买服务、给予补贴的方式，鼓励居民、物业、环卫等参与低价值可回收物的回收利用，对可回收物应收尽收，促进生活垃圾减量化和资源化处理。

二是为逐步实现农村生活垃圾"减量化、无害化、资源化"的处理目标，新增了3个垃圾堆肥处置中心和1个厨余垃圾处置项目，形成了基本齐全的设施设备、相对成熟的治理技术、专业敬业的保洁队伍、行之有效的监管制度，城乡面貌焕然一新。

可堆肥垃圾收集中心

厨余垃圾收集站

三是让人们从思想和意识上认识到垃圾分类是利国利民的举措，提高了居民生活垃圾分类工作知晓率、参与率、准确率，促进了自我约束能力和良好生活习惯的养成，村容村貌、民风习俗、村民环保意识都有了显著改观。

（住房和城乡建设部）

持续推进综合交通运输体系建设 积极助力京津冀协同发展

推动京津冀协同发展是以习近平同志为核心的党中央作出的重大战略决策，党的二十大报告再次对推进京津冀协同发展作出部署。交通一体化是京津冀协同发展的骨骼系统和先行领域。京津冀协同发展战略实施以来，交通运输行业认真贯彻党中央、国务院有关决策部署，全面落实京津冀协同发展领导小组工作安排，把握交通基础设施发展、服务水平提升和协同发展机制完善的关键机遇，着力打造面向世界的京津冀国际性综合交通枢纽集群，推动京津冀交通一体化实现率先突破，京津冀核心区1小时交通圈、相邻城市圈1.5小时交通圈基本形成，为京津冀协同发展战略实施提供了坚实保障。

一、京津冀交通一体化发展不断取得新突破

（一）综合交通网络化布局日益完善

一是"轨道上的京津冀"初步建成。京唐城际铁路、京滨城际铁路宝坻至北辰段开通运营，津兴城际铁路、北京城际铁路联络线一期工程全面提速，以北京、天津为核心枢纽，贯通连接河北各地市的全国性铁路网已基本形成。二是公路路网结构不断优化。津石高速天津东段建成，实现津石高速全线贯通。津歧公路拓宽改造一期、工农大道改建工程一标段竣工通车。京秦高速遵秦段、塘承高速滨海新区南段交工验收。国道G109新线高速建设进展顺利。承平高速开工建设。三是港航基础设施建设持续推进。天津港北疆港区东突堤自动化集装箱码头、天津港海嘉汽车码头、黄骅港散货港区矿石码头一期续建工程、

黄骅港综合港区泰地液体化工码头工程建成投运。北京燃气天津南港、天津海工装备制造码头一期工程、唐山港曹妃甸港区新天LNG项目第一阶段配套码头工程交工验收。天津港北航道及相关水域疏浚提升工程开工建设。四是"双核两翼多节点"的京津冀机场群布局完成。北京一市两场"双枢纽"建设持续推进，天津滨海、石家庄正定机场保障能力持续提升，初步形成京津冀机场群协同分工、差异化发展的格局。五是邮政网点布局持续优化。北京（新顺）国际邮件互换局（交换站）项目主体工程基本完工。持续推进天津国际邮件互换局、海运交换站优化布局，加快构建"空运+海运"国际邮件快件处理枢纽。河北全省市级快递园区实现全覆盖，石家庄国际邮件互换局完成场地建设和设备配置。六是国际性综合交通枢纽集群加快建设。丰台火车站开通运营，同步投用周边11条（段）接驳道路；北京城市副中心站综合交通枢纽建设加速，有力支撑多层级交通网络衔接、融合。支持天津、石家庄实施国家综合货运枢纽补链强链，推动京津冀货运枢纽协同互补、多式联运一体发展。

（二）交通重点保障工作有力有效

一是雄安新区交通建设高标准推进。雄安新区至商丘、雄安新区至忻州高铁开工建设。京雄高速北京段加快建设，大兴机场北线高速西延开通运营。城乡公共物流配送设施体系逐步完善，城市公交车新能源车辆比重达到100%，容城组团等客流密集区域开通定制公交服务。道路施工标准化技术指南等20项标准发布实施，交通强国建设试点有序推进。二是有力支撑北京非首都功能疏解。加快推进北京城市副中心交通建设，京哈高速拓宽工程通州段基本完工并投入使用，东六环入地改造工程、轨道交通平谷线有序推进。推动通州与廊坊北三县交通一体化高质量发展，厂通路、安石路加快推进，跨潮白河大桥北京段、河北段同步开工建设，大运河京冀段全线62公里实现游船互联互通，北三县至北京国贸的通勤定制快巴试点开通，京通快速路、通燕高速除早高峰全时段免费通行。三是圆满完成冬奥交通保障任务。依托北京冬奥会交通工作协调小组，统筹推进跨地区、跨部门、跨方式的交通政策、规划建设、交通组织等工作，为东奥会提供了安全、便捷、顺畅、高效的交通服务保障。

（三）运输服务水平持续提升

一是扩大农村地区优质运输服务供给。延庆区、津南区、正定县等15个县级单位被评为2022年度"四好农村路"全国示范县。启动新一轮农村公路建设和改造，解决村庄群众出行问题。河北省农村公路路长制以及县、乡管养机构全面覆盖，武邑县"电商物流+智慧管控"入选第三批农村物流服务品牌。二是提升客运服务质量。北京城轨与国铁实现同一App换乘，丰台火车站换乘轨道交通10号线取消二次安检，京雄城际运行信息前置至大兴机场行李大厅等旅客关键节点。不断扩大京津冀地区交通一卡通互联互通城市数量，推广交通一卡通移动支付便民应用，居民出行更加便捷。天津市深化12项京津通勤便利化措施，提升通勤便利化水平。三是扎实推进物流保通保畅。统筹疫情联防联控和物流保通保畅，建立部省、省际和京津冀区域物流保通保畅协同机制，统一政策标准，优化公路防疫检查站标准查验流程，共建安全快捷物资保障通道。持续推进京津冀地区疏港矿石"公转铁"，加快提升曹妃甸、京唐、黄骅等港口矿石装车能力，提升唐山、邯郸地区接卸能力，确保京津冀地区港口疏港矿石运输畅通。四是推动货运降本增效。津冀港口煤炭已全部实现采用铁路、水路、封闭式皮带廊道、新能源汽车等方式运输。组织开行天津港－平谷马坊、燕郊海铁联运班列。"天津荣程智运公铁水联运信息互联共享集成应用和'一单制'示范工程"等3个项目入选第四批多式联运示范工程名单。

（四）区域交通运输实现高质量发展

一是推进智慧发展。京台高速车路协同设施建设完成。京雄高速开设自动驾驶专用车道，实现全程可变色温的环境适应型照明。荣乌高速新线搭建可视化数字孪生系统，实现公里级速度、厘米级车道管控。天津港北疆港区C段智能化集装箱码头投产运营一年来，作业效率比传统码头提高20%以上。唐山港实现集装箱自动化码头集卡车辆自动运行。二是推进绿色发展。津蓟高速天津站服务区充电站项目建成投运。天津港持续推进"公转铁""散改集"双示范港口建设，港作船舶100%使用岸电。河北沿海港区新增门机、装卸桥等大型机械全部使用电能。北京市、天津市、唐山市、沧州市绿色出行创建考核评价达标。承德市、廊坊市开展城市绿色货运配送示范工程创建。三是推进安全发展。京德高速建成全息化智能感知系统，实现交通事故风险辨识和行车安全预警。持续推进平安百年品质工程建设，京秦高速遵秦段等 8 个工程建设项目加快推进，全力推动工程建设项目"零死亡"安全管理目标。

（五）协同联动管理走深走实

一是法规标准协同更加深入。《河北省公路条例》正式实施，设置"公路区域协同发展"专章，对京津冀区域公路协同发展以立法形式予以明确。制定实施《环京通勤定制快巴综合监管手册》。二是联合执法深入推进。深入推进京津冀三省市联合执法、治超、应急联动等区域协作，加大京张联合执法力度，完善大兴机场跨省联合保障机制，推动京津冀交通运输行政处罚裁量基准一体化。交通运输行政执法综合管理系统上线运行。三是信息共享持续推进。发挥交通运输数据资源共享交换平台作用，支撑北京、河北开展大兴机场周边交通流量数据交换。制定《京津冀三省市交通运输信息互通共享工作推进机制》，进一步促进三地信息、数据共享。推进京津冀"信用＋客运"守信激励示范应用，确定红名单原则并在三地推广互认共享。四是持续优化跨省通办政务服务。省际水路运输客运资质办理、船员适任证书京津冀互认、航道信息化建设、调度联通机制等工作稳步推进。道路运输从业资格高频服务事项"跨省通办"服务水平持续提升，道路运输电子证照跨区域互认和核验全面推广应用，解决异地事项办理"多地跑""折返跑"。

二、推动京津冀交通一体化发展实现新提升

2023 年是全面贯彻落实党的二十大精神的开局之年。交通运输部将以习近平新时代中国特色社会主义思想为指导，认真学习贯彻落实习近平总书记关于京津冀协同发展的系列重要讲话和指示批示精神，按照党中央、国务院决策部署和京津冀协同发展领导小组要求，持续巩固拓展京津冀交通一体化率先突破成果，逐步形成交通网络立体互联、运输服务一体衔接、行业治理协同高效的京津冀交通一体化发展格局。

2023 年，将重点开展以下工作。一是有力服务保障北京非首都功能疏解。

高标准、高质量建设雄安新区现代化综合交通运输体系，持续完善雄安新区对外骨干交通路网。加快推进北京城市副中心交通建设，推动北京城市副中心与廊坊北三县交通一体化高质量发展。总结推广北京冬奥会和冬残奥会交通基础设施建设、运输服务保障工作经验。深入实施《北京城市总体规划》等重大规划，探索打造加快建设交通强国首都样板。二是推进交通基础设施互联互通。加强轨道交通规划建设，充分利用既有铁路富余能力开行城际、市域（郊）列车。推动干线铁路、城际铁路、市域（郊）铁路、城市轨道交通融合发展，逐步实现票制互通、安检互认、信息共享、支付兼容。加密完善公路网，强化跨界道路规划建设。推动津冀港口资源整合，加强内陆无水港、航道、锚地、引航等要素资源共享共用。推进京津冀机场群协同运行和联合管理，完善北京"双枢纽"机场运营模式。深入实施天津—石家庄国家综合货运枢纽补链强链。三是提升运输服务一体化水平。完善旅客联程运输系统，推动货物多式联运创新发展。加强北京与津冀港口对接，提升北京空港、陆港与津冀连通水平，建设京津冀邮政业协同发展示范区。提升北京、天津等国际性综合交通枢纽城市的全球互联互通水平和辐射能级，强化国际运输、中转服务等综合功能。研究利用干线铁路为环京地区提供通勤服务，推动市域（郊）铁路向环京地区延伸。优化进京公交线路和场站设施布局，完善进京公交票制票价、运营补贴机制。推广跨区域定制快巴。四是推动交通一体化体制机制改革创新。加强交通运输立法协同，健全执法会商和联勤联动机制，强化交通运输标准协调衔接。推动交通限行、绕行等管理政策统一。完善交通运输数据信息共享共用机制。推动交通运输应急管理信息互通、资源共享、处置协同。落实公平竞争审查制度和市场准入负面清单制度，推动形成统一开放的交通运输市场。

（交通运输部）

推动京津冀水利高质量发展

一、2022年工作进展

2022年,水利部认真学习贯彻党的二十大精神,深入贯彻落实习近平总书记关于京津冀协同发展重要讲话指示批示精神,全面落实党中央、国务院决策部署,按照京津冀协同发展领导小组要求,制定印发年度水利工作落实方案,细化落实措施和责任分工,扎实推进任务落实落地。

(一)提升洪涝灾害防御能力

一是加快推进防洪体系建设。坚持以流域为单元,启动海河流域防洪规划修编,印发实施《大清河流域综合规划》。以雄安新区和北京城市副中心为重点,加快完善防洪工程体系。2022年商国家发展改革委,安排中央预算内投资55.7亿元支持雄安新区防洪工程建设,南拒马河右堤、白沟引河右堤、萍河左堤防洪治理工程完工,新安北堤工程防洪堤基本完工,雄安新区起步区已基本具备200年一遇防洪能力。全力推进通州堰分洪体系建设,宋庄蓄滞洪区二期工程投入运行,北运河综合治理与生态修复工程完工,温潮减河工程前期工作加快推进。

二是有效应对洪涝灾害风险。加强洪水风险管理,批复印发《2022年雄安新区起步区安全度汛方案》,组织编制《雄安新区及周边地区洪水风险区划》。强化预报、预警、预演、预案"四预"措施,贯通雨情、水情、险情、灾情"四情"防御,立足精准目标、精准对象、精准措施,科学调度流域水工程,实施北京中心城区、城市副中心南北分泄调度,开展天津周边骨干河道预泄调度,累计泄洪 32.65 亿立方米，有力有效应对海河流域 14 次强降雨过程，确保流域及北京、天津、雄安新区等重点地区安全度汛。

（二）推进水资源集约节约利用

一是着力提升水资源优化配置能力。按照实施国家水网重大工程的部署要求，加快推进南水北调后续工程高质量发展，中线引江补汉工程于 2022 年 7 月实现开工建设，进一步增强京津冀地区水资源统筹调配能力、供水保障能力和战略储备能力。

二是全面推进水资源节约保护。联合国家发展改革委明确京津冀三省市"十四五"用水总量和强度双控目标。完善相关行业用水定额标准，强化用水定额在计划用水、节水评价等环节的应用。大力推进国家节水行动，加快县域节水型社会达标建设，京津冀三省市全面完成"2022 年北方 50% 以上县（市、区）达标"的建设目标。加强计划用水管理，京津冀地区年用水量 1 万立方米及以上工业和服务业用水单位实现计划用水管理全覆盖。加强农业节水，2022 年安排中央资金 6.7 亿元，支持漳滏河、桑干河、滦河下游等 19 处大中型灌区续建配套与现代化改造。

三是强化水资源统一调度。组织有关方面加强水情监测预报，科学制定调度方案，强化南水北调东中线、引黄入冀补淀、引滦入津，以及密云等水工程精细调度，截至 2022 年底，南水北调中线工程累计向京津冀供水 55.8 亿立方米，引黄入冀补淀工程累计向河北供水 6.6 亿立方米，引滦入津工程累计向天津、唐山两市供水 9.7 亿立方米，有效保障了 2022 北京冬奥会、冬残奥会、雄安新区大规模建设等重大活动，以及北京、天津等重点城市的供水安全。

（三）加强水生态系统保护修复

一是持续推进华北地区地下水超采综合治理。组织编制华北地区地下水超采综合治理实施方案（2023—2025 年）。以京津冀地区为重点，综合采取节、控、换、补、管等系统治理措施，有效压减华北地区地下水开采，顺利完成近期治理目标，治理区地下水水位总体回升。2022 年 10 月底与 2021 年同期相比，治理区浅层地下水、深层承压水水位分别平均回升 0.18 米、2.61 米。

二是持续推进重点河湖生态补水。印发《2022年度华北地区河湖生态环境复苏实施方案》，统筹用好南水北调、引黄、引滦、当地水库、再生水等水源进行生态补水，持续改善华北地区水生态环境。截至11月底，2022年永定河官厅水库以上各类工程累计补水3.6亿立方米，官厅水库及以下各类工程累计向永定河平原段补水5.1亿立方米，永定河865公里河道累计全线通水123天。2022年白洋淀累计补水8.89亿立方米，白洋淀生态水位（6.5～7米）达标率维持100%。组织编制完成京杭大运河"全线有水"水资源配置方案，联合京津冀鲁四省市开展补水调度，京杭大运河实现百年来首次全线水流贯通。

三是加快推进重点地区生态保护修复。联合国家发展改革委、国家林草局印发《永定河综合治理与生态修复总体方案（2022年修编）》，2022年累计安排中央预算内投资13.6亿元，支持20个永定河流域综合治理与生态修复项目建设；加快推进数字孪生永定河先行先试。持续推进张家口"两区"建设，2022年继续实施退减水浇地、关停农灌井等措施，巩固地下水超采综合治理成效；安排张家口水土保持中央资金2948万元，治理水土流失面积94平方公里，治理后的项目区水土流失治理度达80%以上，林草覆盖率提高20%以上，年减少土壤侵蚀量4.7万吨。

（四）强化流域区域协同治水管水

一是强化河湖长制。充分发挥海河流域河湖长制联席会议机制作用，推动形成流域统筹、区域协调、部门联动的河湖保护工作格局。充分发挥流域管理机构职能，以永定河、小清河、白洋淀等河湖为重点，组织相关省级河长办联合巡河、现场督导，协同推进妨碍河道行洪突出问题排查整治、河道非法采砂专项整治行动等重点工作任务，京津冀集中清理整治碍洪突出问题1388个。会同京津冀晋四省市持续开展大清河流域综合治理和生态保护跨区域协同立法、普法、执法等工作，重点对雄安新区、白洋淀开展专项执法检查，精准打击非法取水、破坏河道堤防等水事违法行为。京津冀地区河湖面貌持续改善、水事秩序明显好转。

二是推进流域横向生态保护补偿。指导北京市与河北省签署第二轮密云水库上游潮白河流域水源涵养区横向生态保护补偿协议，将水质、总氮、水量作为补偿基准，北京市每年拨付3亿元支持上游地区开展保水护水工作。京冀两省市深化研究建立官厅水库上游永定河流域水源保护横向生态补偿机制。

二、2023年工作考虑

2023年，水利部将以习近平新时代中国特色社会主义思想为指导，全面贯彻党的二十大精神，深入贯彻习近平总书记关于京津冀协同发展的重要讲话指示批示精神，全面落实党中央、国务院决策部署，着力推动京津冀地区水利高质量发展，支撑保障京津冀协同发展重大国家战略实施。

一是进一步完善防洪工程布局。全面落实京津冀协同发展、高标准高质量建设雄安新区等国家战略对流域防洪减灾体系的新要求，加快推进海河流域防洪规划修编。落实雄安新区防洪专项规划和大清河流域综合规划，加快推进雄安新区防洪工程体系建设。尽早启动温潮减河工程建设，切实保障北京城市副中心防洪安全。加快推进河北省文安洼蓄滞洪区防洪工程与安全建设等项目前期工作。

二是加快建设水网骨干工程。持续推进南水北调后续工程高质量发展，加快引江补汉工程建设，深化东线二期工程可行性研究论证。加快推进雄安干渠前期工作，争取尽早开工建设。加强重大引调水、重点水源工程与区域供水工程的配套衔接，开展水系连通建设，进一步提高区域水资源丰枯调剂能力。因地制宜完善农村供水网络，加快推进大中型灌区续建配套与现代化改造。

三是复苏河湖生态环境。加快推进华北地区地下水超采综合治理实施方案（2023—2025年）实施，强化地下水饮用水水源保护，指导做好新一轮地下水禁限采区划定，实施重点河湖常态化生态补水，加快推进永定河综合治理与生态修复，持续提升京津冀生态系统的质量和稳定性。

四是强化流域治理管理。充分发挥流域管理机构作用，加强流域统一规划、统一治理、统一调度、统一管理。协同强化水域岸线空间管控，深入推进河湖"清四乱"（乱占、乱采、乱堆、乱建）常态化规范化，加强跨省界河湖联防联控联治。加快推进数字孪生永定河、数字孪生岳城水库等先行先试项目建设，强化流域信息共享，助力提升京津冀地区水安全保障能力。

（水利部）

共画农业"同心圆" 共谱乡村"振兴曲"
推进京津冀农业协同发展取得新成效

推动京津冀协同发展，是以习近平同志为核心的党中央在新的历史条件下作出的重大决策部署。2022年，农业农村部认真贯彻落实党中央、国务院部署要求，强化统筹协调，健全工作机制，加强指导服务，推动京津冀农业协同发展迈上新台阶。

一、2022年工作推进成效

（一）加快规划任务落实落地

会同国家发展改革委等17个部门和河北省编制完善《关于支持河北雄安新区全面推进乡村振兴实施方案》，经京津冀协同发展领导小组全体会议审议通过，以农业农村部文件印发。指导河北省制定配套政策，细化措施安排，建立任务清单，扎实有序推动各项重点任务落地落实，现代都市型农业发展、生态宜居美丽乡村建设、农业绿色发展、推进城乡融合发展等方面工作取得积极进展。

（二）推进农业高效节水

一是加快农田水利基础设施建设。安排中央农田建设补助资金约46.5亿元，支持京津冀3省市加快推进高标准农田建设，因地制宜发展高效节水灌溉，1—12月建成高标准农田约433.7万亩，完成高效节水灌溉约241.3万亩，农业生产条件显著改善。二是推广抗旱品种和旱作节水技术。示范推广水肥一体化、蓄水保墒、测墒节灌、深耕深松等节水技术措施，选育推广"中麦5051"等一批抗旱、节水、高产的小麦优良品种。河北推广种植节水小麦3200万亩，平均每亩省水50立方米。三是持续开展季节性休耕。安排中央财政资金10亿元用于河北省200万亩耕地休耕补助，推行"一季休耕、一季雨养"模式，减少地下水用量。休耕区年均减少灌水3.6次，亩均节水173立方米，年减少地下水开采量3亿立方米以上。

（三）加强农业面源污染治理

一是推动畜禽粪污资源化利用。安排中央预算内投资1.3亿元，支持京津冀3省市新建6个畜禽粪污资源化利用整县推进项目，强化处理设施建设，建立粪肥还田利用示范基地，推动种养结合农牧循环。选取河北省3个县30个养殖场（户），开展生猪粪污监测，核查处理设施建设与运行情况。二是强化秸秆综合利用。安排中央财政2.4亿元支持京津冀3省市建设26个秸秆综合利用重点县，培育壮大秸秆利用市场主体，完善收储运体系，健全农作物秸秆资源台账，示范推广秸秆综合利用成熟技术。三是加强农田地膜残留监督评价。在京津冀3省市布设45个农田地膜残留监测点，组织开展地膜使用量、回收量和残留量监测，及时掌握主要农田土壤地膜残留污染特征与分布规律。

（四）培育壮大农业品牌

一是实施农业品牌精品培育计划。指导京津冀3省市打造农业优质特色品牌，提升品牌核心竞争力，小站稻、万全糯玉米、鸡泽辣椒、平泉香菇、迁西板栗等农业品牌纳入首批精品培育名单。二是加强品牌宣传推介。发布《2022年农业品牌创新发展典型案例》，推介峪口禽业、金麦郎、三元极致牛奶、碧护美果等京津冀3省市农业品牌案例，为全国农业品牌创新发展提供积极借鉴。三是实施农业生产"三品一标"提升行动。指导京津冀3省市编制农业生产"三品一标"实施方案，建立工作协调机制，推动品种培优、品质提升、品牌打造和标准化生产，提升绿色优质农产品供应能力，北京市平谷区，天津市静海区，河北省晋州市、昌黎县等4个县（市、区）入选2022年全国农业生产"三品一标"典型案例。

（五）强化农业绿色发展先行先试

一是建设国家农业绿色发展先行区。会同国家发展改革委、财政部等部门，指导京津冀3省市开展国家农业绿色发展先行区创建，北京市延庆区、天津市滨海新区、河北省邢台市威县和衡水市饶阳县入选第三批国家农业绿色发展先行区创建名单，农业绿色发展先行先试综合平台不断强化。二是构建绿色支撑体系。指导京津冀3省市持续开展技术应用试验，集成一批全链绿色生产技术。河北省曲周县依托科技小院、院士工作站等平台，成立农业绿色发展技术支撑团队，聚焦冬小麦化肥施用粗放、水资源利用效率不高等问题，全域集成创新推广氮肥精准施用、高效节水灌溉等技术，实现冬小麦施肥节氮27%、压减地下水开采400万立方米。

（六）整治提升农村人居环境

一是加强工作部署。印发《2022年农村人居环境整治提升工作要点》，指导京津冀3省市编制"十四五"农村人居环境整治提升省级实施方案，安排农村人居环境整治专项中央财政资金2.2亿元，支持京津冀3省市11个县（市、区）开展农村人居环境基础设施建设，夯实农村人居环境基础。二是推进农村厕所革命。配合财政部实施农村厕所革命整村推进奖补政策，安排9.1亿元以奖补方式支持和引导京津冀3省市普及卫生厕所，持续巩固提升农村厕所革命成果。三是深入开展村庄清洁行动。督促指导京津冀3省市围绕"清洁村庄环境、共建洁美家园"主题，压茬打好村庄清洁行动四季战役，全域化推进、常态化开展、长效化保持，引导农民群众养成良好卫生习惯，京津冀地区村庄环境基本实现干净整洁有序。

二、下一步工作考虑

（一）加强农业节水工作

依托高标准农田建设项目，统筹推进京津冀3省市高效节水灌溉建设，完善农田排灌设施，建设一批集雨池、集雨窖等，收集和利用天然降水，提高用水保证率。充分利用已有科研成果，在京津冀3省市集成推广一批高效节水品种和新型旱作节水技术，配套应用抗旱产品，提高农业水分生产效率和作物抗旱减灾能力。

（二）强化农业面源污染治理

完善京津冀3省市农业面源污染监测体系，及时更新各监测点设施设备，提高监测数据的可靠性。落实耕地分类管理制度，优化完善轻中度污染耕地安全利用措施，严格重度污染耕地用途管理。

（三）指导实施农村人居环境整治提升五年行动

深入学习推广浙江"千村示范、万村整治"工程经验，指导京津冀3省市以农村厕所革命、生活污水垃圾治理、村容村貌提升为重点，深入实施农村人居环境整治提升五年行动，全面提升农村人居环境质量，建设宜居宜业和美乡村。

（农业农村部）

统筹对内对外开放 促进京津冀协同发展

一、2022年工作进展

（一）成功举办2022年中国国际服务贸易交易会

8月31日至9月5日，2022年服贸会在京成功举办。本届服贸会是在全球疫情形势严峻复杂、世界经济复苏脆弱的背景下举办的重大国际经贸活动，以"服务合作促发展，绿色创新迎未来"为主题，举办综合展和9个专题展，展览总面积15.2万平方米；举办7场高峰论坛、约200场专题论坛和推介洽谈等活动，线下、线上参展企业分别达到2400家和7800家，达成各类成果1339个，为京津冀及全国服务贸易企业开展国际交流对接搭建了良好平台。

（二）全力推进服务业扩大开放综合试点示范

一是推动北京国家示范区建设跑出"加速度"。深入贯彻落实习近平总书记2020年9月在中国国际服务贸易交易会全球贸易峰会致辞中"支持北京打造服务业扩大开放综合示范区"重要指示精神，持续推进示范区建设。截至2022年底，示范区建设方案的任务实施率达到96%，推出近70项重要创新政策，落地140余项标志性项目。二是指导天津试点工作取得新成效。结合发展定位，指导天津加快任务落地实施，加大差异化探索力度。天津市试点任务总体实施率达69%，在生产性服务业创新发展、示范园区建设、体制机制等方面取得积极成效。三是调整配套法规，完善法治保障。报请国务院批准，在天津调整《民办非企业单位登记管理暂行条例》，为开放提供法治保障。四是强化评估问效，用好工作成果。根据国务院批复要求，对北京、天津等试点示范省市组织成效评估,加强对试点示范工作的指导协调,加快推进各项改革开放任务落实到位。五是增强系统观念,集成推广试点经验。发挥试点示范聚焦产业开放创新的特色优势,优化经验总结推广模式,以产业链的构成为主线,采用"一业一例"形式,对 60 多项地方创新成果作系统集成,形成知识产权服务、现代物流等 8 个案例印发。其中,北京、天津共 27 个子案例入选。截至目前,试点示范已累计推广 8 批 43 项经验案例,有力发挥了对全国服务业开放的引领示范作用。

(三)高标准建设自贸试验区

一是推动有关改革试点任务落实。推动京津冀三地自贸试验区做好有关总体方案和《关于推进自由贸易试验区贸易投资便利化改革创新的若干措施》《自由贸易试验区外商投资准入特别管理措施(负面清单)(2021 年版)》等政策文件的落实工作。二是推动京津冀三地自贸试验区协同发展。支持京津冀自贸试验区发挥联席会议机制作用,加强联动创新,促进共同发展。京津冀三地自贸试验区联合推出三批 153 项"同事同标"政务服务事项,推动实现京津冀政务服务事项"跨域通办"、高频便民事项"跨省通办"。三是持续推进改革创新。支持京津冀三地自贸试验区围绕市场主体诉求深化制度创新。北京开展生物医药研发用物品进口"白名单"制度试点,发布第一批"白名单"并实现首批试剂顺利通关。天津上线运行海关区块链验证系统,实施"两步申报"等一系列通关监管创新措施。河北推动海事静态业务集中办公、集约受理。四是推动新业态新模式发展。北京围绕科技创新、生物医药、数字经济、绿色金融四个领域开展全产业链开放改革创新,制定出台一揽子集成创新改革措施。天津持续推进融资租赁产业高质量发展,东疆片区累计完成超 2000 架飞机租赁/处置业务,为全球第二大飞机租赁聚集地。河北正定片区药品进口口岸成功获批,河北口岸药品检验所挂牌成立,口岸医药物流中心建成投用,首单业务顺利通关。五是支持人才培养。2022 年共举办了 5 期自贸试验区建设专题培训班、1 期自贸试验区制度创新成果复制推广工作专题培训班,为包括京津冀三地自贸试验区在内的有关工作人员提供培训。支持打造高素质、专业化人才队伍。

(四)提高利用外资水平

一是加强投资领域对外开放。落实 2021 年全国版和自贸试验区版外资准入负面清单。会同有关部门推动落实负面清单以外领域限制措施清理工作，严格落实"非禁即入"，促进实现市场准入内外资标准一致。二是扩大鼓励外商投资范围。经国务院批准，发布《鼓励外商投资产业目录（2022年版）》，鼓励类条目增加20%以上。三是加强大项目服务保障。在国务院外贸外资协调机制下建立重点外资项目工作专班，对全国外商投资大项目提供服务保障。四是完善外商投资企业投诉和权益保护机制。召开外商投资企业投诉工作机制部际联席会议地方专题会，指导北京、天津、石家庄等京津冀地区主要城市进一步完善工作机制和有关制度，及时有效协调处理外商投诉事项，保护外资企业合法权益。五是支持国家级经开区开放创新和协同发展。推动京津冀地区14个国家级经开区成立优化营商环境联盟，建立产业协同共建共享、政务服务互通互办、"放管服"改革互学互鉴、人才干部互派交流四大合作机制。用好综合发展水平考核评价办法，加强培训力度，指导国家级经开区创新提升。

（五）支持外贸创新发展

一是促进货物贸易转型发展。在京津冀地区新认定7家外贸转型升级基地，考核认定17家老基地，涉及机电产品、农产品、医药等7个行业，进一步夯实外贸产业基础。支持北京、天津、石家庄、雄安新区等7个京津冀地区跨境电商综试区建设，促进外贸新业态新模式发展。二是支持服务贸易集聚发展。与23部门联合印发《"十四五"服务贸易发展规划》，提出打造京津冀服务贸易集聚区，抓住疏解北京非首都功能"牛鼻子"，推进数字贸易、金融服务、教育服务、专业服务等领域深化改革开放，促进京津冀服务贸易协同发展。三是全面深化服务贸易创新发展试点。指导支持北京、天津、雄安新区和石家庄全面深化服务贸易创新发展试点，加快试点任务落地，及时总结推广制度性成果，不断提升京津冀服务贸易整体发展水平。四是开展特色服务出口基地建设。支持已认定的文化、数字、中医药服务出口基地高质量开展建设工作。新认定京津冀地区的北京语言大学等8个单位为人力资源、知识产权、地理信息和语言服务出口基地，认定中国中医科学院西苑医院为第二批中医药服务出口基地。支持国家文化出口基地联席机制举办中国－中东欧国家文化贸易对接会，为文化贸易企业搭建出海新平台。印发《国家文化出口基地第二批创新实践案例》，其中北京天竺综合保税区基地、中新天津生态城基地等3个案例入选。

(六) 促进内贸流通高质量发展

一是支持建设国际消费中心城市。经报请国务院批准同意,在北京、天津等地率先开展国际消费中心城市培育建设,指导两地高标准编制完成实施方案,召开海河国际消费高峰论坛,全面推进培育建设工作。指导北京、天津加快推进落实国际消费中心城市培育建设任务,组织举办首届国际消费中心城市论坛,组织开展培育建设成效自评,梳理总结培育建设典型经验做法,更好发挥示范引领和辐射带动作用,提升区域消费的国际化、品质化和便利化水平。二是开展供应链创新与应用示范创建。联合7部门印发《全国供应链创新与应用示范创建工作规范》,通过培育全国供应链创新与应用示范城市和示范企业,优化供应链创新生态,增强产业发展新动能。截至目前,京津冀地区共有北京、天津和石家庄3个城市入选全国供应链创新与应用示范城市,10家企业入选示范企业。三是部署商贸物流高质量发展专项行动。会同国家发展改革委等8部门深入实施商贸物流高质量发展专项行动,推动优化商贸物流网络布局、促进区域物流一体化等重点工作任务落实落细,指导京津冀地区地商务主管部门有序推进落实。四是支持国家会展中心(天津)建设。与天津市人民政府合作共建国家会展中心(天津),一期展馆已经竣工并投入使用,二期展馆将于2023年投入使用。

(七) 加强国际合作

一是推动中日、中韩地方层面经贸合作。支持北京推进国际交往中心建设工作,发挥中日创新合作机制作用,积极支持北京中日创新合作示范区建设,打造线上线下中日企业合作平台。在泛黄海中日韩经济技术交流会机制项下促进对京津冀地区合作。二是促进中欧开展经贸合作。与俄经济发展部组织编写"一省一册"和"一州一册"经贸合作资料,北京、天津、河北编写的"一省一册"已列入首批成果并发往俄方;推动河北省与奥地利蒂罗尔州缔结友好省州关系,加强冬季运动产业合作;协调中欧企业联盟与天津市建立联系,组织联盟成员企业赴津交流座谈。

二、下一步工作考虑

（一）做强对外开放平台

一是指导支持京津冀自贸试验区实施自贸试验区提升战略，继续落实《关于推进自由贸易试验区贸易投资便利化改革创新的若干措施》，深化改革创新，提升协同发展水平，形成更多高质量制度创新成果复制推广。二是深化北京国家服务业扩大开放综合示范区建设，全面推进天津国家服务业扩大开放综合试点落地见效，及时总结推广成熟经验。

（二）积极引导外资投向

一是实施好《鼓励外商投资产业目录》、制造业引资和外商投资研发中心支持政策，支持京津冀地区提升利用外资水平，加快产业升级。二是以新一批重点外资企业和项目清单为抓手，继续发挥专班作用，为稳外资作出更大贡献。三是发挥开放平台作用，加大制造业引资力度，积极推进京津冀地区国家级经开区创新提升。

（三）推动对外贸易高质量发展

一是依托外贸转型升级基地、跨境电商综试区等平台，多措并举打造特色产业聚集区，加快发展外贸新业态新模式。二是会同北京市筹办好2023年中国国际服务贸易交易会。三是继续指导京津冀地区完成全面深化服务贸易创新发展试点，推动服务外包转型升级，高质量建设有关特色服务出口基地，鼓励更多符合条件的文化贸易企业申报国家文化出口重点企业和项目。

（四）不断提升内贸流通发展水平

一是加快推进国际消费中心城市培育建设。二是推进全国供应链创新与应用示范创建，落实前两批示范创建工作举措，总结推广成熟经验做法，鼓励京津冀地区相关城市和企业积极参与第三批示范创建。三是指导京津冀地区3省市扎实推进商贸物流高质量发展专项行动，优化商贸物流网络布局。四是发挥国家会展中心（天津）的示范带动作用，促进天津等地会展业高质量发展。

（五）持续深化国际合作

一是继续用好对日、韩经贸合作机制和泛黄海中日韩经济技术交流会机制等平台，支持京津冀地区开展对日、韩等经贸合作。二是支持北京市昌平区"未来科学城"加强对欧合作；继续推动河北省与奥地利蒂罗尔州深化在经贸、环保、冬季运动领域的合作。

（商务部）

积极推动京津冀地区文化和旅游高质量发展

2022年，文化和旅游部以习近平新时代中国特色社会主义思想为指导，全面贯彻党的二十大精神，贯彻落实党中央、国务院决策部署和京津冀协同发展领导小组要求，积极推动京津冀地区文化和旅游高质量发展。

一、2022年工作进展和成效

（一）京津冀地区公共文化服务体系更加完善

京津冀地区基本公共文化服务标准化建设持续推进。文化和旅游部部署开展省级基本公共文化服务标准化试点，加快提升公共文化服务设施、服务和保障标准化规范化水平。加快公共文化服务领域协同发展。相继成立京津冀图书馆联盟等5个协同发展平台，在公共文化服务、群众文化活动、文化艺术演出等领域实现资源互通共享，京津冀公共文化服务标准化均等化水平稳步提升。

京津冀地区公共文化设施条件明显改善。覆盖城乡的四级公共文化服务网络全面建成，设施建设、服务供给、队伍建设、品牌打造、服务保障等数十项量化指标陆续落地实施，带动区域公共文化服务品质不断提升。每万人拥有公共图书馆建筑面积、人均购书费、人均拥有藏书量、每万人拥有群众文化设施（含文化馆、文化站）建筑面积、各级图书馆书刊文献外借册次、各级文化馆（站）组织文艺活动次数等指标均居全国前列。县级文化馆图书馆总分馆制建设不断完善。截至2022年6月，北京、天津、河北的县（市、区）均全部建成文化馆总分馆制和图书馆总分馆制，分别达到16个、16个、167个，建设文化馆分馆或基层服务点数量分别达到341个、246个、1224个，建成图书馆分馆或基层服务点数量分别达到398个、269个、1218个。

京津冀地区公共数字文化建设加快推进。文化和旅游部组织实施全国智慧图书馆体系、公共文化云建设项目，中央财政共向北京、天津、河北拨付资金2745万元，支持京津冀地区实施公共数字文化项目，不断提升京津冀地区全民阅读和全民艺术普及数字化服务水平。北京市东城区、朝阳区，天津市河西区、滨海新区，河北省廊坊市、秦皇岛市等国家公共文化服务体系示范区实现创新发展。

（二）京津冀地区艺术创作质量不断提升

在文化和旅游部的指导和扶持下，京津冀地区坚持正确导向，精心做好策划，积极开展艺术创作，创作了一批思想性、艺术性和观赏性相统一，人民群众喜闻乐见的优秀文艺作品。例如，国家大剧院委约创作演出的交响乐《炎黄风情》、北京交响乐团委约创作演出的交响乐《祖国颂——复兴征程》、北京民族乐团委约创作演出的民族管弦乐《大运河》、河北交响乐团委约创作演出的交响乐《岁月征程》、河北省歌舞剧院演艺有限公司委约创作演出的民族管弦乐《雄安》被选为2022—2023年度"时代交响创作扶持计划"扶持作品。京津冀地区共同组织开展"永远跟党走"京津冀群众广场舞、合唱等优秀节目展演，特别是共同举办第十三届中国艺术节，成为区域性艺术交流合作的生动示范。2022年9月，京津冀地区联合举办了第十三届中国艺术节，向党的二十大献礼，充分展示了我国艺术创作的最新成果和最高成就。艺术节开幕演出《奋进新时代 扬帆新征程》以综合性文艺晚会形式呈现，集中展现了党的十八大以来舞台艺术发展的最新成果。艺术节期间举办了艺术评奖、特邀剧目展演、全国优秀美术作品展、"人民为中心、文艺攀高峰——纪念毛泽东同志《在延安文艺座谈会上的讲话》发表80周年主题展"等多项主题活动，带动京津冀三地开展品牌文化展演、艺术普及展览、特色文旅线路推介、文艺评论研讨等10项联动及线上活动。第十三届中国艺术节汇聚全国78家文艺院团、112个基层文艺团体近2万名文艺工作者，荟萃81台舞台艺术精品、145部群众文艺佳作、32个合唱团和1007件美术、书法篆刻、摄影作品。近20万人次走进剧场、美术馆、博物馆、展览馆，超3亿人次共聚云端，圆满实现了"观百部大戏、赏千件展品、汇万众活力"的办节目标。

（三）京津冀地区非物质文化遗产保护不断加强

文化和旅游部积极支持京津冀地区加大非物质文化遗产保护力度、提高传承实践能力、促进社会广泛参与，不断提升京津冀地区非物质文化遗产系统性保护水平。依托国家级非物质文化遗产保护资金，共补助4900余万元用以支持京津冀地区非物质文化遗产保护传承工作。支持加强非物质文化遗产代表性项目保护传承，补助2500余万元用以支持京津冀地区75个国家级非物质文化遗产代表性项目保护传承工作，补助900余万元用以支持开展非遗记录工作，记录和保存代表性传承人所承载的独到技艺、文化记忆。支持开展第六批国家级非物质文化遗产代表性传承人推荐申报工作，加强对代表性传承人的评估和动态管理。支持完善非遗保护传承利用基础设施建设，京津冀地区共有列入"十四五"时期文化保护传承利用工程储备库重点项目1项、一般项目4项，分别获得近8000万元、2000万元中央资金补助。支持实施中国非遗传承人研修培训计划，在京津冀地区8所院校举办中国非遗传承人研培班12期，涉及雕刻、陶瓷、家具制作和戏曲等项目，培养非遗传承人300余人次。支持开展"文化和自然遗产日"非遗宣传展示系列活动，参加第七届中国非物质文化遗产博览会、2022"新疆是个好地方"对口援疆19省市非遗展、"文化进万家——视频直播家乡年"等重点非遗宣传展示活动，促进非遗广泛传播。支持河北省开展非遗助力乡村振兴工作，依托富有特色、具备一定群众基础和市场前景的非遗项目，建设500余家非遗工坊，带动当地群众就业增收、助力乡村振兴。

（四）京津冀地区文化产业和旅游业加快发展

文化和旅游部支持和指导京津冀地区国家文化和旅游消费示范城市及试点城市、国家级夜间文化和旅游消费集聚区建设，丰富区域文化和旅游产品、服务供给，培育文化和旅游新业态、新模式，优化交通、餐饮、购物、住宿等配套环境，同时举办文化和旅游消费促进活动，激发文化和旅游消费需求。2022年8月，北京市东城区王府井、朝阳区北京欢乐谷、朝阳区大悦城、通州区北京环球城市大道、昌平区乐多港假日广场，天津市河北区意式风情区、滨海新区滨海文化中心，河北省秦皇岛市阿那亚街区、张家口市崇礼四季街区等京津冀地区的9个项目被评选为第二批国家级夜间文化和旅游消费集聚区。支持京津冀符合条件的地区和单位创建国家级文化产业示范园区，启动实施文化产业园区携行计划，鼓励京津冀园区协同合作。支持京津冀地区大力发展数字文化产业，举办北京（国际）大学生电竞节、中国旅游产业博览会等活动，创作一批优秀的动漫作品，其中《白蛇：缘起》《毛毛镇》《大理寺日志（第一季）》等作品在中国文化艺术政府奖第四届动漫奖中被评选为最佳动漫作品。

统筹推进京津冀地区奥运场馆赛后利用和体育文化旅游融合发展。印发实施《京张体育文化旅游带建设规划》《2022年京张体育文化旅游带建设工作要点》《户外运动产业发展规划（2022—2025年）》，建立京张体育文化旅游带建设协调推进工作机制。指导并支持北京市延庆区举办第二届京张体育文化旅游带发展论坛，深度谋划"后冬奥"转型发展。联合体育总局指导张家口市在"雪如意"启动2022（第二届）京张全季体育旅游嘉年华，全新升级了体育旅游主题线路，发布了"四季八线嗨玩京张"主题线路，举办了京张体育文化旅游带发展峰会，吸引了更多年轻人参与体验"连京张跨四季"体育旅游产品。

二、下一步工作考虑

下一步，文化和旅游部将深入贯彻落实党的二十大精神，全面落实《京津冀协同发展规划纲要》和《京津冀协同发展"十四五"实施方案》，稳步推进京津冀地区在文化和旅游领域的协同发展。

一是提高京津冀地区公共文化服务水平。推进京津冀地区县级文化馆图书馆总分馆制建设。鼓励第三、第四批国家公共文化服务体系示范区创新发展。支持组织实施全国智慧图书馆体系建设项目、公共文化云建设项目，进一步提升公共数字文化服务水平。继续指导京津冀地区广泛开展群众性文化活动。

二是提升京津冀地区非遗保护系统性、整体化水平。结合京津冀地区非遗资源分布、文化形态等特点，根据京津冀协同发展需要，支持具备有条件的地区开展文化生态保护区建设工作。做好京津冀地区国家级非物质文化遗产代表性项目保护传承工作，组织开展项目存续状况评估，扎实开展非遗记录，加强成果利用。继续支持京津冀地区实施非遗传承人研修培训计划。加强京津冀地区非遗传播推广，支持京津冀地区举办"文化和自然遗产日"等非遗宣传展示活动。

三是支持京津冀地区文化产业提质增效。持续推进京津冀地区数字文化产品创作生产和传播推广，打造数字文化产业发展集聚区。持续推动参与"文化产业园区携行计划"的京津冀文化产业园区与其他园区结对，推动形成可复制推广的协同发展经验。指导京津冀地区探索实施文化产业赋能乡村振兴新路径，培育乡村发展新动能。

四是推动京津冀地区旅游业高质量发展。支持京津冀开展国家高等级旅游景区、国家级旅游度假区、国家旅游休闲城市和街区、国家全域旅游示范区、滑雪旅游度假地、全国乡村旅游重点村镇等创建工作。提升乡村旅游和民宿品质，鼓励开发、生产、销售具有京津冀特色的文化和旅游创意产品。

（文化和旅游部）

持续提升医疗卫生服务水平 助推京津冀协同发展

京津冀协同发展战略实施以来，卫生健康委认真贯彻落实党中央、国务院重大决策部署，紧紧围绕疏解北京医疗卫生非首都功能，统筹规划京津冀医疗卫生资源配置，以城市发展规划和人口分布为导向，以一批重大政策、重大工程和重大项目为抓手，积极谋划、主动作为，稳妥有序推进北京医疗卫生非首都功能疏解，推动京津冀医疗卫生协同发展和雄安新区医疗卫生事业发展。

一、2022年工作进展和成效

（一）加强政策支持，推动任务落实

认真贯彻落实《京津冀医疗卫生协同发展规划》《京津冀医疗卫生协同发展行动计划（2019—2022）》等文件要求，指导京津冀三地卫生健康部门，有力有序推进各项任务落实，推动京津冀医疗卫生协同发展。为推动疏解项目落地和雄安新区医疗卫生事业发展提供政策支持，2022年3月，卫生健康委联合河北省人民政府印发支持雄安新区医疗卫生事业改革发展相关实施方案，从承接打造医疗卫生服务新高地、创新体制机制、人才队伍建设等方面提出支持措施。国家中医药局印发实施方案支持河北雄安新区中医药传承创新发展。

（二）稳妥有序推进疏解项目进展，促进优质医疗资源扩容下沉和均衡布局

一是按照党中央、国务院重大决策部署，根据相关疏解方案明确的任务和目标，加快推进疏解项目工作进展。二是推进北京市属医疗卫生疏解项目，积极引导中心城区优质医疗资源向资源薄弱地区均衡布局。积极推进友谊医院顺

义院区、安贞医院通州院区、友谊医院通州院区二期、首都儿科研究所附属儿童医院通州院区等项目建设进展；儿童医院、安定医院、宣武医院新院区正在加快推进前期手续办理。三是推动国家区域医疗中心建设，促进优质医疗资源扩容和区域均衡布局。截至目前，批复同意北京大学第三医院崇礼医院、北京大学第三医院秦皇岛医院、首都医科大学宣武医院河北医院、首都医科大学附属北京儿童医院保定医院、中国中医科学院广安门医院保定医院和北京中医药大学东方医院秦皇岛医院共计6个项目。随着部分项目竣工投用，有效带动提升了当地的医疗服务能力，为患者就近享有高水平的医疗服务创造了条件。四是推动建设国家中医特色重点医院。以地市级三级中医类医院为主，开展中医特色重点医院建设，京津冀地区共有10所中医类医院建设项目纳入项目建设储备库。通过项目建设，以名医、名科、名药带动医院特色发展，更好满足人民群众对优质高效的中医药服务需求。

（三）巩固完善工作机制，推进京津冀地区医疗资源共建共享

一是进一步完善京津冀地区医疗机构检验检查结果互认共享机制和政策，持续扩大互认共享范围。截至2022年底，京津冀地区共计685家（其中北京284家、天津89家、河北312家）医疗机构实现了50项检验结果互认；共计313家（其中北京81家、天津56家、河北176家）医疗机构实现了20项医学影像检查资料共享。二是按照《"十四五"时期三级医院对口帮扶县级医院工作方案》帮扶任务，指导河北省和有关三级医院持续开展对河北省52个县级医院的对口帮扶工作；持续推动中日友好医院、安贞医院、友谊医院等20余家委属（管）、北京市属医院对口支持廊坊北三县医疗机构，开展科室共建、人才协同培养和技术支持等工作。三是持续实施京张、京保等重点地区支持合作。北京市卫生健康委、河北省卫生健康委与张家口市政府联合签署了《新一轮京冀张医疗卫生协同发展框架协议》，持续推动张家口市第一医院等9家医院与北京天坛医院等11家医院开展合作；保定市共96家医疗卫生机构与京津113家医疗卫生机构签订合作协议216个，开展新技术、引进新项目共291项。四是进一步完善京津冀疫情联防联控工作机制，疫情防控期间，京津冀三地在应急会商、疫情信息互通共享、风险管控联动、诊疗经验共享及危重病例会诊方面建立更加紧密的沟通联系，切实提高了三地应急处置和防控救治能力，取得积极成效。

（四）持续推动医养结合发展和妇幼健康服务能力建设

一是指导京冀强化医养结合领域协同发展。河北省卫生健康委与环京 4 市 14 县卫生健康部门建立联席会议制度，促进环京地区医养结合工作提档升级。2022 年，北京市将市内 100 家医养结合机构和河北省环京县市 10 家医养结合机构纳入市医养结合远程协同平台，开展业务培训，促进两地医养结合一体化融合发展。大力完善环京地区医养健康产业布局。二是持续实施妇幼保健机构能力建设项目。2022 年，卫生健康委积极协调财政部安排中央财政补助资金支持京津冀三地的 29 个县级妇幼保健机构开展设备配置和人才队伍建设等工作；协调实施省域妇幼健康"大手拉小手"行动，支持京津冀三地省级妇幼保健机构完善"云上妇幼"远程医疗平台，依托平台开展远程培训、远程会诊、远程技术指导等业务支撑功能，促进妇产科、儿科优质医疗资源下沉基层。

（五）加强京津冀地区医疗卫生人才协同培养

一是加强毕业后医学教育和全科医生培养。2022 年，在京津冀地区招收、培养、培训住培医师（含中医，下同）3400 余人。通过全科专业住院医师规范化培训、助理全科医生培训、农村订单定向医学生免费培养、全科转岗培训等多种途径，为京津冀地区培养了 4600 余名全科医生，发挥了"保基本、强基层、建机制"的重要作用。二是创新发展京津冀地区继续医学教育。以京津冀地区 26 家国家级继续医学教育基地（试点）为支撑，不断加大京津冀继续医学教育基地建设，创新开展京津冀地区继续医学教育学分互认工作。

（六）全力支持雄安新区卫生健康事业发展

一是持续实施对新区医疗卫生机构的帮扶工作。2022 年，京津冀三地 48 家医疗卫生机构累计派出 150 名帮扶专家参与新区医疗卫生对口帮扶工作，累计完成门诊量约 4 万人次、住院 1.1 万人次，让新区群众在家门口就能享受京津冀高水平医疗服务；累计参与科室建设 57 个，开展新技术 61 项，以点带面，打造学科特色，极大程度提升了新区医务人员的医疗卫生服务能力和水平。二是雄安宣武医院一期部分正在加紧内部装修和机电安装工作，预计 2023 年开诊运行；二期主体结构已封顶，预计 2024 年开诊运行。加快开展人员招聘和医院设备采购。

二、下一步工作考虑

（一）稳妥有序推进北京医疗卫生非首都功能疏解工作

围绕相关疏解方案明确的目标和任务，进一步完善疏解工作推进机制，加强规划统筹，稳妥有序推进在京委属（管）医院疏解项目工作进展；协调推进北京市属医院疏解项目建设工作，加快友谊医院顺义院区等重点项目建设，优化促进市内优质医疗资源均衡布局。

（二）持续支持京津冀地区医疗卫生帮扶合作，促进医疗资源共建共享

进一步提升京津冀地区医疗机构检验检测能力，促进符合条件的医疗机构纳入共享互认范围。持续推动北京市属医院与北三县、张家口、保定、雄安新区等地医疗机构开展帮扶合作，发挥北京市医疗卫生资源辐射带动作用，助力提升当地医疗水平。持续开展三级中医医院对口帮扶工作，加强脱贫地区中医医院能力建设，提高医院中医药服务能力和管理水平。

（三）支持雄安新区医疗卫生事业高质量发展

加快推进委在京医院向新区疏解的项目进展，推进雄安宣武医院项目建设。强化京津冀三地卫生健康部门与雄安新区的对接协同，促进优质医疗资源共享、信息互通。指导京津冀三地从人才培养、学科建设、技术指导等方面，持续加强对雄安新区医疗机构的合作帮扶，进一步提高新区医疗卫生服务水平和能力。

（国家卫生健康委）

强化重大安全风险防范化解
助力京津冀高质量协同发展

一、2022 年相关工作进展

（一）推动京津冀地区强化安全生产工作

督促京津冀地区全面落实危险化学品重大危险源安全包保责任制，推动安全包保责任人线上履职。开展两轮危险化学品重大危险源"消地协作"督导检查，其中京津冀地区共排查出安全隐患 33000 余项（其中重大安全隐患 760 余项）。对京津冀地区 4 个危险化学品重点县开展两轮专家指导服务。

督促京津冀地区全面开展老旧装置安全风险专项整治工作，对 40 家苯乙烯、8 家丁二烯等企业开展专项安全整治，推动硝化企业开展全过程自动化改造提升，组织开展化工园区"十有两禁"安全整治提升，推动京津冀地区已认定公布的 24 家化工园区安全风险均降至一般或较低风险等级，专业安全监管人员数量、学历、专业均达标。

督促京津冀地区 478 家危险化学品企业的 1546 处重大危险源全面完成安全风险分级管控和隐患排查治理双重预防机制数字化建设，组织专家对京津冀地区 9 家"工业互联网＋危化安全生产"试点单位建设方案进行评议，从中遴选出 1 家优秀试点案例。督促京津冀地区借助监测预警系统开展线上巡查抽查，推动京津冀地区 32 家大型油气储存企业推进智能化管控平台建设。

（二）指导京津冀地区加强自然灾害防治

协调财政部下拨自然灾害综合风险普查经费 1761 万元，支持京津冀地区开展自然灾害普查评估与区划工作。积极指导京津冀地区开展第一次全国自然灾害综合风险普查工作，推动京津冀地区全面完成地震灾害、地质灾害、气象灾害、水旱灾害、海洋灾害、森林和草原火灾等致灾调查，房屋建筑、交通等承灾体调查，历史灾害、综合减灾能力调查；选取京津冀地区6个县（市、区）开展"一省一市""一省一县"试点评估区划工作，编制完成评估区划核心成果报告；指导北京、天津、河北完成省级评估与区划工作，编制形成省级综合评估与区划成果报告。

指导督促京津冀地区做好防汛抗旱工作。提请国家防总公布2288名全国防汛抗旱行政责任人，其中明确京津冀地区各项防汛抗旱行政责任人175名，督促京津冀地区各级防指和相关部门加强防汛抗旱责任落实。指导京津冀地区全部完成省级防汛抗旱预案修订，将高级别气象预警纳入启动防汛应急响应的条件，组织推进雨带北移洪涝灾害风险课题研究，将京津冀地区作为重点研究对象，深入分析灾害特点和风险趋势，提出针对性防御对策。组织开展汛前检查，对京津冀地区5个地级市（区）以及雄安新区开展线上督导检查，派出5个工作组督促加强防汛隐患问题排查和整改落实。京津冀地区共排查出各类穿河、跨河、临河建筑物和设施等风险隐患739处，并积极组织整改。密切关注京津冀地区汛期雨水情发展变化，强化与气象、水利、自然资源等部门联合会商研判。积极商财政部累计下拨中央自然灾害救灾资金7648万元，支持河北省开展防汛救灾和冬春救助工作。

督促京津冀地区做好森林草原防灭火工作。指导北京、天津、河北应急管理厅（局）和森林消防局开展森林草原火灾处置联合演练，进行指挥要素桌面推演，组织工业和信息化部、公安部、交通运输部、卫生健康委、气象局、林草局等国家森防指成员单位召开应急响应工作对接部署会。指导北京、河北加大火源管控力度，采取空中、地面相结合的方式，每日组织森林消防队伍、地方专业扑火队等力量联合开展防火巡护巡查。紧盯重点地区、重点林区、重要目标，会同国家电网等单位统筹组织人力、物力，立足极端情况持续开展火险隐患动态排查整治，特别是对涉奥地区35条、424.8公里输电线，24条、87公里配电线进行整治排查，消除输配电线路隐患3658处、清理树障3万余棵，确保了各类隐患对账销号、动态清零。

（三）强化京津冀地区消防安全管控

1. 强化消防规划顶层部署

报请国务院安委会印发实施《"十四五"国家消防工作规划》，部署"加强京津冀、长三角等区域应急救援协同联动""加强大城市、城市群消防安全状况评估""落实更高标准的火灾防控措施，建立早发现、早预警、早防范机制"等政策措施。重点指导推动北京、天津、河北等地制定出台实施方案，将有关内容纳入省级国民经济和社会发展规划、政府年度工作部署等范畴，加强结果应用，推动落地实施。

2. 强化消防风险防范化解

围绕消防安全专项整治三年行动，指导京津冀地区结合当地产业特点和火灾规律，持续推进火灾隐患排查整治。部署北京、天津、河北等地消防救援总队聚焦重点场所、重点区域，加强突出消防安全问题隐患整治，形成协同整治合力。对京津冀交界区域，指导属地消防救援机构强化联动配合，加大重点场所安全管控力度，全力降低安全风险。部署北京、天津、河北等地消防救援总队围绕党的二十大、北京冬奥会、全国两会等重大活动，加强指挥调度，严密防控措施，确保消防安全。

3. 强化应急救援联动协作

建立健全京津冀地区灭火和应急救援常态化联动机制和"异地交叉"熟悉训练演练制度，加强与公安、气象、水利等部门协同合作，优化响应程序，形成整体合力。指导京津冀地区消防救援队伍组建灭火救援、应急处突跨区域增援队，在京津冀交界区定时集结、不定时演练。开展京津冀地区特别重大地震灾害消防救援课题研究、应急预案研讨，提升跨区域实战能力。

（四）强化京津冀地区应急救援处置能力建设

1. 深化应急联动机制建设

推动《北京市 天津市 河北省应急救援协作框架协议》深化落实，强化京津冀地区信息互通、预案衔接、资源共享、行动协同，指导京津冀地区应急管理部门加强与驻地中央企业工程抢险力量对接，形成协同防范应对重大安全风险整体合力。

2. 加强应急救援能力建设

加快推进国家华北区域应急救援中心工程建设，同步开展基础设施配套、运行管理制度机制建设、信息化建设、救援装备配备、队伍组建训练等工作，积极推动拟在京津冀地区建设的应急管理大学、国家应急医学研究中心等重大项目建设方案论证。根据安全生产应急救援工作需要，在京津冀地区规划建设了国家安全生产应急救援队（以下简称国家专业队）10支、总计1600余人。

3. 积极参加北京冬奥会冬残奥会安保工作

组织京津冀及环京津冀11支国家专业队做好北京冬奥会、冬残奥会安全风险防范工作，在平时约700人值班规模基础上，增加至1060人值班，围绕跨区增援工作需求和可能遇到的问题，突出跨区增援、现场驻勤、疫情防控等重点任务，细化工作方案，积极做好跨区救援工作准备，共组织开展战术训练1965次、应急演练328次。

4. 做好重点时段安全风险防范工作

在党的二十大和春节、国庆等重点时段，以视频会议、工作提示等方式部署国家专业队，尤其是京津冀地区队伍全力做好安全风险防范工作，提升队伍值班备勤等级，全面开展应急救援装备检查和维护保养，优化救援力量分组和编成。2022年，京津冀地区10支国家专业队共出动64896人次，为4453家（次）企业提供风险防范和安全技术服务工作，开展事故应急救援35次。天津蓟州区大秦铁路"4·14"货运列车溜逸脱轨事故发生后，迅速调度国家矿山应急救援开滦队2个小队、20人，携带装备跨省赶赴现场参与救援，认真完成了现场指挥部赋予的救援任务。

二、下一步工作安排

一是推动京津冀地区深入落实《关于全面加强危险化学品安全生产工作的意见》《"十四五"危险化学品安全生产规划方案》部署，聚焦防范重大安全风险、提升本质安全水平、提升人员技能素质水平、提升信息化智能化管控水平，坚决防范遏制危险化学品重特大安全事故，推动危险化学品领域安全生产形势稳定向好。

二是持续加强对京津冀地区自然灾害综合风险普查工作的支持，加大在市县级评估与区划、自然灾害综合风险基础数据库建设等方面的指导，推动普查成果应用落地，充分发挥普查成果的综合效益。指导督促京津冀地区加强洪涝、干旱等灾害防范应对，做好安全度汛和抗旱保供水工作。

三是深入实施《"十四五"国家消防工作规划》，加强京津冀地区重大消防安全风险防范和基层消防力量建设，建立健全应急救援队伍协作交流机制、跨区域救援联动机制，不断提升火灾防控和综合应急救援能力。

四是积极争取国家发展改革委、财政部持续加大资金支持力度，有序推动国家华北区域应急救援中心项目建设，加快应急管理大学、国家应急医学研究中心项目建设，落实《国务院安委会办公室关于进一步加强国家安全生产应急救援队伍建设的指导意见》要求，加强国家专业队的建设和管理，提升京津冀区域应急救援能力，有效防范化解重大安全风险。

（应急管理部）

优化金融资源配置
持续提升服务京津冀协同发展水平

一、2022 年主要工作及成效

（一）优化金融资源配置，加大资金支持力度

一是指导金融机构加大对三地的信贷支持。要求各金融机构高度重视支持京津冀协同发展工作，不断加大金融资源投入。截至 2022 年 11 月末，京津冀三地本外币贷款余额 21.5 万亿元，较年初增长 8.6%。

二是支持和鼓励符合条件的京津冀企业在银行间市场发债融资。截至 2022 年 10 月末，支持京津冀地区 419 家企业累计发行债务融资工具 4300 只，余额 46473 亿元，其中 2022 年 1—10 月，京津冀地区 119 家企业发行债务融资工具 506 只，募集资金 5076 亿元。

三是支持企业发行资产支持票据（ABN）等产品盘活存量资产。截至 2022 年 10 月末，累计支持京津冀地区企业发行 ABN、ABCP 共计 2551.7 亿元，其中 1—10 月发行 280.4 亿元，基础资产涵盖应收账款、租赁债权、不动产等，帮助三地企业盘活存量资产，拓宽融资渠道。

（二）聚焦重点领域，推动经济高质量发展

一是用好政策性开发性金融工具支持三地重大基础设施建设，推动互联互通。截至 2022 年 11 月末，政策性银行向京津冀三地共投放金融工具 207 亿元，支持 57 个项目开工建设，领域涉及交通、能源、市政等，包括北京至雄安新区至商丘高速铁路等重大项目，累计带动投资 3030 亿元。

二是加大金融资源投入助力绿色低碳发展。截至 2022 年三季度末，京津

冀地区绿色信贷规模 2.4 万亿元，较年初增长 28.9%；碳减排支持工具支持京津冀地区 243 家企业，发放优惠贷款 369.9 亿元，支持包括张家口蔚县外送 100 万千瓦风光项目等清洁能源建设，有力推动三地绿色低碳转型。

三是做好民营小微企业融资支持。截至 2022 年 11 月末，京津冀地区普惠小微贷款余额 1.77 万亿元，同比增长 19.2%，三地地方法人银行累计对 1307.9 亿元普惠小微贷款本金实施延期。

（三）着力提升服务质效，优化金融环境

一是加快推进"京津冀征信链"建设，利用区块链技术推动京津冀地区涉企信用信息互联互通，目前已实现商业化应用。截至 2022 年 10 月末，累计查询 470.2 万笔，金融机构依托"京津冀征信链"累计放贷 436.2 万户、209 亿元。

二是推动优质企业贸易外汇收支便利化政策提质增效。2022 年，指导京津冀三地有关部门出台文件，升级优质企业贸易外汇收支便利化政策实施方案，拓宽便利化业务范畴，优化银行企业备案条件，支持更多优质银企使用便利化政策。2022 年 1—10 月，京津冀地区办理便利化业务同比增长 42%。

三是组织开展金融数字化转型提升工程、金融数据综合应用试点等，引导京津冀地区金融机构深化科技赋能和数据应用，打造数字金融核心竞争力。推广实施金融科技创新监管工具，引导从业机构在风险可控前提下探索新型技术在绿色金融、智慧金融等领域应用的有效路径，着力提升京津冀地区金融服务质效。

（四）服务非首都功能疏解，支持雄安新区建设

一是支持非首都功能疏解转移，引导金融机构为疏解出京的央企、学校、医院等重点单位提供综合金融服务，加大融资支持力度。截至 2022 年 9 月末，非首都功能疏解贷款余额 2876 亿元。

二是支持雄安新区大规模开发建设。引导金融机构加大对雄安新区的资源倾斜，多家金融机构落户雄安。截至 2022 年 11 月末，雄安新区金融机构共计 83 家，包括工银科技、中银富登村镇银行等一批金融机构总部；雄安新区贷款余额 1908 亿元，较年初增长 73.8%。

三是支持北京城市副中心建设。指导金融机构制定支持通州重点项目清

单，为北京环球影城度假区、城际铁路联络线等重点项目提供融资支持。截至2022年11月末，金融机构对通州重点项目贷款余额2032.8亿元。

（五）优化支付环境，服务绿色冬奥

一是高标准推进冬奥支付环境建设。组织金融机构升级改造网点，开通涉奥金融服务绿色通道，做好冬奥期间外汇服务和应急处置工作，切实保障冬奥用汇平稳有序，构建高标准支付环境。2022年1月4日闭环首日至3月16日，闭环内发生金融交易46.7万笔、合计1.7亿元。

二是服务冬奥绿色场馆建设。鼓励金融机构将冬奥会场馆建设纳入绿色信贷范围给予重点支持，助力张家口赛区国家跳台滑雪中心、国家越野滑雪中心、云顶滑雪公园场馆修建，有力保障了奥运绿色建筑项目建设的资金需求。

二、2023年工作考虑

一是进一步优化京津冀地区金融供给体系。引导金融机构继续加大京津冀协同发展的金融资源投入，结合三地发展需要创新特色化金融产品，提供一揽子金融服务。立足京津冀协同发展战略，用好用足已有的政策工具，包括政策性开发性金融工具、碳减排支持工具、煤炭清洁高效利用再贷款、交通物流再贷款等结构性工具，加大对三地基建、绿色、能源、物流、产业升级等重点领域金融支持，推动高质量发展。

二是全面推进三地协同发展重点领域金融服务。加强"京津冀征信链"推广应用，进一步推动京津冀地区地方征信平台和征信机构上链共享，持续优化上链产品和服务功能。推动金融机构全面实施金融数字化转型提升工程、金融数据综合应用试点，深化运用金融科技创新监管工具，积极探索金融科技惠民利企的实践经验和可行路径，为推进京津冀协同发展贡献金融力量和科技动能。继续深化外汇管理改革，促进贸易收支便利化，助力京津冀地区涉外经济高质量发展。

三是全力做好雄安新区建设和非首都功能疏解金融服务。围绕雄安新区重大基础设施建设融资需求，引导金融机构加快产品创新，为基础设施建设提供低成本、长周期融资服务。持续开展绿色金融、金融科技创新，打造新区绿色金融品牌，推进金融科技成果转化，赋能雄安新区绿色新城、智慧新城建设。全力做好非首都功能疏解金融服务。推动金融机构对迁入副中心、雄安新区、承接疏解项目的企业和项目给予专项融资支持。

（人民银行）

充分发挥市场监管职能作用
助力京津冀高质量协同发展

2022年，市场监管总局认真贯彻落实党中央、国务院关于京津冀协同发展的决策部署，按照京津冀协同发展规划纲要和"十四五"实施方案部署，对照《京津冀协同发展2022年重点工作安排》相关要求，继续深化商事制度改革，不断优化京津冀营商环境，持续推动计量、标准、检验检测、知识产权等领域跨区域一体化建设和协同互认。

一是全面贯彻落实《市场主体登记管理条例》。指导京津冀三地市场监管部门严格贯彻落实《市场主体登记管理条例》及其实施细则，不断提升市场主体登记规范化、标准化、便利化程度，持续优化营商环境。北京市出台《北京市市场主体歇业备案管理办法（试行）》，多层次推动歇业制度在京落地落实落细，为市场主体提供休养生息"缓冲带"。天津市优化简易注销公告全体投资人承诺书上传方式，通过信息采集系统自动生成《全体投资人承诺书》。河北省推行网上办、即时办、联合办、一日办"四办"服务模式，实现全省营业执照申领、刻章、办税和社保开户全程网办、一日办结。

二是积极推动构建京津冀食品安全一体化监管体系。深入推进京津冀食品安全风险预警交流区域合作，强化三地食品安全抽检监测、执法调查、检验技术区域协同。建立健全食品安全抽检监测交流会商、信息共享、复检异议、核查处置等工作机制，定期开展京津冀食品安全风险预警交流，2022年京津冀三地相互通报食品抽检结果4万余批次。健全完善京津冀食品安全稽查执法联动长效工作机制，搭建"1+N"执法协作体系，制定《食品安全执法协议》，逐步实现多领域多层次执法协作。起草《"十四五"期间京津冀食品检验检测高水平技术交流合作框架协议》，进一步推进三地食品检验检测技术深层次交流合作，推动区域食品安全技术保障能力提升。

三是大力推进质量基础设施领域实现协同互认。制定京津冀共建计量技术规范，不断提升京津冀地区产业计量测试水平。为涉奥计量器具开辟"绿色通道"，实行"接件即办"，有力保障2022年北京冬奥会、冬残奥会计量器具量值准确。印发《服务国家区域重大战略实施标准化工作指南》，将区域发展标准需求纳入国家标准体系建设，实现区域内标准化发展规划、技术规则相互协同，服务京津冀等区域重大战略实施。积极推进雄安新区能源互联网标准化试点工作，着力打造"高标准支撑高质量发展"全国样板，初步构建能源互联网技术标准体系，形成具有推广价值的标准化工作模式。积极支持京津冀国家质检中心建设，服务当地重点产业发展、优化升级和产品质量提升。

四是持续推进知识产权领域协同发展。加快布局建设知识产权试点示范项目，支持北京市海淀区等11个城市（城区）率先开展国家知识产权强市试点示范建设。强化知识产权转化运用，会同财政部在京津冀地区试点推动实施专利"一对多"许可，支持京津冀地区建设汽车、新材料、5G、人工智能等产业知识产权运营中心，助力区域经济高质量发展。加大知识产权保护力度，三地5家知识产权保护中心签署合作备忘录，共同构建知识产权快速协同保护机制。提高知识产权公共服务能力，支持知识产权信息公共服务网点和平台建设，截至2022年底，京津冀地区国家级重要服务网点数量已达到66家。

下一步，市场监管总局将深入学习贯彻习近平总书记关于京津冀协同发展系列重要讲话和指示批示精神，全面贯彻党的二十大精神，坚决落实党中央、国务院决策部署，立足市场监管职能，结合重点任务分工，扎实推进京津冀协同发展重点任务落细落实，在优化营商环境、营造公平竞争秩序、加强质量基础设施建设等方面加大支持力度，为京津冀协同发展作出应有贡献。

案例 1

健全协作机制 深化合作交流
努力提升京津冀区域食品安全水平
——2022 年京津冀食品安全风险预警交流区域合作工作情况

2022 年，以北京市场监管局作为轮值单位的京津冀食品安全风险预警交流区域合作，深入贯彻落实京津冀协同发展战略和市场监管总局部署要求，进一步深化北京、天津、河北三地食品安全抽检监测、执法调查、检验技术区域协同，共同构建京津冀食品安全一体化监管体系，取得较好成效。

一、坚持多措并举，持续深化京津冀食品抽检监测协作交流

（一）建立健全食品安全抽检监测区域合作机制

贯彻落实京津冀协同发展战略，加强京津冀食品安全抽检监测区域协作，建立健全食品安全抽检监测交流会商、信息共享、复检异议、核查处置等相关工作机制，不断深化合作内容及方式。2022 年，京津冀市场监管部门重点加强食品安全抽检监测核查处置区域协作，健全完善工作机制，强化协调联动，开展食品复检、异议处理、跨省追溯、案情协查等方面协作，对跨区域食品安全违法行为实施联合查办。

（二）定期开展京津冀食品安全风险预警交流

建立"日常协调交流＋年度联席会议"交流机制，建立京津冀食品安全抽检监测区域协作联络制度，每年召开京津冀食品安全风险预警交流会议，加强食品安全抽检监测结果信息互通，强化区域食品安全风险会商交流。2022 年 11 月，三地市场监管部门联合召开京津冀食品安全风险交流会商会议，相互通报食品安全抽检监测信息，分析研判区域性食品安全风险隐患，研究探讨食品

安全抽检监测区域协同措施，着力提升三地风险防控和协同应对能力。

（三）及时通报食品安全风险隐患信息

加强食品安全抽检监测数据互通交流，按照依法行政、各负其责、统一规范、信息共享，区域联动、措施一体的原则，定期相互通报获知的食品安全抽检监测信息，相关省（市）市场监管部门依法采取措施，控制食品安全风险。2022年，京津冀三地相互通报食品抽检结果4万余批次，开展食品安全抽检监测数据统计分析，及时通报相关问题，不断提升区域食品安全抽检监测工作成效。

二、加强协调联动，持续开展京津冀食品安全执法协作交流

（一）建立京津冀食品安全执法联动工作机制

健全完善京津冀食品安全稽查执法联动长效工作机制，依据《京津冀市场监管执法协作框架协议》，搭建"1+N"执法协作体系，围绕1个框架协作机制，逐步实现多个领域、多个层次协作，确立联席会议、线索移送、执法协助、执法联动、应急响应等工作机制。细化制定《食品安全执法办议》，完善协查配合、检验绿色通道等协调机制。京津冀区域食品安全执法协作进入新阶段。

（二）联合查处跨区域食品安全违法行为

2022年，北京市市场监管局会同河北、天津两地执法部门，调配200余名公安干警、100余名市场监管执法人员，统一调度指挥，集中打击制售假冒牛肉违法犯罪团伙。同时，严格落实《京津冀检验结果处置机制》工作要求，对涉及天津、河北的抽检不合格食品协同开展核查处置。

（三）联合开展执法业务能力培训

2022年8月，由河北省市场监管局主办、京津两地市场监管部门协办的综合执法业务能力提升培训成功举办，进一步交流综合执法工作经验，提升综合执法能力水平。

三、坚持协同共建，持续完善京津冀食品检验技术协作交流

（一）健全完善食品检验技术协作机制

进一步推进京津冀食品检验检测技术深层次交流合作，推动区域食品安全技术保障能力提升。2022年，以京津冀食品检验检测技术创新联盟为依托，北京市食品检验研究院牵头起草《"十四五"期间京津冀食品检验检测高水平技术交流合作框架协议》，进一步完善三地食品检验技术协作机制。

（二）联合开展区域间实验室能力验证

2022年7月，京津冀市场监管部门组织河北省认证认可协会承办京津冀三地检验检测机构食品领域能力验证活动，成功完成"乳粉中金黄色葡萄球菌的测定"结果报送，共同提升三地食品检验技术水平。

（三）协同开展检验方法比对验证工作

2022年，北京市食品检验研究院组织京津冀三地检测机构间开展食品补充检验方法《食品中富马酸二甲酯的测定》《食品中淫羊藿苷、金丝桃苷和补骨脂素的测定》等实验室间方法验证工作，积极推进京津冀三地检测机构同质同标保障食品安全，进一步促进京津冀检验检测技术联盟单位的技术交流与合作。

下一步，将继续深化京津冀食品安全预警交流，持续推进京津冀食品安全抽检监测区域协作制度机制深入落实，着重加强食品安全执法领域对跨地区线索通报、证据移转、案件协查、联合办案等方面的协同协作，积极促进京津冀检验检测技术交流合作与协同发展，努力推动京津冀食品安全水平不断提升。

案例 2

雄安新区能源互联网标准化试点工作取得重要进展

雄安新区是党中央、国务院设立的国家级新区，是党中央深入推进京津冀协同发展的重大决策部署和历史性战略选择。市场监管总局（标准委）高度重视雄安新区标准化工作，为充分发挥标准化在雄安新区能源网络建设中的引领、支撑和协调作用，2018年底，批复国家电网公司开展雄安新区能源互联网标准化试点（以下简称雄安试点），部署了十大重点任务（附件1），旨在运用能源互联网技术和标准支撑雄安新区建设，着力打造"高标准支撑高质量发展"的全国样板，形成具有推广价值的标准化工作模式。目前，试点工作任务已基本完成，取得了许多重要成果。

一、试点取得系列重要成果

（一）初步形成能源互联网技术标准体系

结合国家能源战略和雄安新区能源互联网建设要求，研究构建了包括基础通用、能源网架、信息融合、价值创造的能源互联网技术标准体系（附件2），明确了技术标准路线图，为我国能源行业和企业的标准体系建设、核心标准研制以及标准国际化工作提供重要参考依据。结合雄安新区建设进展，制定一批重要国家标准、行业标准、团体标准研制和验证工作（国家标准清单见附件3）。

（二）支撑一批创新工程建设

加强标准化对综合型、园区级、乡村级城市基础设施建设的支持。推动综合型能源智慧管理标准在雄安容东片区数字化主动电网、剧村"1+5+X"城市智慧能源融合站建设中的应用，试点工程覆盖范围大、技术集成度高，取得了良好成效。推动园区级能源智慧管理和近零碳排放标准在雄安商务服务中心、雄安高铁站建设中的应用，实现对雄安新区各类城市用能场景综合能源的智慧管理。推动微电网和分布式电源并网标准在王家寨村级风光储一体化工程建设中的应用，建成绿色共享、柔性高效、数字赋能的乡村级能源互联网工程。

（三）转化一批创新技术

坚持科研与技术标准互动发展，形成能量路由器系列装备、高可靠性低压直流配用电系统、数字孪生电网体系架构、虚拟电厂与需求侧响应、北斗应用技术等一批创新技术和标准方案，实现雄安新区分布式电源、储能、交直流负荷与信息流有机融合，推进了能源互联网技术标准体系建设。

（四）研制一批重要国际标准

坚持国内与国际标准化工作同步，基于雄安试点成果，组织相关全国专业标准化技术委员会在直流配电规划设计、电动汽车、配电物联网、需求侧资源利用、多能流集成功率采集变换装置等领域立项一批国际标准（附件4），推动我国能源互联网创新技术转化为国际标准。依托雄安新区建设实践，为十余项重要国际标准提供现场验证，以工程验证强化了国际标准质量，加快标准输出速度。

二、主要经验做法

雄安标准化试点与雄安的基础设施建设密切相关，各方高度重视、共同推进。工作过程中，市场监管总局梳理总结了其创新性做法和具有借鉴意义的举措，具体有三点。

（一）加强试点工作的指导和协调

组织雄安新区管委会、雄安建设投资集团、相关标准化技术组织、科研机构等有关方面，建立由标准委总体协调、国家电网公司牵头负责、各方协同推进的组织模式，加强试点工作顶层设计，强化整体谋划、统一部署、协同攻关，有效整合相关资源，为雄安试点稳步推进创造了良好条件。

（二）强化标准、科研和工程建设的互动

一是加强对科研成果转化支撑。大力推进能源生产、转化、输送、存储、利用等能源互联网关键技术攻关，畅通科技成果转化为标准的渠道，在标准立项、审批上给予倾斜和支持，使雄安试点既有"硬产出"，又有"软成果"，总体提升雄安标准化试点水平。二是加强标准对工程建设的保障。推动标准化试点工作与新区建设深度融合，以高标准保障工程高质量建设，以雄安数字化主动电网建设为主线，打通雄安城市发展和电网建设的信息交互通道，深入推进"站园片村"四级示范，推动形成以重点工程为支点的雄安新区能源互联网标准化建设格局。

（三）统筹国际国内标准化协同发展

加强试点工作与相关全国专业标准化技术委员会的衔接和配合，依托国际标准化专家队伍，推动试点科研成果和先进技术转化为国际标准和国外先进标准。加强与国际电工委员会（IEC）、美国电气与电子工程师协会（IEEE）等相关国际性标准组织的交流合作，推动成立新的国际性标准化技术机构，稳步落实前期国际标准布局，实现国际标准新突破。

三、下一步工作重点

下一步，市场监管总局（标准委）将结合雄安新区建设，会同国家电网公司等相关单位，持续推动各项工作。

（一）推动完成试点任务

围绕标准化服务雄安新区建设核心，适时赴雄安新区进行现场调研走访，会同国家电网公司、雄安新区管委会等相关单位，加强组织协调和督促，推动试点项目按期高质量完成。组织专家进行评议和验收，系统梳理总结试点成果和经验。

（二）完善能源互联网技术标准体系

结合试点成果和国际能源电力关键技术发展和新型电力系统建设需求，在碳交易、多主体运营、虚拟电厂、新兴核心装备与系统等重点领域持续加强标

准研制工作,持续完善标准体系。

(三)深化试点成果

结合国家标准实验验证点建设,支持国家电网建设能源互联网技术创新中心或重点实验室,打造我国能源互联网关键技术研究和产业化推广权威验证平台。

(四)开展试点成果推广和转化

以雄安新区为蓝本,研究建立区域能源互联网综合评价指标体系,并在其他地区选取典型进行综合评价,检验试点工作实际成效。加快试点成果向 IEC 等国际标准转化,推进试点标准成果辐射更大范围。

附件:
1. 雄安新区能源互联网标准化试点十大任务
2. 能源互联网技术标准体系图
3. 试点相关国家标准项目清单
4. 试点产出的国际标准项目清单

附件1

雄安新区能源互联网标准化试点十大任务

1. 创新科研产业协同发展的标准化工作机制
2. 实施能源互联网核心装备标准化试点工程
3. 实施能源互联网系统平台标准化试点工程
4. 实施综合能源服务标准化试点工程
5. 实施高可靠性配电网标准化试点工程
6. 实施电动汽车及充放电设施标准化试点工程
7. 实施虚拟电厂及需求侧主动响应标准化试点工程
8. 实施区域能源互联网标准化试点工程
9. 构建系统完善的能源互联网技术标准体系
10. 探索开放合作的标准国际化工作模式

附件 2

能源互联网技术标准体系图

```
能源互联网技术标准体系
├── 价值创造
│   ├── 业务创新与决策支持 ── 商业模式与投资评价
│   ├── 电力市场运营 ── 电力市场
│   ├── 能源区块链应用 ── 能源区块链
│   ├── 储能技术及应用 ── 储能技术及应用
│   ├── 多能转换与综合利用 ── 多能转换与综合利用
│   └── 用户供需互动 ── 营销客服
│                    └── 智能用电互动
├── 信息支撑
│   ├── 人工智能 ── 人工智能
│   ├── 传感与量测 ── 智能量测
│   │             └── 电力传感
│   ├── 网络与信息安全 ── 网络与信息安全
│   ├── 数字平台与通信 ── 数字平台通信
│   └── 自动化系统 ── 自动化系统
├── 能源网架
│   ├── 工程设计施工与环保
│   │   ├── 电网防灾及生态保护技术
│   │   ├── 输变电工程设计技术
│   │   ├── 智能施工装备及施工技术
│   │   └── 基建全过程数字化技术
│   ├── 设备运行与维护
│   │   ├── 设备状态评价与检修决策
│   │   ├── 输变电设备及通道全天候立体巡检
│   │   └── 设备缺陷带电检测及远程智能诊断
│   ├── 配电网与分布式能源
│   │   ├── 配电物联网
│   │   ├── 微电网/微网群规划及运行控制
│   │   ├── 分布式能源并网
│   │   └── 新型配电装备及运行控制
│   ├── 高端输变电装备
│   │   ├── 智能变电站
│   │   ├── 灵活交直流输电装备
│   │   ├── 高端节能设备
│   │   ├── 特高压装备
│   │   └── 特高压输电
│   ├── 可再生能源友好接入 ── 可再生能源友好接入
│   ├── 系统安全运行与保护
│   │   ├── 继电保护
│   │   ├── 在线安全评估
│   │   ├── 电力系统非常态下的安全分析与防御
│   │   └── 电网仿真建模
│   └── 网架形态与规划
│       ├── 区域能源互联网形态与规划
│       └── 广域能源互联网形态与规划
└── 基础通用
    ├── 工控芯片 ── 工控芯片
    ├── 新材料与器件 ── 新型器件
    │                └── 新材料
    └── 基础共性 ── 基础共性
```

附件3

试点相关国家标准项目清单

序号	标准号	标准名称
1	GB/T 38775.1—2020	电动汽车无线充电系统 第1部分：通用要求
2	GB/T 38775.2—2020	电动汽车无线充电系统 第2部分：车载充电机和无线充电设备之间的通信协议
3	GB/T 38775.3—2020	电动汽车无线充电系统 第3部分：特殊要求
4	GB/T 38775.4—2020	电动汽车无线充电系统 第4部分：电磁环境限值与测试方法
5	GB/T 38775.5—2021	电动汽车无线充电系统 第5部分：电磁兼容性要求和试验方法
6	GB/T 38775.6—2021	电动汽车无线充电系统 第6部分：互操作性要求及测试（地面端）
7	GB/T 38775.7—2021	电动汽车无线充电系统 第7部分：互操作性要求及测试（车辆端）
8	GB/T 38775.8—202X	电动汽车无线充电系统 第8部分：商用车特殊要求
9	GB/T 18487.1—202X	电动汽车传导充电系统 第1部分：通用要求
10	GB/T 20234.4—202X	电动汽车传导充电用连接装置 第4部分：大功率直流充电接口
11	GB/T 27930—202X	电动汽车非车载传导式充电机与电池管理系统之间的通信协议
12	GB/T 38983.1—2020	虚拟同步机 第1部分：总则
13	GB/T 40097—2021	能源路由器功能规范和技术要求
14	GB/T 41235—2022	能源互联网与储能系统互动规范
15	GB/T 41236—2022	能源互联网与分布式电源互动规范
16	GB/Z 41237—2022	能源互联网系统 术语
17	GB/Z 41238—2022	能源互联网系统 用例

序号	标准号	标准名称
18	GB/T 18216.1—2021	交流1000V和直流1500V及以下低压配电系统电气安全防护措施的试验、测量或监控设备 第1部分：通用要求
19	GB/T 18216.2—2021	交流1000V和直流1500V及以下低压配电系统电气安全防护措施的试验、测量或监控设备 第2部分：绝缘电阻
20	GB/T 18216.3—2021	交流1000V和直流1500V及以下低压配电系统电气安全防护措施的试验、测量或监控设备 第3部分：环路阻抗
21	GB/T 18216.6—202X	交流1000V和直流1500V及以下低压配电系统电气安全防护措施的试验、测量或监控设备 第6部分：TT、TN和IT系统中剩余电流装置（RCD）的有效性
22	GB/T 18216.10—202X	交流1000V和直流1500V及以下低压配电系统电气安全防护措施的试验、测量或监控设备 第10部分：用于防护措施的试验、测量或监控的组合测量设备

注：雄安为相关标准制定提供了数据支持和检验应用场景。

附件 4

试点产出的国际标准项目清单

序号	标准号	标准名称
1	IEC 63119-2	电动汽车充电漫游服务信息交换 第 2 部分：用例
2	IEC 63119-3	电动汽车充电漫游服务信息交换 第 3 部分：通信协议
3	IEC 62196-7	电动汽车传导充电用插头、插座、车辆连接器和车辆插孔第 7 部分：车辆适配器
4	IEC TS 63189-1	虚拟电厂 架构与功能规范
5	IEC TS 63189-2	虚拟电厂 用例
6	IEC TS 63353	配电系统管理中的工业物联网应用：架构及功能规范
7	IEC TR 63353	配电系统管理中的工业物联网应用：架构及功能
8	IEC TS 63354	分散式直流配电系统规划设计导则
9	IEC TS 63427	用户侧资源可调度潜力评估导则
10	IEEE P2413.2	配电物联网参考架构
11	IEEE P2315	智能配变终端技术规范指南
12	IEEE P3218	基于区块链的碳交易应用

注：雄安为相关标准制定提供了数据支持和应用场景检验。

（市场监管总局）

推进林草一体化保护和系统治理
提升京津冀协同发展生态支撑能力

一、推进生态环境协同治理

将京津冀协同发展生态保护和修复工程列入《北方防沙带生态系统保护和修复重大工程建设规划（2021—2035年）》，2022年，实施了太行山（河北）生态综合治理、燕山山地生态综合治理2个"双重"工程项目，安排中央预算内投资6.48亿元，重点开展人工造林种草、封山育林、退化林修复、围栏封育、草原改良等任务。完成人工造林11.46万亩、飞播造林12万亩、封山育林22.55万亩、退化林修复17.5万亩。加快草原生态修复，完成人工种草5.5万亩，草原改良6万亩，草原围栏10.5万延米。科学推进荒漠化综合治理，在张家口市完成防沙治沙121.22万亩。

二、加强湿地保护与修复

将京津冀三省市符合条件的国际重要湿地、国家重要湿地、湿地类型国家级自然保护区纳入《全国湿地保护规划（2022—2030年》。2022年，安排中央财政资金6863万元，指导实施湿地保护与恢复项目4个、湿地生态效益补偿项目2个。加强湿地管理，定期调度察汗淖尔等重要湿地生态状况，指导地方进一步改善生态保护修复。对京津冀6处国家湿地公园开展试点验收考察，1处国际重要湿地、3处国家重要湿地、28处国家湿地公园开展疑似问题点位卫片判读，针对发现的问题，督促指导进行整改。

三、推动在北京设立国家植物园

2022年4月，林草局与住房和城乡建设部、中国科学院、北京市人民政府合作共建的国家植物园在北京正式揭牌。国家植物园是以开展植物迁地保护、科学研究为主，兼具科学传播、园林园艺展示和生态休闲等功能的综合性场所，是国家植物多样性保护基地，国家植物园的设立标志着我国国家植物园体系建设进入新阶段。同时，林草局与住房和城乡建设部、中国科学院、北京市人民政府建立了四方联席会议机制，统筹协调解决国家植物园建设的重大问题。

四、继续完善退耕还林还草政策

一是协调完善政策。经国务院同意，2022年10月会同自然资源部等联合印发《关于进一步完善政策措施 巩固退耕还林还草成果的通知》（自然资发〔2022〕191号），明确延长包括张家口市在内的第二轮退耕还林还草补助期限，将退耕还林还草工作重心转到巩固成果上来，对已有成果实行精准管理、提质增效，通过退耕还林还草高质量发展实现生态经济产品的有效供给；二是组织做好退耕还林还草上图入库工作。3月，印发《关于进一步做好新一轮退耕还林还草上图入库的通知》，对第二轮退耕还林还草上图入库工作进行全面安排部署，指导包括张家口市在内的第二轮退耕还林还草工程区建立第二轮矢量数据库，并将退耕地块矢量数据补充标注到国土"三调"底图，纳入国土空间规划编制"一张图"实施动态监管。

五、深入推进美国白蛾联防联控

贯彻落实习近平总书记关于美国白蛾防控工作的重要批示，按照党中央、国务院决策部署，组织建立以京津冀为主体、辐射鲁豫辽兼顾其他发生区的美国白蛾联防联控机制。制定《2022年度美国白蛾联防联控机制工作方案》，组建 9 个工作组下沉北京市 15 个区及天津、河北等地开展包片蹲点工作，圆满完成 2022 年"防突发、防扰民"京津冀地区年度防控目标任务，有力保障国庆和党的二十大期间首都生态环境安全。

（国家林草局）

银行业保险业守正创新 大力推动京津冀协同发展

一、2022年工作总结

京津冀协同发展，是以习近平同志为核心的党中央在新的历史条件下作出的重大决策部署。2022年，银保监会高度重视京津冀协同发展工作，认真学习贯彻习近平总书记讲话精神，持续强化政策引导和监管督导，稳扎稳打，不断提升金融支持京津冀协同发展的服务质效，取得积极进展。

一是强化协同合作，不断提高京津冀金融服务一体化水平。加强京津冀三地监管联动和政策互通，推动数据共享和信息共享，积极稳妥防范化解区域金融风险。创新构建京津冀流动性互助机制，银行机构间签订了流动性互助协议或合作备忘录，开展流动性应急演练，互相提供应急额度，前瞻性应对流动性风险。持续推进车险服务一体化工作，京冀两地银保监局、交管局等部门建立了联系工作机制。

二是开展先试先行，探索服务业扩大开放综合示范区金融创新。强化北京国家金融管理中心建设，不断增强首都金融辐射带动作用，首家外商独资保险资管公司、首家外商独资货币经纪公司、全国第五家资产管理公司银河资产管理有限公司、第三支柱国民养老保险公司等相继落户北京。此外，积极支持中关村高水平科技自立自强先行先试改革措施出台，推出建立全链条金融支持机制、创新科技保险品种等政策措施。大力支持中关村建设科创金融改革试验区总体方案，鼓励符合条件的在京理财子公司等资产管理机构在依法合规前期下，受托管理社保、保险、养老金等长期资金。

三是聚焦重点领域，加大交通、生态、产业金融支持。切实引导银行保险机构加大对京津冀交通一体化建设的金融支持，推动形成便捷高效、互通互联的综合交通体系，加速京津冀地区要素自由流动。推动银行保险机构落实好"有扶有控、区别对待"的差别化信贷政策，积极发展绿色金融产品体系，优先支持国家、省级节能环保重点工程，支持京津冀地区污染治理和生态保护。引导银行保险机构加大对京津冀三地产业升级转移支持力度，积极培育发展新动能。有序推进教育医疗、文化体育等领域优质公共服务资源均衡配置，加快发展成果共享，不断提升京津冀基本公共服务水平。

四是培育增长新极，助力雄安新区高标准高质量规划建设。积极回应雄安新区各类金融需求，引导金融机构拓展网点布局，强化金融服务网络支撑，加大资金支持，创新金融产业和服务模式。截至2022年末，雄安新区共有银行保险机构9类52家。

五是牵住"牛鼻子"，扎实有序推进非首都功能疏解。认真落实要求，持续督导银行业协会、保险学会有序搬离二环内。继续推动主要在京银行保险机构将电子银行、数据中心、呼叫中心等劳动力密集型后台部门从三环迁出。引导银行保险机构主动对接疏解项目，提供金融支持。

二、2023年工作计划

2023年，银保监会将以习近平新时代中国特色社会主义思想为指导，全面贯彻党的二十大精神，深入学习领会习近平总书记关于京津冀协同发展重要指示精神，做好谋划，助力京津冀协同发展再上新台阶。

一是继续加强政策传导。及时向银行保险机构传达党中央、国务院相关工作部署，推动银行保险机构进一步提高政治站位，强化服务意识，落实好京津冀协同发展各项金融支持政策。

二是不断完善监管机制。加强京津冀三地监管联动，坚持守土有责的同时，强化协同配合，形成工作合力，及时解决跨区域、跨领域、跨部门重大问题，推动信息共享和重大事项共商。

三是持续优化金融服务。督促银行保险机构因地制宜,发挥各地比较优势,充分利用北京服务业扩大开放综合示范区优势,探索金融改革开放各类实践,加强天津地区航运金融、融资租赁业务发展,推动河北强化金融后台服务功能,不断丰富金融产品和手段,提高金融服务的针对性和精准度。

(银保监会)

积极发挥资本市场功能 着力促进京津冀协同发展

2022年，证监会进一步深入学习贯彻党中央关于京津冀协同发展的重大战略决策，认真落实《京津冀协同发展规划纲要》，按照《京津冀协同发展"十四五"实施方案》和《京津冀协同发展2022年工作要点》相关要求，积极发挥资本市场机制作用支持京津冀协同发展，畅通京津冀地区多元化融资渠道、有序推进雄安新区建设项目，取得了新的积极成效。

一、2022年重点工作进展与成效

（一）畅通多元化融资渠道，积极支持京津冀实体经济高质量发展

一是积极支持符合条件的京津冀地区企业通过首发和再融资募集资金，引导企业实现高质量发展。证监会在坚持质量第一和维护市场平稳运行的前提下，科学合理保持新股发行常态化，不断提升审核效率、优化审核流程、缩短审核周期，支持更多符合条件的京津冀企业上市融资和再融资，带动产业链上下游企业协同发展。同时，证监会持续深化资本市场改革开放，稳步推进以信息披露为核心的注册制改革，科创板、创业板注册制改革平稳运行，企业股权融资的制度环境不断优化。2022年前11个月，京津冀地区首发上市企业37家，融资规模1533.27亿元；再融资企业35家，融资规模745.06亿元。

二是持续深化并购重组市场化改革，支持京津冀地区企业加快做优做强。证监会稳步推进科创板、创业板并购重组注册制试点，持续落实"分道制"和"小

额快速"审核机制，提高审核效率，激发市场活力，为京津冀地区上市公司开展并购重组营造良好的市场环境。2022年前11个月，京津冀地区上市公司共披露并购重组交易298单，交易金额合计3739.40亿元；其中，经证监会核准或注册10单，交易金额合计1178.45亿元，募集配套资金合计234.12亿元。

三是积极推进多层次资本市场体系建设，拓展京津冀地区企业直接融资渠道和覆盖面。新三板和北京证券交易所在支持京津冀协同发展、拓展京津冀地区企业直接融资渠道等方面发挥了积极作用，使更多符合条件的京津冀地区企业利用多层次资本市场融资发展。截至2022年11月底，北京证券交易所上市公司130家，其中京津冀地区企业18家，市值278.14亿元。2022年前11个月，5家京津冀地区公司公开发行，融资金额13.03亿元。截至2022年11月底，全国股转系统存量挂牌公司6608家，其中京津冀地区企业1144家，市值3476.97亿元。2022年前11个月，累计94家京津冀地区挂牌公司定向发行普通股95次，募集资金21.11亿元；33家披露收购报告书33次，涉及交易金额6.08亿元；3家披露重大资产重组报告书3次，涉及交易金额8.29亿元。

四是积极支持指导区域性股权市场规范发展，着力提升其服务地方中小微企业发展的功能。京津冀地区共有北京股权交易中心有限公司、天津滨海柜台交易市场股份公司和石家庄股权交易所股份有限公司等3家区域性股权市场运营机构。截至2022年10月，3家区域性股权市场共有挂牌公司3705家，展示企业9038家，累计实现融资1915亿元。

五是积极支持符合条件的京津冀地区企业发行公司债券，开展基础设施REITs试点。2022年前11个月，京津冀地区企业累计发行公司债券450只，融资规模5,910亿元；新增注册1只京津冀地区基础设施公募REITs（华夏北京保障房REITs），新增募集规模12.55亿元；支持2家京津冀辖区基金管理人发行6只公募REITs产品，募集规模合计243.67亿元。截至2022年11月底，证监会共注册4只京津冀地区基础设施公募REITs，募集规模合计113.08亿元；支持4家京津冀辖区基金管理人发行10只公募REITs产品，募集规模合计365.5亿元。

六是开展"保险+期货"试点，助力京津冀地区农业生产稳步发展。截至

2022年10月底,证监会指导各商品期货交易所在京津冀地区开展"保险+期货"项目共21个,涉及大豆、生猪等品种,有效缓解了市场价格波动对地区农业经济的影响,促进了京津冀地区农业稳步发展。

(二)积极支持市场参与主体发挥作用,有效提升区域金融服务水平

一是积极推动市场主体发挥服务作用。2022年以来,接收国新证券在北京设立另类投资子公司、华夏基金在北京设立私募基金子公司申请;受理中金公司、中信证券、中信建投等证券公司在北京设立资管子公司,摩根士丹利证券在北京设立另类投资子公司,银华基金在北京设立销售子公司申请;核准中邮证券在北京设立另类投资子公司;为泰康基金颁发经营证券期货业务许可证,同意其正式开业。截至2022年11月底,共设立6只支持京津冀发展相关主题公募基金,合计规模16.09亿元;注册11只北京证券交易所主题基金,存续规模36.62亿元,8只北证50指数基金(目前在募集过程中)。京津冀地区的期货公司在三地的业务不断拓展交融,其中北京地区的期货公司在天津和河北设有17家分支机构,天津地区的期货公司在北京和河北设有9家分支机构。截至2022年10月底,京津冀地区期货公司、期货公司分支机构数量分别为25家、200家,京津冀整体金融服务水平不断提升。

二是对境外证券专业人才在天津自贸区从业作出特别安排。在2021年对境外证券专业人才在北京市从业作出特别安排的基础上,进一步扩大范围至天津自贸区。对在天津自贸区注册的证券公司聘用的、具备与中国证监会签署《证券期货监管合作谅解备忘录》的国家和地区证券执业资格的境外人员,简化从业人员水平评价测试内容和认可流程。一般证券从业人员只需参加《证券市场基本法律法规》测试且达到基本要求,即可认为其已熟练掌握相关证券业务专业知识、具备从事相关证券业务所需的专业能力,无须参加专业知识测试;高管人员仅需参加高级管理人员水平评价测试,即可按照特别程序办理执业登记。

(三)有序推进资本市场支持雄安新区建设项目,积极支持雄安新区建设

一是指导中证商品指数公司积极推进指数业务。2022年以来,中证商品指数公司聚焦构建高标准商品指数及行业指数,稳步提升雄安新区金融服务功能。目前,中证商品指数公司已初步建成指数业务系统,自主编制了中证商品

期货指数，与中国金融期货交易所合作编制了国债期货指数。同时，还与雄安新区管理委员会合作编制了雄安绿色发展指数，目前已完成指数的数据采集梳理、编制方案论证、指数计算及报告撰写工作，指数发布工作已准备就绪。

二是扎实推进金融科技中心项目建设。围绕北京非首都功能疏解，支持雄安新区高质量发展，证监会支持系统内单位的金融资源向雄安新区疏解，规划在雄安新区启动区金融岛建设"中证金融大厦"项目，作为落实《中共中央国务院关于支持河北雄安新区全面深化改革和扩大开放的指导意见》中"建设雄安金融科技中心"任务的先行举措。"中证金融大厦"项目将承接系统内单位的非首都功能疏解业务和人员，培育金融科技新业态新技术。目前，完成了项目建设初步可行性研究，明确了项目选址等，正在进行项目报批的准备工作。

三是稳步推动资本市场学院（雄安）设立。积极对接雄安新区管委会，加快推动资本市场学院（雄安）项目落地，统筹推进资本市场学院在北京的存量培训业务向雄安新区疏解。目前，项目明确了机构设立路径、项目实施和运营主体，研究制定了项目建设方案，完成了项目可行性研究。

二、下一步工作考虑

证监会将坚持以习近平新时代中国特色社会主义思想为指导，按照党中央国务院部署和京津冀协同发展领导小组要求，持续推动提高京津冀地区直接融资比重，加快京津冀地区资本市场基础设施互联互通，支持京津冀地区符合条件的企业通过IPO、再融资募集资金，支持上市公司通过并购重组做优做强，支持京津冀地区通过交易所债券市场募集发展资金。积极支持中证商品指数公司开展业务运营，持续加强与河北省和雄安新区衔接，推动相关项目加快落地，积极支持雄安新区建设，更好助力京津冀地区产业转型升级和经济协同发展。

（证监会）

发挥铁路优势 主动担当作为
为京津冀协同发展提供有力支撑

国铁集团深入学习贯彻习近平总书记关于推动京津冀协同发展的重要指示批示精神，认真落实京津冀协同发展领导小组会议部署，按照《京津冀协同发展 2022 年工作要点》相关要求，勇担京津冀铁路规划建设主体责任，充分发挥京津冀铁路公司职责作用和专业优势，高质量推进京津冀铁路一体化规划建设，加快打造"轨道上的京津冀"，更好发挥铁路在疏解北京非首都功能和推动京津冀协同发展中的先行作用，为京津冀协同发展提供有力支撑。

一、2022 年工作进展和取得的成效

（一）发挥铁路优势，切实担负京津冀铁路规划建设主体责任

一是按照党中央、国务院对国铁集团提出的在京津冀铁路规划建设中发挥主导作用的明确要求，国铁集团新一届党组高度重视京津冀协同发展，2022年 8 月 25 日，国铁集团党组书记刘振芳同志带队到京津冀铁路公司检查调研，强调要进一步担负起京津冀铁路一体化规划建设的主体责任，充分发挥京津冀铁路公司的职责作用和铁路专业优势，高质量推进京津冀铁路一体化规划建设。总经理郭竹学同志多次与京津冀两市一省主要领导进行会谈，合力推动京津冀区域铁路高质量发展，并就京津冀城际铁路公司股权结构调整、铁路项目审查审批等召开专题会议，协调推进重大项目建设。2022 年 12 月 30 日，京唐、京滨铁路按期实现开通运营；科学安排施组，加强组织协调，加快推进津兴城际工程建设，目前路基工程已完成 98% 以上，箱梁假设全部完成，铺轨工作

全面开展，计划 2023 年 7 月具备开通条件；加大城际铁路联络线一期工程、北京城市副中心综合交通枢纽等在建项目组织实施力度，尽可能多地完成投资和实物工作量。二是 2022 年 6 月 20 日，百年老站北京丰台站以全新面貌开通运营，为北京首都又添城市新地标，进一步优化了北京枢纽主要客站功能布局，强化了北京综合交通运输服务保障能力；会同地方积极推进京雄商高铁北京至雄安新区段前期工作，扎实推进天津至潍坊、雄安新区至商丘、雄安新区至忻州高铁，太子城至锡林浩特铁路，京原、京通铁路电气化改造等工程建设，进一步完善京津冀区域路网布局。三是积极推动京津冀地区干线铁路、城际铁路、市域（郊）铁路、城市轨道交通"四网融合"，结合疫情防控需要，精准开行北京 4 条市域（郊）线路列车，与北京市联合批复《北京市域（郊）功能布局规划》，开工建设北京市域（郊）铁路城市副中心线西段提升工程，有序推进东北环线前期工作；积极支持天津市域（郊）铁路专项规划编制和天津中心城区至静海市域（郊）铁路建设，为现代化都市圈综合交通体系建设作出示范。截至 2022 年底，京津冀三省市铁路营业里程已达 11054 公里，其中高铁 2575 公里。

（二）深化路地合作，合力推动京津冀铁路高质量发展

今年以来，国铁集团会同京津冀三省市地方政府深入贯彻落实习近平总书记关于推动京津冀协同发展和首都规划建设的系列重要讲话和指示批示精神，加强路地战略合作，合力推动京津冀铁路高质量发展。圆满完成北京冬奥会运输服务保障的光荣任务，向全世界展示了现代化、高品质的中国铁路形象；全力做好京津冀特别是首都铁路疫情防控工作，做好保通保畅和抗疫运输工作，服务保障地方经济社会发展大局。2022 年 6 月、8 月和 9 月，国铁集团主要领导分别与河北、天津、北京三省市主要领导就区域铁路建设发展进行了会谈，并与北京市、河北省签署了会谈纪要，与北京市共同组建北京市域铁路融合发展集团有限公司，就京津冀公司项目子公司股权调整、北京市域（郊）铁路发展、石衡沧港城际铁路建设、河北域内铁路通达等事项达成共识，并按照会议纪要要求有序推动落实，共同为打造"轨道上的京津冀"、服务京津冀协同发展和首都高质量发展作出更大贡献。

（三）调整运输结构，精心做好京津冀地区运输服务保障

1. 客运方面

一是京广高铁京武段安全标准示范线建设工程顺利实施，实现时速350公里高标运营，北京至石家庄、郑州、武汉间最短运行时间压缩至1小时1分、2小时11分、3小时48分，同时推广静音车厢、新型票制等服务，为京津冀协同发展和首都高质量发展提供有力支撑。二是充分发挥北京枢纽高铁联络线作用，创新路地合作模式，定制化开行京沈高铁承德南至京广高铁石家庄（邯郸东）2对跨线高铁列车，实现承德至省会石家庄间快速通达。三是充分适应京津冀地区环北京潮汐客流需要，持续开行北京至天津、石家庄、廊坊、承德、保定、涿州、张家口等环京列车，优化北京市域（郊）铁路怀密线开行方案。受疫情影响，2022年1—11月，京津冀三省市铁路完成旅客发送量8761万人，同比下降53.1%。

2. 货运方面

一是全力打好货运增运增收大会战、攻坚战，持续推进京津冀地区疏港矿石公转铁，加快提升曹妃甸、京唐、黄骅等港口矿石装车能力，提升唐山、邯郸地区接卸能力，确保京津冀地区港口疏港矿石运输畅通，2022年京津冀地区金属矿石等大宗物资铁路疏港运量达8592万吨，同比增加19万吨。二是加强京津冀地区煤炭保供，加强与地方经济运行部门和重点企业沟通对接，全力保障京津冀地区用煤需求，先后下达14批保供调度令，对京津冀地区156家次电厂集中运力精准保供，冬奥会及冬残奥会期间，下达4个阶段电煤保供调度令，圆满完成了保供任务，同时做好粮食等重点物资运输保障工作。三是按照2022年8月刘振芳同志调研北京局集团公司货运受理服务中心时的指示要求，持续深化货运业务改革，加强95306平台建设，完善系统功能，全面对接市场，提供"铁路集装箱＋汽车短驳""海铁联运班列"提供"一企一策"个性化物流服务，着力提高铁路货运量和效益。2022年1—11月，京津冀地区铁路完成货物发送量3.9亿吨，同比增长1.8%。

二、下一步工作考虑和有关建议

（一）加快推进重点铁路项目规划建设

按照"保开通、保在建、保开工"的顺序，加大资金筹措力度，坚持依法依规建设管理，力争津兴城际2023年具备开通条件，有序推进雄安新区至忻州、雄安新区至商丘、天津至潍坊高铁，太锡铁路，城际铁路联络线一期工程，北京城市副中心综合交通枢纽等工程建设，积极推进京港高铁北京至雄安新区段可研批复，争取早日具备开工条件。围绕打造首都绿色轨道交通体系，加快实施北京市域（郊）铁路城市副中心线工程，扎实推进北京市郊铁路东北环线前期工作，争取早日开工建设。

（二）系统提升铁路运输供给水平

一是统筹用好北京丰台站，京唐、京滨铁路等新投产线站资源，优化列车开行方案，推进城市群都市圈交通一体化，打造环北京"1小时"交通圈。二是统筹既有铁路运输能力，按市场化方式开好北京、天津等市域（郊）列车，优化提升市域（郊）列车运输服务水平。三是推动运输结构调整，稳定大宗物资运输，强化路企互保，积极承担"公转铁"运量，为打赢蓝天保卫战、降低社会物流成本发挥积极作用。四是进一步完善天津港、唐山港等重要港口集疏运体系，充分发挥铁路在环渤海地区港口集疏运体系中的骨干作用。按照国铁集团与北京市、河北省会谈纪要要求，积极推动相关事项落实落地。

同时，为贯彻落实党中央碳达峰碳中和决策部署和打赢蓝天保卫战任务要求，建议国家相关部门进一步加大大气环境治理、公路治超等力度，出台相关政策，构建促进运输结构调整、加大京津冀地区"公转铁"长效机制，引导更多公路运量向铁路转移。建议进一步加大中央预算内资金对环渤海港口铁路集疏运体系和铁水多式联运项目支持力度，打通铁海联运入港区"最后一公里"瓶颈。

（国铁集团）

地方篇

京津冀协同发展报告（2022年）

充分发挥北京"一核"辐射带动作用 加快构建现代化首都都市圈

2022年是党的二十大召开之年，是北京冬奥之年，也是京津冀协同发展向纵深推进的重要一年。在党中央、国务院坚强领导下，北京市坚持以习近平总书记关于京津冀协同发展和对北京一系列重要讲话精神为根本遵循，深入贯彻落实京津冀协同发展领导小组部署安排，紧紧抓住疏解非首都功能这个"牛鼻子"，充分发挥北京"一核"的辐射带动作用，推动北京城市副中心与河北雄安新区"两翼"联动发展，交通、生态、产业、公共服务等重点领域协同发展取得积极进展，现代化首都都市圈生机勃勃。

一、2022年工作进展及成效

一是坚定不移推进非首都功能疏解。严控非首都功能增量。修订实施《北京市新增产业的禁止和限制目录（2022年版）》，健全完善执行机制，推动精准落地。自实施禁限目录以来，全市累计不予办理新设立或变更登记业务超过2.44万件。在严控非首都功能增量的同时，高精尖产业发展获得更多空间，2022年全市科技、商务、文化、信息等高精尖产业新设市场主体占比达65.6%，同比增长3.3%。扎实开展"疏解整治促提升"专项行动。全年完成一般制造业企业疏解提质166家，其中疏解退出43家。拆除违法建设超2800万平方米、腾退土地超3000公顷。建设提升基本便民商业网点535个，"留白增绿"和战略留白临时绿化完成近1000公顷。优化公共服务资源布局。5个市属高校、12个市属医疗卫生资源疏解项目持续推进，中央民族大学等8所高校约9000余人入驻新校区，朝阳医院东院基本完工。

二是着力构建"两翼"联动发展格局。全力支持雄安新区建设。始终把支持雄安新区建设作为北京分内之事，扎实落实京冀两省市共同推进雄安新区规划建设战略合作协议。"三校一院"交钥匙项目建设取得阶段性新进展，幼儿园、小学、中学三所学校项目实现竣工交付，医院项目正在进行机电安装和装饰装修施工。北京40余所学校、5所医疗卫生机构对接支持雄安新区相关学校和医疗卫生机构。雄安新区中关村科技园发展规划加快编制，市属金融机构积极为雄安新区提供金融服务。京雄高速北京段六环至市界段通车。北京城市副中心管委会与雄安新区管委会建立了工作对接机制，持续深化"两翼"沟通交流合作。高水平规划建设北京城市副中心。扎实落实国务院支持城市副中心高质量发展意见和本市实施方案及政策、任务、项目三个清单。每年保持千亿元以上投资强度，有序拉开城市框架，行政办公区二期进入装修施工冲刺，城市副中心三大文化公共建筑主体工程完工，副中心站综合交通枢纽、东六环入地改造等重点工程加快建设。张家湾设计小镇、运河商务区分别累计注册企业382家、1.97万家。印发城市副中心建设国家绿色发展示范区实施方案，北京绿色交易所正式入驻城市副中心办公，城市副中心成为北京平原地区首个国家森林城市。

北京市支持雄安新区建设"三校一院"交钥匙项目

2017年8月，京冀两省市签署《关于共同推进河北雄安新区规划建设战略合作协议》，明确北京市以"交钥匙"方式，支持雄安新区新建幼儿园、小学、完全中学、综合医院各1所，建成后由北海幼儿园、史家小学、北京四中、宣武医院提供办学办医支持。

雄安北海幼儿园项目，建设地点位于雄安新区启动区西北片，总建筑面积4495平方米，新建一所全日制9班幼儿园，每班不超25人，招生规模不超225人，已于2021年12月竣工交付。雄安史家小学项目，建设地点位于雄安新区启动区西北片，总建筑面积22350平方米，新建一所24班小学，每个班不超35人，招生规模不超840人，已于2022年6月竣工交付。雄安北京四中项目，建设地点位于雄安新区启动区西北片，总建筑面积42615平方米，新建一所36班完全中学，初中每班不超35人，高中每班不超40人，招生规模不超1350人，已于2022年7月竣工交付。雄安宣武医院项目，建设地点位于雄安新区启动区东北片，总建筑面积122000平方米，新建一所600张床位、可独立运行的三级综合医院，包括1栋门诊楼、2栋医技楼和2栋住院楼，计划于2023年9月交付。

三是推动通州区与廊坊北三县一体化高质量发展。厂通路道路段完成工程总体形象进度48%，跨潮白河大桥北京段、河北段同步开工建设，平谷线进入全面建设阶段。北三县至北京国贸地区通勤定制快巴试点开通，开通以来总运送乘客总量8.7万人次。京通快速路、通燕高速出京方向全时段免费通行，进京方向除早高峰外其余时段免费通行，有效提升通勤效率。大运河京冀段全线62公里实现旅游通航，成为城市副中心蓝绿交织、水城共融的新名片。京津冀国家技术创新中心通州、燕郊中心创建工作启动。2022年北京通州·河北廊坊北三县项目推介洽谈会成功举办，签约合作项目共37个，意向投资额280亿元。北京潞河中学、北京实验学校与三河开展合作办学，中日友好医院、友谊医院等16家央属、市属医院与北三县医疗机构持续推进合作。

北京通州·河北廊坊北三县项目推介洽谈会

为扎实推进通州区与北三县一体化高质量发展，加快将北京城市副中心打造成京津冀协同发展"桥头堡"，2019年以来，京冀两地坚持政府引导、市场运作，搭建市场化对接合作平台，连续四年举办北京通州·河北廊坊北三县项目推介洽谈会，累计签约项目160余个、意向投资额1080亿元。

为服务保障签约项目尽快落地见效，北京市京津冀协同办会同廊坊北三县建立完善签约项目台账，加强日常跟踪调度，及时协调解决问题，一批项目实现了当年签约、当年落地、当年建成投产。

北京通州·河北廊坊北三县项目推介洽谈会已成为京冀两地政府、企业和社会各界沟通交流的常态化平台。签约项目陆续落地实施，既拓展了在京企业的发展空间，又带动了北三县产业转型升级，有力提升了北三县公共服务水平和城市软实力，取得了良好的经济效益和社会反响。

四是加快构建现代化首都都市圈。推动将现代化首都都市圈相关任务纳入国务院关于支持城市副中心高质量发展的意见。细化"通勤圈""功能圈""产业圈"任务，制定实施构建现代化首都都市圈重点任务落实工作方案，明确落实措施和项目，清单化管理、项目化推进。近年来，现代化首都都市圈建设迈出实质性步伐，通勤圈、功能圈、产业圈三个圈层实现地区生产总值占京津冀地区的比重超四成。2015年以来，北京企业对都市圈投资额累计超过1.5万亿元。

构建现代化首都都市圈

现代化首都都市圈是京津冀城市群的重要支撑和带动力量。培育发展现代化首都都市圈，不仅有利于北京在更大范围配置资源，优化提升首都功能，治理"大城市病"，实现减量背景下的高质量发展；而且有利于更好发挥北京"一核"辐射带动作用，优化京津冀人口、产业和空间结构，提升区域协同发展水平。

经过多年协同发展，京津冀城市群结构发生显著变化，初步形成由"通勤圈""功能圈""产业圈"组成的现代化首都都市圈，正在向京津冀世界级城市群迈进。"通勤圈"包括廊坊北三县、固安、涿州、武清等区县，主要是坚持公交优先、轨道先行，积极发展区域快线，提升

> 通勤效率，推进公共服务资源延伸，促进区域职住协同、要素互补，形成同城化效应。"功能圈"包括雄安新区和天津，主要是加强"两翼"联动，唱好京津"双城记"，推动形成功能互补、互相促进的发展格局。"产业圈"包括唐山、张家口、承德、保定、沧州等节点城市，主要是强化资源要素聚集，推动区域节点城市发展，促进提升产业配套能力。

五是重点领域协同发展取得新进展。一体化交通网络加快建设。"轨道上的京津冀"不断巩固提升，京唐城际铁路开通运营，城际铁路联络线一期超额完成年度投资目标任务，丰台火车站建成通车。西太路、国道109新线高速加快建设。协同推进生态环境质量持续改善。全年北京市$PM_{2.5}$平均浓度为30微克/立方米、同比下降9.1%。京冀两省市签署新一轮密云水库上游潮白河流域水源涵养区横向生态保护补偿协议，持续推进官厅水库封闭管理。永定河综合治理与生态修复工程山峡段完工，平原南段工程持续推进。全年官厅水库向下游永定河补水4.8亿立方米。潮白河森林生态景观带建设工程有序推进。产业对接和创新协作不断深化。京冀曹妃甸协同发展示范区签约北京项目累计465个，天津滨海-中关村科技园新增注册企业累计超过4000家。北京创新资源辐射外溢不断提速，北京流向津冀技术合同成交额356.9亿元。北京大兴国际机场首批非保税货物完成进仓。发挥京津冀协同发展产业投资基金带动作用，助力京津冀协同发展，截至2022年12月，基金累计完成投资项目2个，金额6.77亿元，带动社会投资约200亿元，政府出资放大倍数约50倍。公共服务共建共享稳步推进。持续开展教育协同帮扶项目，实施京张、京承等重点医疗卫生合作项目。联合举办京津冀毕业生专场网络招聘会79场，向雄安、廊坊、张家口等地区推送招聘岗位信息13.5万个。京津冀三地相关部门签订营商环境一体化发展合作框架协议及商事制度、政务服务等5个重点领域子协议。京津冀三地税务部门在全国率先实现跨省市区域全面统一税务行政处罚裁量基准，实现100项京津冀涉税事项"同事同标"。京冀携手成功举办了一届无与伦比的冬奥盛会，全面落实冬奥遗产战略计划，打造值得传承、造福人民的双奥遗产。

六是讲好京津冀协同发展故事。精心做好习近平总书记发表"2·26"重要讲话八周年宣传报道，围绕党的二十大、北京市第十三次党代会召开等重要时点，开展系列宣传活动，用好城市副中心报、京津冀之声等媒体平台，营造良好社会舆论氛围。京津冀协同发展电子沙盘在"奋进新时代"主题成就展展出。梳理筛选重点领域协同发展经验做法和典型案例，编辑印制京津冀协同发展制度创新成果汇编和亮点项目建设案例图册。

二、2023年工作计划

2023年是全面贯彻落实党的二十大精神的开局之年。北京市将深入贯彻党的二十大精神，认真落实习近平总书记关于京津冀协同发展和对北京一系列重要讲话精神，按照市第十三次党代会部署要求，推动现代化首都都市圈建设迈出坚实步伐，带动交通、生态、产业、公共服务等重点领域取得新突破，推动京津冀协同发展再上新台阶。

一是坚定不移疏解非首都功能。严格执行新增产业禁限目录。深入开展疏解整治促提升专项行动。坚定疏解一般制造业企业，决不走回头路。巩固区域性专业市场、物流中心疏解成果，推进教育、医疗等公共服务资源向外布局发展。统筹利用疏解腾退空间，优先用于保障中央政务功能、增补公共服务设施，实施留白增绿。

二是推动"两翼"联动发展、比翼齐飞。全力支持雄安新区建设，抓好"三校一院"办学办医支持工作；加快共建雄安新区中关村科技园，实现京雄高速公路全线通车。落实好支持城市副中心高质量发展意见及北京市实施方案、三个清单；保持每年千亿元以上投资强度，推进副中心站综合交通枢纽等重大工程建设，扎实推进国家绿色发展示范区建设。

三是加快建设通州区与北三县一体化高质量发展示范区。落实国家层面总体要求，抓好实施方案及任务、政策、项目三个清单落地见效。加快建立理事会、执委会等管理机构并启动运行。厂通路道路主体工程完工，加快轨道交通平谷线建设。办好2023年通州区与北三县项目推介洽谈会，压茬推进项目落地实施。推动印发实施通州区与北三县一体化高质量发展示范区新增产业禁限目录。推动教育、医疗、养老等公共服务资源向北三县延伸。

四是积极构建现代化首都都市圈。现阶段重点打造"通勤圈",依托通州区与北三县一体化高质量发展示范区建设,加快推进体制机制改革创新,引领提升"通勤圈"一体化发展水平;依托大兴国际机场临空经济区、综保区及自贸区建设,推动京津冀自贸区营商环境同事同标,引领提升区域营商环境一体化水平。促进"功能圈"联动发展,唱好京津"双城记",推动符合定位的非首都功能向雄安新区等地疏解转移。促进节点城市"产业圈"强链补链,形成紧密分工协作格局。

现代化首都都市圈空间结构图

五是推动重点领域协同发展取得新突破。巩固提升"轨道上的京津冀",推进城际铁路联络线一期工程建设。协同做好空气重污染应急应对,加强密云水库、官厅水库水源保护,共建区域绿色生态屏障。推动天津滨海-中关村科技园等重点园区建设,加快建设京津冀协同创新共同体。落实京津冀营商环境一体化发展合作框架协议,深化政务服务、商事制度等领域合作。持续开展区域教育交流合作,推进市属医疗卫生资源与张家口、保定、廊坊等开展医疗合作。

(北京市)

北京市支持建设雄安北海幼儿园项目

北京市支持建设雄安史家小学项目

北京市支持建设雄安北京四中项目

北京市支持建设雄安宣武医院项目

大运河京冀段旅游通航

2022年北京通州·河北廊坊北三县项目推介洽谈会

瓣瓣同心 携手奋进
深入推动京津冀协同发展迈向更高水平

2022 年是党的二十大隆重召开之年，也是"十四五"时期京津冀协同发展向纵深推进的重要一年。天津市委、市政府坚持以习近平新时代中国特色社会主义思想为指导，深入学习贯彻习近平总书记关于京津冀协同发展重要讲话和重要指示批示精神，全面落实党中央、国务院决策部署和京津冀协同发展领导小组要求，增强"四个意识"，坚定"四个自信"，坚决做到"两个维护"，在"两个大局"中把握功能定位、谋划协同发展、推动落实落地，以高度的政治自觉和强烈的责任担当在构建新发展格局中展现天津新作为，京津冀协同发展各项工作取得新成效。

一、2022 年工作进展和取得成效

（一）主动服务北京非首都功能疏解和雄安新区建设，协同效应进一步显现

一是强化承接统筹。制定印发承接北京非首都功能疏解的实施方案，进一步强化承接北京非首都功能疏解工作推进机制，打好市领导包联、靠前招商、跟踪督导、定期问效"组合拳"，全方位深化与国家部委、央企、大院大所和北京市的合作，一批符合天津功能定位的非首都功能来津投资布局。2022年，北京投资来源企业在津新设机构 1406 家，新落地重大项目 318 个、总投资 1721 亿元，通用技术集团二级总部、力神滨海新能源产业基地、华电海晶光伏发电等一批大项目、好项目落地。

二是优化载体建设。开展重点承接平台发展的综合评估，集中打造一批竞

争力强、影响力大的标志性承接集聚区。国家会展中心（天津）二期即将建成启用，成功引进包括中国国际制药机械博览会、中国国际农业机械展览会等全国行业大展和世界职业技术教育发展大会等。天津滨海－中关村科技园2022年以来累计新增注册企业666家，其中科技产业类企业超过400家；宝坻京津中关村科技城承载功能不断健全，高端医疗产业园项目完成主体施工，中冶迈克等项目开工建设。

三是提升服务保障。深入实施支持重点企业发展的服务保障政策，出台支持本市重点平台承接北京转移项目职工随迁子女在津就学、重点企业员工子女在本市接受基础教育等政策，以市场主体和创新主体需求为导向的政策保障体系不断完善。进一步深化12项京津通勤便利化措施，推动重点物资运输通行证电子证照部省共享和道路运输电子证照全覆盖，实现从业人员从业资格证办理5项高频服务事项"跨省通办"。

四是倾力服务河北雄安新区和北京城市副中心建设发展。天津港服务雄安新区绿色通道运输业务完成超1.3万标准箱，天津港集团与与雄安建设集团签订天津港雄安新区服务中心进驻雄安商务中心入驻意向书。天津市第一商业学校、天津市第一轻工业学校分别与雄县职教中心、容城职教中心签署合作办学协议，天津市机电工业学校成立雄安班，助力雄安新区精准培养技能人才。全市医疗卫生机构47名医学专家进驻安新县开展卫生健康帮扶。连接天津武清区与北京通州区的高王路完成武清段建设，天津宝坻区与北京通州区、河北唐山市签署《"通宝唐"科技合作协议》，天津武清区与北京通州区、河北廊坊市签订《通武廊农业执法框架协议》。

（二）加快建设"一基地三区"，服务辐射功能进一步增强

一是全国先进制造研发基地建设取得新成效。全力打造制造强市，产业链韧性和竞争力进一步增强。2022年，信创、生物医药等12条重点产业链规上工业企业增加值占全市比重为77.9%。成功举办第六届世界智能大会，签约项目136个，投资总额849.1亿元。实施智能制造专项资金项目203个，新打造100家智能工厂和数字化车间。加快优质企业培育，新增国家专精特新"小巨人"企业64家、国家级制造业单项冠军企业12家。

二是北方国际航运核心区建设迈出新步伐。世界一流智慧绿色枢纽港口加快建设，在泊船时效率再破世界纪录，集装箱航线总数达到140条。2022年，天津港集装箱吞吐量突破2100万标准箱。天津港集疏运专用货运通道首开段开工建设，港口自动驾驶示范区已具备自动化实船作业能力，C段智能化集装箱码头实现54台基于5G智能水平运输设备编组作业。天津机场累计完成旅客吞吐量584.2万人次，货邮吞吐量13.2万吨。

三是金融创新运营示范区建设取得新进展。海河产业基金累计签署53只母基金合伙协议。国家租赁创新示范区加快建设，飞机、国际航运船舶、海工平台的租赁和处置业务规模占全国总量的80%以上。商业保理资产总额和发放保理融资余额持续保持国内行业领先优势。开展"产融直通车"系列对接活动，12条重点产业链主办银行"金融便利店"正式运营。深化金融产品创新，相继推出区块链－供应链模式融资等一批国内首创性金融产品，跨境融资便利化试点获批开展。

四是改革开放先行区建设取得新突破。滨海新区高质量发展步伐持续加快，累计成立18个产业（人才）联盟，建成航空航天、电子信息等8个国家新型工业化产业示范基地。三地联合签署《京津冀营商环境一体化发展合作框架协议》和商事制度、监管执法、政务服务、跨境贸易、知识产权5个重点领域合作框架协议，实现155项高频政务服务事项"跨省通办"。天津自由贸易试验区累计实施544项制度创新措施，38项试点经验和实践案例向全国复制推广，与京冀自贸试验区联合推出"同事同标"政务服务153项。天津港综合保税区整合升级获国务院批复。

（三）深入推进科技协同，创新引领作用进一步发挥

一是提速打造自主创新重要源头和原始创新主要策源地。国家合成生物技术创新中心加快建设，京津冀国家技术创新中心天津中心与南开大学、天津国际生物医药联合研究院等共建技术创新平台7个，与天津华慧芯集团共建微纳光电子技术实验室。建立海河实验室创新联合体，组建176支由院士等顶尖科学家领衔的科研团队。"东数西算"京津冀国家枢纽节点启动建设。

二是加速推进京津冀科技成果转移转化和创新资源开放共享。依托天津市科技成果展示交易中心发展技术转移机构143家,发布京冀企业成果8575项,汇集京冀地区专家3836人。京津冀重大科研基础设施和大型科研仪器开放共享及科技创新合作工作机制不断完善,三地实现平台互通,我市参与共享的大型仪器达到2425台(套),年服务京冀企业1500余家次。

(四)持续深化生态环保协同,区域生态质量进一步改善

一是加强区域大气、水污染等协同治理。扎实推进燃煤源、工业源、移动源、面源"四源治气",全市$PM_{2.5}$平均浓度37微克/立方米。签订京津冀"十四五"时期生态环境联建联防联治合作框架协议,统一预警预报、统一应急响应、统一减排措施。落实华北地区危险废物联防联控联治合作协议,办理"白名单"内跨省转出事项16批次、跨省转入事项11批次。

二是重大生态工程建设深入实施。京津冀东部绿色生态屏障建设稳步推进,一级管控区内林地面积达到19.12万亩,林木绿化覆盖率和蓝绿空间占比分别保持25%、65%以上,完成海河北岸13.08平方公里海河绿芯生态修复,整合修复耕地达到4051亩。七里海、大黄堡、团泊、北大港四个湿地累计补水2.31亿立方米。12条入海河流水质保持稳定消劣。

三是碳达峰碳中和工作稳步推进。印发实施《天津市碳达峰实施方案》,部署碳达峰十大行动。深化碳交易市场建设,211家重点排放单位完成碳排放量和配额量确定,企业间碳配额交易完成110余笔,纳入试点企业全部完成2021年度碳配额清缴,全市碳排放履约率连续7年达到100%。发行全国首笔"蓝色债券",落地首笔"碳表现挂钩"长期流动资金贷款和全市首单"绿色+科技"票据贴现业务。

(五)深化重点领域协同发展,资源要素流动进一步畅通

一是交通互联互通加快推进。京唐铁路、京滨铁路北段通车试运行,津兴铁路全线铺轨,津静线市域(郊)铁路加快建设,京滨铁路南段、津潍高铁实现开工。津石高速公路全线贯通,建成津歧公路一期和工农大道,塘承高速滨海新区段正在主体施工,团大公路、京津塘高速公路改扩建项目前期工作加快推进。

二是产业协同持续强化。主动对接北京创新资源推动产业转型升级,北京

阿尔特汽车深度参与"天津号"纯太阳能车研发制造，中石化北京化工研究院和石油化工科学研究院等国家级研发转化平台落户滨海新区。选取信创、生物医药、汽车产业开展"产业链+创新链"示范，促成长城汽车新车型等一批合作项目。"津原系列"水稻良种在京津冀地区示范推广达121万亩。

三是公共服务共建共享进一步深化。建设京津冀三省市普通高校联盟，筹建北京师大－天职师大职教教师培养联盟和培训基地，加快推动北京协和医学院天津校区项目前期。京津冀异地就医医保门诊联网直接结算覆盖我市医院数量增至1137家，三地民政部门签订跨区域养老机构运营补贴资金拨付及监管委托协议，全市接收北京籍老年人入住的养老机构达70余家。

二、下一步有关工作考虑

（一）主动承接北京非首都功能疏解，加快同城化发展

积极争取符合"一基地三区"定位、适合向天津转移的非首都功能疏解到天津。聚力打造一批标杆承接载体，争取非首都功能疏解资源优先向天津高教科技园、金融街、中央商务区等规划功能区布局。结合京津冀城际路网和站点建设，高质量打造天津西站等综合开放枢纽。

（二）倾力服务雄安新区和北京城市副中心建设，主动借势发展

打造北京新"两翼"绿色便捷出海通道，支持天津港雄安服务中心做优做强，对接北京通州外向型企业延伸港口功能，扩大内陆无水港业务，拓展国家物流枢纽和骨干冷链物流基地辐射范围。主动融入北京市通州区与河北省北三县一体化高质量发展，借势推动毗邻地区产业合作与转型升级。

（三）全面增强"一基地三区"服务辐射功能，引领城市群发展

加快建设制造强市，做大做强信创、生物医药、航空航天、高端装备、绿色石化等重点产业链，积极参与国家级重大产业创新载体建设。推动港口经济高质量发展，加快实现从"通道经济"向"港口经济"转变，推动组建津冀港口企业联盟。加快实施天津滨海国际机场三期改扩建工程，增强天津空港型国家物流枢纽功能。优化中心城区金融产业布局，加快国家租赁创新示范区建设。

支持滨海新区争创国家级高质量发展示范区、国家制造业高质量发展试验区。全面落实京津冀营商环境一体化发展"1+5"合作协议。

（四）持续深化重点领域协同，促进一体化发展

持续打造"轨道上的京津冀"，建成津兴铁路，加快建设津潍铁路、京滨铁路（北辰至滨海新区段），推动通武廊市（域）郊铁路早日开工。加强生态环境联建联防联治，推进大运河、永定河、大清河、潮白河等重点流域治理，推动天津"一环十一园"植物园链全面融入京津冀生态环境体系，持续构建京津冀东部绿色生态屏障。加强基本公共服务共建共享，持续深化教育、医疗、养老、文旅领域合作。持续完善京津冀疫情联防联控工作机制，高效统筹疫情防控和经济社会发展。

（天津市）

纵深推进京津冀协同发展
经济强省美丽河北建设谱写新篇章

2022年，河北省坚持以习近平新时代中国特色社会主义思想为指导，深入学习贯彻党的二十大精神和习近平总书记关于京津冀协同发展的重要指示批示精神，全面落实党中央、国务院决策部署和京津冀协同发展领导小组工作安排，在国家有关部委和京津两市的大力支持下，牢牢扭住承接北京非首都功能疏解这个"牛鼻子"，以重点项目建设和重大政策落实为抓手，举全省之力办好京津冀协同发展、雄安新区规划建设、北京冬奥会筹办"三件大事"，解放思想、奋发进取，在对接京津、服务京津中加快发展自己，推动京津冀协同发展工作取得明显进展。

一、积极承接北京非首都功能，首批集中疏解项目落地建设

聚焦疏解北京非首都功能，自觉服从京津冀协同发展大局，加强重点平台建设，强化对接推介，优化营商环境，全方位做好服务保障工作，疏解项目加快落地。一方面，大力推动雄安新区北京非首都功能集中承载地建设。聚焦在京高校、科研院所、医疗机构、企业总部、金融机构、事业单位等六类疏解对象，细化完善医疗、社保、教育等10个方面支持政策，"1+10"疏解支持政策配套体系基本形成，推进高校和医院前期工作，加快首批央企总部项目建设，新增央企二级、三级子公司20多家，中国中铁产业集群正式入驻。7月25日，中国矿产资源集团挂牌成立，并确定选址。另一方面，统筹推动全省其他地区承接疏解工作。加强与国家有关部委和北京市的沟通对接，引导非首都功能疏

中国星网雄安新区总部项目施工现场

解项目向环京地区、省内其他市县梯度布局，持续抓好曹妃甸区、芦台·汉沽、正定新区等重点承接平台建设，完善基础设施和公共服务配套，积极推动央企子公司、二三级企业总部和创新业务板块在河北省布局发展；开展承接北京非首都功能疏解工作专项检查，组织承接京津产业转移"回头看"，全年承接京津转入基本单位4395家。

二、高标准、高质量建设雄安新区，启动区雏形初步显现

坚持建设服从规划、进度服从质量，集中力量抓好启动区、起步区、重点片区建设，着力建设"精品工程"，"妙不可言""心向往之"的未来之城加快建设。制定引进高校毕业生五项措施，印发雄安新区传统产业转移升级工作实施方案。加快重点项目建设。京雄商高铁雄商段、雄忻高铁全面开工，完成固定资产投资同比增长28.0%。北京援建"三校"项目全部交付，累计开展就

雄安新区白沟引河

业培训17.4万人次，提供就业岗位15万余个。防洪工程和白洋淀生态环境治理进展明显。白沟引河右堤、南拒马河右堤、萍河左堤、新安北堤等工程建设完成，基本形成起步区防洪保护圈；实施生态治理重点工程，全面完成唐河污水库治理，淀区水质持续改善。

三、"三区一基地"建设有序落实，一批标志性项目落地建设

积极落实《京津冀协同发展规划纲要》赋予河北的功能定位，努力提高发展的协同性、互补性，在创新和示范方面下功夫、做文章，"三区一基地"建设取得新进展。围绕建设全国现代商贸物流重要基地，唐山、石家庄国家物流枢纽支撑项目加快实施，石家庄、唐山、雄安新区跨境电商综合试验区线上服务平台备案企业超1700家，廊坊、沧州获批跨境电子商务综合试验区，成功举办中国·廊坊国际经济贸易洽谈会，全国首个"特大城市应急物资中转站"落户高碑店，开行首列"铁路快通"中欧班列，新增A级物流企业15家、累计达到150家，7家企业入列中国零售百强，全年社会消费品零售总额实现13720.1亿元、同比增长1.6%。围绕建设全国产业转型升级试验区，建立完善"工业投资项目管理平台"，培育新增"专精特新"企业中小企业1803家，新增国家高新技术企业1300家，下达工业转型升级（技改）"百项示范"项

目专项资金1.38亿元，全面落实研发费用加计扣除政策，新增上云企业1.2万家，企业工业设备上云率达到17.7%，成功举办2022中国国际数字经济博览会，推出139项优化营商环境改革举措，京津冀生命健康集群入围国家先进制造业集群，2022年规模以上高新技术产业增加值增长了8.5%左右。围绕建设全国新型城镇化与城乡统筹示范区，完成全省"三区三线"划定，加快编制国土空间规划；统筹推进棚户区、老旧小区、城中村改造和美丽乡村建设，全年完成棚户区改造11.8万套，148个城中村改造安置房建设项目全部建成交付，城镇老旧小区改造完工3698个，改造各类老旧管网2628公里；全年新创建美丽乡村2265个，布局创建15个省级乡村振兴示范区。围绕建设京津冀生态环境支撑区，推进大气、水、土壤污染等综合治理，加强地表水环境质量预警通报，大力实施国土绿化重点工程，新增9家环保绩效创A钢铁企业，全省完成营造林636万亩，完成退化草原生态修复治理44.6万亩，《华北地区地下水超采综合治理行动方案》明确的59.7亿立方米治理任务全部完成，石家庄、唐山、保定列入全国废旧物资循环利用体系重点城市。

2022年中国·廊坊国际经济贸易洽谈会

四、深入推进重点领域协同，协作领域和成效不断拓展放大

积极融入京津冀协同发展大局，发掘用好京津辐射带动作用，持续深化

交通、生态、产业、公共服务等重点领域协同协作，推动一批标志性项目落地落实。交通互联互通方面，邢和铁路建成运营，石家庄开通直通承德、廊坊高铁，京保、京涿通勤高铁及京唐城际开通运营，石家庄融入环首都"1小时交通圈"，石衡沧港、城际铁路联络线一期、津兴城际加快建设，津潍铁路开工建设；京秦高速全线贯通，张尚高速通车运营，首都地区环线三河与平谷段、承平高速、张涿高速新增西太路互通、国道101京冀界至偏桥段4个与北京对接路段加快施工，黄骅港散货港区矿石码头一期续建工程和综合港区液体化工码头工程建成投用，首批试点的廊坊北三县至北京国贸地区通勤定制快巴试运营。生态环境联建联防联治方面，加强大气污染联合治理，强化能源供应与保障，深入实施水环境治理，签署新一轮京冀密云水库上游潮白河流域横向生态补偿协议，密云水库上游潮河、白河和于桥水库上游沙河、黎河出境断面均达到或优于Ⅱ类水质；联合北京高质量完成张承坝上地区植树造林三年行动计划，永定河、南运河实现全线通水；全省$PM_{2.5}$平均浓度降至36.8微克/立方米、同比下降5.2%，全省所有设区市全部退出全国重点城市空气质量排名"后十"。产业转移协作方面，印发实施《河北省承接京津产业转移2022年工作方案》，成功举办京冀产业协同发展座谈会、2022年中国（保定）数据服务产业创新

北三县进京通勤定制快巴开通

大会等 30 场对接活动，中软国际（华北）数字产业总部基地、涞源宏福现代农业产业园等与京津合作项目签约落地；举办津冀合作项目暨京津冀协同发展基金推荐入冀项目云签约活动，共签约落地河北省津冀合作项目 57 个、总投资 399.78 亿元；积极吸引北京养老服务向河北省布局，筛选确定 117 家京津"菜篮子"产品应急保供基地。公共服务共建共享方面，人大附中全面托管保定三中，京津 6 所高职院校在河北省投放单招计划 3000 余人、比去年增加 50%；北京儿童医院保定医院、中国中医科学院广安门医院保定医院成功入围第三批，北京中医药大学东方医院秦皇岛医院成功入围第四批国家区域医疗中心项目，国家中医疫病防治基地、国家中医特色重点医院等重大项目落地河北省；积极推动长城、大运河国家文化公园建设，制定出台《河北省长城保护条例》《关于京津冀协同推进大运河文化保护传承利用的决定》《长城旅游风景道建设指南》等一系列在全国具有引领意义的法规规划和标准指引，《河北省大运河文化遗产保护利用条例》于 2022 年 6 月 1 日起施行。

五、着力推动重点区域一体化，廊坊北三县与通州区一体化高质量发展取得突破性进展

聚焦区域一体化高质量发展，张北地区、廊坊北三县、大兴机场临空经济区等毗邻北京的重点区域，充分发挥区位优势，在实现一体化发展方面率先开展有效探索。以冬奥会举办为契机加快张北地区发展。北京携手张家口成功举办北京冬奥会、冬残奥会，河北赛事运行和服务保障有力有序，为举办一届简约、安全、精彩的奥运盛会作出了河北贡献；张家口首都"两区"建设、可再生能源示范区建设成效明显，持续推进"蓝天、碧水、增绿、净土"四大行动，巩固 52 万亩旱作雨养试点和 181 万亩休耕种草成果，水源涵养和生态支撑功能不断提升；可再生能源装机规模突破 2647 万千瓦，大数据产业投入运营服务器达到 107 万台；京张体育文化旅游带（张家口）建设规划和实施方案印发实施，张家口累计引进冰雪产业项目 120 项、总投资 688.61 亿元。推进廊坊北三县与通州区一体化高质量发展。与通州区共同制定《通州区与北三县守信

大运河京冀段实现互联互通

联合激励建设行动方案（2022—2024年）》，安石路、厂通路、轨道交通平谷线加快建设，大运河京冀段 62 公里实现互联互通；成功举办 2022 年北京通州·河北廊坊北三县项目推介洽谈会，签约项目 37 个、意向投资额 280 亿元。抓好大兴国际机场临空经济区建设。大兴机场临空经济区管理机制不断优化，京冀联合管委会有效运转，综合保税区封关运营，全面启动临空域内主次干道和支路建设施工，国药供应链 CSO 中心等一批临空指向性强、航空关联度高的产业项目落地实施，全年廊坊片区完成投资同比增长 18.4%，提前超额完成全年 300 亿元目标任务。

六、持续深化体制机制改革和协同创新，协同发展动力活力不断增强

大力发扬改革创新精神，加快破除制约协同发展的体制机制障碍，推出一批改革举措，形成一批创新成果。深化疫情联防联控，完善京津冀新冠肺炎疫情联防联控联动机制，积极协调北京奔驰、北汽福田等 14 家整车制造企业在河北省的配套企业复工复产和恢复运输，7700 个人员车辆信息纳入进京人员车辆白名单，河北省 3048 家企业纳入北京市"白名单"，协调解决京津产业

链供应链受阻问题 125 个、194 个。积极开展试点示范，京津冀工业互联网协同发展示范区获批，成为继长三角、成渝之后第三个跨区域工业互联网协同发展示范区，新发布京津冀协同地方标准 11 项、实施京津冀共建计量技术规范 6 项，签署京津冀营商环境一体化"1+5"协议和京津冀地区文化市场综合执法战略合作框架协议，第四批 16 项自贸试验区制度创新案例在全省推广。大力推进协同创新，印发《关于进一步吸引京津科技成果在冀转移转化若干措施》，开展科技成果直通车等各类对接活动 88 场，与中科院国家技术转移中心等共建京津冀科技成果协同转化中心等 5 个促转平台，会同 9 家高校院所建立了成果供给平台，举办第十届京津冀招才引智大会，天津工业大学在沧州成立沧州研究院，保定中关村累计培育国家和省级科技型中小企业 160 余家、国家级高新技术企业 37 家，省级以上技术转移机构达到 210 家，全省全年预计吸纳京津技术合同成交额超 400 亿元、同比增长 13% 以上。

2023 年河北省将全面落实党的二十大精神和习近平总书记关于京津冀协同发展系列重要讲话和指示批示精神，深入贯彻党中央、国务院决策部署和省委十届三次全会精神，全力推动重大国家战略在河北落地落实，在对接京津、服务京津中加快发展自己。一是以标志性疏解项目为龙头，积极承接北京非首都功能疏解。全力抓好雄安新区集中承接疏解工作，全方位服务保障首批疏解项目建设，争取更多央企子公司落户新区。推进曹妃甸区、渤海新区、正定新区等重点承接平台建设，加快承接北京非首都功能疏解步伐。二是以建设"两翼"为引领，推动重点区域协同发展。高标准高质量建设雄安新区，以启动区为重点统筹推进相关片区开发，努力创造"雄安质量"。加快张北地区发展，大力发展后奥运经济，推进京张体育文化旅游带和张家口首都"两区"、可再生能源示范区建设。推动廊坊北三县与通州区一体化高质量发展，与北京市成立示范区及理事会、执委会。推进大兴机场临空经济区建设，组建京冀联合平台公司。三是以交通互联互通为基础，打造全国现代商贸物流重要基地。积极打造立体综合交通网络，持续畅通货运通道，加快构建立足京津冀、融合城乡、辐射全国、链接全球的现代商贸物流体系。四是以产业转移协作和产业链重构为契机，打造全国产业转型升级试验区。通过承接京津产业转移，推进产业链、创新链融合发展，构建区域间产业合理分布和上下游联动机制，加快构建现代产业体系。五是以公共服务共建共享和普惠发展为目标，打造全国新型城镇化与城乡统筹示范区。通过提高基本公共服务质量提升城镇化总体水平，以共建京津冀世界级城市群为目标做强城市，以乡村建设行动为抓手加快建设和美乡村，以创新体制机制为突破推进城乡融合发展。六是以生态环境联建联防联治为保障，打造京津冀生态环境支撑区。坚持生态优先、绿色发展，协同推进降碳、减污、扩绿、增长，建设天蓝、地绿、水秀的美丽河北，构建京津良好生态屏障。七是以体制机制改革为抓手，不断增强协同发展动力。抓好全国一体化算力网络京津冀国家枢纽节点、京津冀工业互联网协同发展示范区、北戴河生命健康产业创新示范区建设；聚焦科技创新、交通、生态、产业、教育、医疗卫生、社保等重点领域，推出一批改革创新举措，与京津联合印发一批重要文件。

（河北省）

高质量建设北京城市副中心
加快推进通州区与北三县一体化高质量发展

2022年是党的二十大召开之年，是"十四五"规划深入实施的重要一年，也是京津冀协同发展向纵深推进、与北三县一体化高质量发展迈出坚实步伐的关键一年。为深入贯彻落实习近平总书记系列重要讲话精神，通州区积极落实北京市委、市政府关于推进京津冀协同发展工作的各项决策部署，系统谋划、统筹推进京津冀协同发展工作，高质量完成"十四五"阶段京津冀协同发展开局目标任务，全方位提升服务首都功能和辐射带动周边地区发展的能力，为探索成为京津冀世界级城市群新的增长极，闯出一条可复制、可借鉴、可推广的新路子。

一、2022年主要工作进展及成效

（一）协同发展顶层设计不断深化做实

一是深化与北三县的一体化对接机制。主要领导定期会晤、牵头部门对接调度、各部门常态化沟通三层级工作机制充分发挥作用。2022年以来，通州区与廊坊市主要领导已调研互访2次；两地常务副区（市）长召开线上视频会议，共同研究与北三县跨界道路、潮白河生态绿带规划、大运河京冀段旅游开发等重点工作；区内各职能部门线上线下相结合，多形式开展常态化沟通会商，积极落实通州区与北三县一体化高质量发展示范区各项任务。二是营造协同发展的良好舆论环境。聚焦京津冀协同发展重要事项、重点工程、重大改革，积极策划宣传报道活动。在《北京城市副中心报》设立"协同发展绘新篇"特色栏目，累计报道《京津冀（通武廊）文化旅游交流季启动》等新闻161篇，及时发声展示一体化成效，营造良好舆论氛围。

（二）互联互通的交通一体化格局加快形成

一是加快建设"轨道上的京津冀"。京唐城际铁路进入联调联试阶段，地铁平谷线副中心区域内6个车站进场施工，M101线已完成轨道沿线3.95万平方米地上物的腾退预签约工作，加快推进辐射北三县的轨道交通建设。二是持续完善道路连通体系。与北三县规划对接的4条跨界道路加快建设，厂通路已进场施工3.6公里，完成工程总体形象进度的48%，跨潮白河大桥北京段、河北段同步开工建设。通宝路、石小路和姚家园路东延均与河北方面签订了道路接线协议，正在深化完善方案设计。三是优化公共交通便捷出行。不断优化调整21条到北三县的跨省公交线路，京冀"一卡换乘"服务更加便捷，两地百姓出行更加便利。四是完善检查站联动机制。持续完善"京警入冀""冀警入京"模式，两地警方开展一体化查控，便捷群众出行。

北京城市副中心交通枢纽站建设

北京唐城际铁路

（三）蓝绿交织的区域生态空间加速构建

一是全面实施水生态综合治理。通州堰涉及的温榆河、宋庄蓄滞洪区（二期）等工程均已完工，杨洼船闸如期完工，大运河京冀段全线62公里实现通航，协同推进沿线码头建设。二是加快形成纵横交错的生态绿廊。编制完成潮白河生态绿带规划、潮白河国家森林公园概念规划，加快实现与北三县交界地区生

大运河杨洼船闸

态规划的有效衔接。实施潮白河森林生态景观带等8项工程，累计新增生态绿带3.5万亩。三是持续推进跨界污染源巡查。联合武清、廊坊开展生态环境联合执法，加强信息共享与应急联动，稳定实现潮白河吴村断面水质达标。

（四）协同创新的产业链融合持续推进

一是推动产业链向北三县延伸。联合举办2022年北京通州·河北廊坊北三县项目推介洽谈会，京津冀国家技术创新中心通州分中心正式成立，中关村通州园与燕郊高新区、大厂高新区等重点园区开展战略合作，共同推动科技成果转化，延伸产业链条。二是开展一体化联合招商。强化两地招商部门对接，北三县选派招商专员到通州区驻点办公。召开城市副中心产业高质量发展推进大会、优化营商环境网络推介大会等，针对性引导资源、要素向城市副中心和北三县集聚。三是优化与北三县营商环境。与廊坊市联合制定"信用联合体三年行动方案"，推动区域公共信用一体化建设；共同研究"市场主体登记'同事同标'方案"，优化两地市场主体登记办理流程。四是持续提升跨区域通办能力。在北三县设立"跨省通办"窗口，将市、区、街乡、村居共计3654项政务服务事项延伸至北三县,实现北京政务"送政上门",北三县317项政务服务事项在副中心窗口办理,2022年以来,累计为北三县群众提供跨域事项服务6000余件。

(五)共建共享的公共服务合作稳步实施

一是不断完善教育协同体系。开办面向北三县教育工作者的专题研修班2期,与北三县合作办学,选派潞河中学干部教师到三河校区开展一体化教学管理,促进教育水平提升。二是持续提升区域医疗服务水平。北大人民医院通州院区正式对外营业,增强医疗服务领域辐射带动能力。潞河医院、通州妇幼保健院、东直门医院通州院区等与北三县机构组建医联体,通过专家出诊、会诊转诊、授课指导等形式,提升当地医院医疗服务水平。区内111家定点医疗机构均已实现异地门诊直接结算,进一步提高北三县居民就医的便利性。三是推动养老服务协同发展。联合廊坊市召开养老合作交流会,强化经验交流分享,引导优质健康养老资源、政策等延伸。四是持续深化人力资源合作。举办北三

北大人民医院通州院区

县线上专场招聘会 7 场，提供岗位 1.2 万余个。联合雄安新区、宝坻区、滨海新区等成立"京津冀职业技能发展联盟"，加强职业技能培训合作。五是促进文化旅游资源共享。联合举办 2022 年通武廊文化旅游交流季等系列活动，推动大运河沿线旅游资源的开发。

二、2023 年工作思路

按照"立长远，强功能，全面上台阶"的总体要求，锚定打造京津冀区域协同发展示范区的目标，全力推动通州区与北三县一体化高质量发展工作取得新成效。

（一）以管理体制机制创新为引领推动区域协同协作

按照国家层面对通州区与北三县一体化高质量发展的总体要求，落实京冀两省市联合印发的实施方案及任务、政策、项目三个清单，全区上下积极落实主体责任，密切与廊坊北三县方面协作，扎实推动与北三县一体化高质量发展示范区建设。

（二）以重大项目建设为抓手推动区域互联互通

一是推进"轨道上的京津冀"建设，加快推动轨道交通平谷线进地施工，研究推进 M101 线建设。二是推动跨界道路建设，加快推进厂通路及跨潮白河大桥建设。三是推进北运河京冀段通航后旅游开发工作，抓紧建设沿线码头，研究水上执法检查机制，整合两地旅游产业资源，协同打造运河旅游经济。

（三）以生态环境治理为重点推动区域共治共享

一是以生态修复和生态示范为重点，共同推动交界地区生态绿带建设，协同建设潮白河国家森林公园。二是加快实施城北水网建设工程（一期）及两河水网减运沟综合治理工程，完善潮白河综合治理规划。三是健全环保联合执法机制，做好重大活动服务保障和重污染天气联动应对。

（四）以产业对接协作为突破推动区域融合发展

一是加强园区合作共建，发挥中关村通州园与燕郊高新区等北三县重点园区的协调对接机制，实现产业承载空间协同发展。二是持续强化联合招商合作机制，联合北三县共同举办招商活动，积极推进头部企业上下游配套、智能制造等产业协同发展在两地布局，实现资源合理配置。三是落实政务服务"区域通办"2.0版协议，健全完善与北三县政务服务大厅线上互动和联动办理机制，推进政务服务事项在北三县无差别办理。

（五）以公共服务共享为目标推动区域功能互补

一是深化教育交流合作，互派教师开展跟岗研修、专题培训、挂职交流等，提升教师能力素质。二是持续推动通州区医院与北三县医疗机构组建医联体，加强医疗卫生养老项目合作，促进北京优质医疗服务资源向北三县延伸布局。三是结合通州大运河国家5A级旅游景区建设，强化城市副中心和北三县文化旅游产品开发和重大文化旅游项目建设，推进更深层次的文化旅游区域协同发展。四是强化区域应急处置和疫情防控工作，提升协同联动能力，持续完善公共卫生、自然灾害、生产安全和食品药品安全等多领域常态化监管机制，筑牢城市安全保障。

（北京市通州区）

发挥北京大兴国际机场引擎作用 扎实推进临空经济区高标准建设和高质量发展

北京市大兴区始终坚持以习近平新时代中国特色社会主义思想为指导，全面贯彻党的二十大精神，牢牢把握中国式现代化的本质要求，以习近平总书记对北京重要讲话精神为根本遵循，落实习近平总书记视察北京市及大兴国际机场的重要指示，立足新发展阶段，贯彻新发展理念，融入新发展格局，深入落实京津冀协同发展战略，推动京津冀协同发展向更高水平迈进。

一、2022年工作进展成效

（一）发挥北京大兴国际机场引擎作用，扎实推进临空经济区高标准建设和高质量发展

2022年北京大兴国际机场临空经济区的京冀协同工作稳步推进，加强枢纽功能建设，加快高端临空产业培育，全面提升承载能力，强化协同发展试点示范，努力打造国际一流的现代化临空经济区、京津冀协同发展的新样板、国内国际双循环的战略枢纽，扎实推进临空经济区高标准建设和高质量发展。在发挥大兴机场新的动力源作用、高质量建设临空经济区及综合保税区方面，坚持协同联动一体发展。按照"统一领导、统一规划、统一标准、统一管控、统一考核"，实现综保区一期封关运行，并完成首批货物通关，首批进出区货物共21票，总货值约1343万美元，包括芯片、电子产品、红酒等，货物入区后顺利办理完成保税物流、加工、储存等业务，标志着大兴机场综保区正式进入运营阶段。

一是协同发展机制进一步理顺。有效发挥京冀联合工作领导小组和联合管委会统筹推动工作作用,探索京冀协同发展利益协调和责任分担顶层设计。加强临空经济区一体化部署,以产业协同引领临空经济区乃至更大区域的规划协同、政策协同、服务协同。加强与廊坊区域在交通体系、市政管廊、生态建设等方面的一体化规划与一体化建设。做好跨省市项目用地供应统筹,建立需求对接与保障机制。

二是积极推动自贸试验区建设。推动北京自贸试验区高端产业片区大兴组团建设,已形成"跨省市级土地征收协商联动新机制""跨区域市政公共资源供应兼容模式"2个最佳实践案例,并以京冀两省市自贸试验区名义报送至商务部参加评选。

三是一体化发展取得新成效。按照区港联动、区域协同的发展要求,联合大兴机场、航司等共同推动国际货运航班恢复,积极参与制定北京市国际航空货运奖励政策,并与廊坊临空区对接研究制定实施细则;建立推进北京"双枢纽"建设发展联席工作机制和临空经济区协同发展委员会,保障机场、航空公司各项诉求落地,协助航空企业做好疫情防控和助企纾困工作;积极支持和服务机场重点项目和基础设施建设,大兴机场货运区设施规模按照年处理能力200万吨、远期400万吨配置,货运区可建设施规模约80万平方米,现已建成并投运约33.5万平方米,可提供国内、国际货站、转运中心、快件中心等服务,配建了货机优先起降跑道(北一跑道),并配备24个货机机位,着力打造"东北亚航空货运枢纽",合力建设空港型国家物流枢纽。

四是产业互促发展体系初步建立。积极开展联合招商,规划建设特色产业合作园区,京冀联合举办第二届全球招商伙伴大会,建立京冀协同中心,拓宽优化招商引资渠道;顺丰华北智慧物流总部基地以"线上全流程"的形式办理完成消防验收备案、竣工验收备案,已具备投运条件。国际航空总部园已开工建设,将构建以创新动力、开放共享、国际标杆为目标的复合型、全方位城市功能空港城市中心;谋划国际会展中心、国际消费枢纽项目,按照顶层设计、规划落地、开发实施三个阶段有序推进相关工作,目前顶层设计阶段工作基本完成,先后开展了功能定位研究,全球创意征集、市政交通基础设施保障、战略留白优化研究等工作。

五是共建大兴机场综合保税区。2022年，在联合管委会的统筹领导下，大兴片区及廊坊片区管委会通力协作，综保区平台公司积极做好运营服务工作，面对综保区开启全面建设的艰巨任务和疫情防控的复杂工作局面，推动综保区顺利通关运营，在强化大兴机场国际枢纽功能、服务首都科技创新、吸引外商直接投资、服务临空主导产业发展和京冀协同发展等领域实现重要突破。2022年综保区内注册企业达108家，完成企业纳税834万元，封闭围网产业用地开发面积918亩，服务保障3个项目建成投产（北京公共库、河北公共库、多式联运库）、3个重点项目开工（南洋投资跨境电商项目、生物医药孵化器项目、河北物流港项目），实现综保区良好开局，推动京冀协同发展更上新的台阶。顺利举办2022年中国国际服务贸易交易会北京国际航空大会、北京大兴国际机场临空经济区协同发展峰会等系列会议，提升在国内市场资源配置中的节点地位，对接融入国际大循环体系。

（二）落实京津冀燃料电池汽车示范城市群实施方案，加快推进国际氢能示范区建设

京津冀燃料电池汽车示范城市群于2021年8月正式获批。2022年3月，京津冀燃料电池汽车示范城市群半年总结大会顺利召开；同年4月，京津冀氢燃料电池汽车产业链大数据平台正式上线，支撑京津冀区域氢能产业全链动态监测。目前，京津冀燃料电池汽车示范城市群第一年度示范任务已顺利完成，大兴国际氢能示范区海珀尔加氢站已建成并投入运营，2022年推广燃料电池汽车480辆，城市群第一年度自评报告已通过北京市经信局报国家五部委审核。

大兴国际氢能示范区建设方面，示范区北区建筑面积5.4万平方米，其中，全球日加氢量最大的加氢站、京津冀首个氢能交流中心（4888平米）、国际氢能孵化器和全部厂房已于2021年11月全面建成并正式投入使用。北区涉氢测试中心、园区"一站式"服务平台、园区食堂、公寓、便利店、健身房、西餐厅等配套设施均已投入使用。示范区南区一期4.7万平方米现已全面建成，主要包括测试中心、厂房、办公及少量配套，为落地企业提供紧缺的厂房空间和甲类测试空间，将于近期迎接企业入驻；同步进行规划布局，筹备建设国家氢燃料电池汽车质量检验检测中心，面向北方地区提供氢能全产业链检测认证服务，形成检测、认证"一条龙"服务，助力企业聚集和产业效应，目前已在土地规划和方案论证阶段，计划2023年动工建设。

二、2023年工作思路

一是推进综合保税区监管改革创新。按照"五统一"要求，持续探索综合保税区跨界共商共建共享模式，推进区港一体化监管模式，加快联络道建设，进一步提升通关效率和贸易便利化水平，探索保税新业态新模式。

二是加强与机场、海关等沟通合作。推动建设符合园区阶段性发展需求的管理体制、运营机制、专业服务体系；积极争取航空货运奖励政策落地实施；探索与国际高水平经贸规则接轨的开放政策，在综保区内推行检验检疫证明领取"零等待"措施，做到即报即查、即查即取等"一企一策"个性化海关服务政策落地。

三是加快重点产业项目建设。推动大兴机场综保区内的生物医药孵化器（一期）建设2023年实现主体结构封顶；跨境电商智能民生供应链运营中心项目工程主体结构完工；上药华北国际供应链中心项目年内开工。

四是有序开展综保区招商工作。继续举办北京大兴国际机场临空经济区协同发展第三届高峰论坛，积极推动保税公共服务平台等联合招商工作有序开展，依托北京消费中心城市优势，主动与首都机场、天津港等口岸联动发展，积极拓展保税仓储、保税维修等业务。

五是推动氢能产业协同发展。京津冀燃料电池汽车示范城市群涉及北京、天津、河北等12个城市（区），未来在车辆推广应用、氢能供应保障、政策环境建设等方面加强合作，特别是在燃料电池汽车场景打造方面，推行点对点中短途特色场景示范线路，双向互运，为实现"双碳"目标作出贡献。

（北京市大兴区）

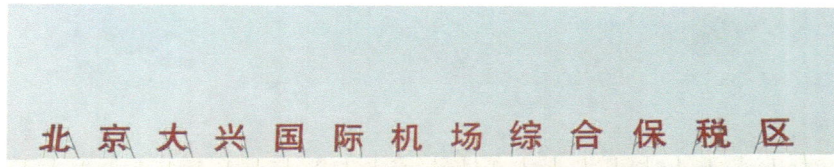

北京大兴国际机场综合保税区首批货物通关

2022年北京国际航空大会

顺丰华北智慧物流总部基地项目

国际航空总部园项目

大兴国际氢能示范区

大兴国际氢能示范区海珀尔加氢站

高标准完成北京冬奥会冬残奥会服务保障 加快建设京张体育文化旅游带

北京市延庆区全面贯彻国家推进京津冀协同发展战略，落实市委市政府决策部署，立足区域实际，聚焦服务保障冬奥会及会后利用、官厅水务等生态环境保护、京张体育文化旅游带建设等重点领域，持续加强与周边地区协同联动，推动协同发展取得新进展、新成果。

一、工作进展及成效

（一）完成冬奥会冬残奥会协同服务保障工作

一是各项基础设施如期交付使用。高标准建成国家高山滑雪中心等6个竞赛场馆和非竞赛场馆；如期完成换乘中心、公交停保中心等配套项目建设；京张铁路、京礼高速按时通车；改造城市无障碍设施点位1982处，确保冬奥会冬残奥会如期成功举办。延庆赛区从无路、无水、无电、无通信的"四无"山区变成国际一流的奥运场馆群，"雪飞燕""雪游龙"精彩亮相。二是携手周边地区完成赛时服务保障。与张家口市怀来、赤城两县协同做好冬奥会冬残奥会期间新冠疫情防控、大气治理、森林消防、跨区交通保障工作，共同保障赛事圆满举办。与海淀区、石景山区和张家口市等联合维护涉奥市场秩序；配合完成火炬传递、开闭幕式、冬残奥会颁奖广场服务保障工作。三是紧抓冬奥场馆后续利用。完成并持续推进冬奥可持续任务91项。克服疫情影响，延庆奥林匹克园区实现精彩开园，国家级滑雪旅游度假地、国家高山滑雪训练基地、雪车雪橇训练基地揭牌。完成《冬奥延庆赛区赛后运营规划策划项目书》。与

国家雪车雪橇训练基地、冬奥村

延庆奥林匹克园区

国际雪车联合会签署《谅解备忘录》，持续引进高端冰雪赛事。

（二）生态环境协同保护和联防联治成效更加显著

一是水体更洁净。与张家口市怀来县、赤城县建立水污染突发事件联防联控机制；落实恢复官厅水库战略水源地的要求，大力开展官厅水库生态修复与污染治理，完成官厅水库管理范围勘界定桩工作；全面落实密云水库保护行动，组织召开密云水库上游流域"两市三区"联席会；会同周边地区对密云水库上游、官厅水库跨区域交界处开展联合执法检查。与怀柔区、张家口市开展白河流域水质联合监测20余次，开展官厅水库坝前监测9次，除官厅水库坝前为Ⅳ类，其余国控和市控断面平均水质均达到或优于Ⅲ类标准，区域水环境质量持续向好。二是空气更清新。与怀来县签订《区域生态环境质量协同保障框架协议》，建立环境质量保障合作联席会议、环境保护交流和情况通报制度。会同昌平区、张家口市强化大气污染联合执法检查，对进京综检站实施24小时全时执法，协同防治大气污染事件，高标准实现"延庆蓝""冬奥蓝"。三是物种更丰富。完成新一轮百万亩造林1.6万亩主体栽植任务。参加2022年度京津冀森林防灭火工作联席视频会议，开展区级森林火灾扑救应急演练，共享通报应急信息

白河堡水库

官厅上游妫河流域

5次,支援赤城县防火物资。与张家口市交界区县共享林业有害生物防控信息6次,开展联合踏勘,支援防控物资,绘制延怀赤三区县松材线虫寄主分布图,实现松材线虫监测无缝对接。

(三)京张体育文化旅游带建设步伐加快

一是工作规划落实落地。组织召开《京张体育文化旅游带建设规划》实施推进会,印发延庆区落实规划三年行动计划,谋划一批重点项目,完成《京张体育文化旅游带空间发展规划研究报告》及实施方案,发布《延庆区建设"国际滑雪度假旅游胜地"三年行动计划(2022—2024年)》,为京张体育文化旅游带建设奠定良好基础。二是品牌活动更加丰富。举办全时四季品牌活动、徒步京津冀、桥牌俱乐部锦标赛、第三届京张大众滑雪交流赛、短道速滑邀请赛等多场文化旅游活动和冰雪体育赛事,以及第二届京张体育文化旅游带发展论坛和八达岭长城高峰论坛,开展京张两地网红打卡地评选,开发京张高铁游,推出8条京张体育文化旅游带线路,联动培育冰雪文化、冰雪运动等特色产品。

三是长城国家文化公园建设进展顺利。以国家长城文化公园建设为抓手，推进八达岭长城文化小镇打造、京张铁路康庄站文物保护和展示利用等工作，完成柳沟长城考古项目等4个项目抢险加固，当好长城文化带建设领头雁。

（四）现代化首都都市圈重点任务加快推进

一是非首都功能持续疏解。严格执行北京市禁限目录（2022年版），修订落实延庆区禁限目录联席会议制度。完成"疏解整治促提升"拆除违法建设、留白增绿等市区年度任务。将常住人口纳入乡镇绩效考核，建立实有人口综合服务管理机制。二是产业协作持续推进。与怀来县、永定河投资公司签订框架协议，共同推进永定河环官厅水库综合治理和生态修复等工作。助力冰峰科技研发智能运动感知技术与辅助训练系统，应用于张家口市崇礼区雪如意跳台滑雪基地、保定市涞源县跳台滑雪基地。航天九院延庆无人机装备产业基地落地。举办第六届延怀河谷葡萄文化节，宣传推广延怀河谷葡萄及葡萄酒品牌。三是区域营商环境协同持续优化。与张家口市怀来县、赤城县开通政务服务"跨省通办""京津冀+雄安"通办事项清单计173项，开展京津冀税务协作，与张家口市共享信用数据12万余条。

（五）公共服务协作惠及更多群众

一是教育方面，与怀来县、宣化区17所结对学校共开展交流研讨20余次，联合教研活动14次，接收张家口市87名职业学校学生来延访学。北京八一实验学校（延庆）建设项目开工建设，北京国际奥林匹克学院项目启动勘察设计招标工作。二是医疗方面，向怀来县、赤城县基层医疗卫生机构介绍院感督查方式方法，选派12名医务人员支援怀来县核酸检测，与周边地区互通鼠疫监测及防治工作。延庆区医院和永宁社区卫生服务中心开通门诊慢特病直接结算业务，为异地参保人员提供门诊慢特病直接结算。完成3家新增定点医疗机构跨省异地就医直接结算系统改造、验收，确保跨省异地就医工作平稳运行。三是劳务协作和养老服务方面，与怀来、宣化联合开展网络招聘16场，提供岗位6564个；及时就地处理京津冀跨区域劳动人事争议案件，为劳动者挽回经济损失；为4家收住延庆区老人的河北省养老机构发放2019年全年、2020年全年、2021年上半年机构运营补贴合计28700元。

二、2023 年工作思路

2023 年，延庆区将深入贯彻党的二十大会议精神，落实国家、北京市关于推进京津冀协同发展工作部署，有效衔接《北京市"十四五"时期推动京津冀协同发展规划》，充分发挥延庆区"京西北"协同发展"桥头堡"作用，本着"优势互补、互利共赢、协同发展"原则，重点聚焦官厅水库水源保护等生态环境联防联控、京张体育文化旅游带建设等产业协同、教育医疗等公共服务协作、冬奥场馆利用方面共筑生态屏障、共谋发展之路、共享协同成果。

（一）强化生态环境协同保护和联防联治

一是加强官厅水库、密云水库水源保护。持续开展官厅水库生态补水工作，配合推动官厅水库水源保护区封闭管理；开展密云水库流域跨境、跨区域联合执法检查，确保密云水库上游流域延庆段的水环境及水质安全。二是深化区域大气污染联防联控。健全完善空气重污染联合预报预警机制，做好重污染天气应急联动应对。三是巩固深化京津冀环境执法联动机制，组织开展京津冀联动执法检查行动。四是巩固森林防火联防联控机制和林业有害生物协同防控工作机制，开展延怀赤森林防火联合处置综合演练。

（二）持续疏解非首都功能

一是严格实施《北京市新增产业的禁止和限制目录（2022年版）》，严格项目审核把关，从源头严控非首都功能增量。二是深入推进"疏解整治促提升"专项行动，保持和巩固基本无违建区创建成果，严控新生违法建设反弹，开展已疏解市场"回头看"。三是推动工业企业转型升级，调整退出不符合延庆区功能定位一般制造业企业，引导传统生产企业转型和技术改造。

（三）扎实推进产业协作

一是发挥北京冬奥会、冬残奥会对京津冀协同发展的牵引作用，联合举办特色节庆文化活动和发展论坛，推进京张体育文化旅游带建设；积极引进举办国家级、市级冰雪赛事，充分释放冬奥延展效应，推进"国际滑雪度假旅游胜地"建设；推进长城国家文化公园建设。二是加强与中关村海淀园、怀来开发区、赤城开发区、兴和开发区园区共建,加强科技创新合作,促进科研成果跨区域转化,打造京西北科技创新特色发展区。

(四)纵深推进公共服务领域合作

一是承接市级优质教育资源,加速北京八一实验学校建设,加大市级优秀教师引进力度,推动区域义务教育优质均衡发展。协调推动北京国际奥林匹克学院取得实质性进展。二是推进医疗协作,完善传染病和突发公共卫生事件信息交流共享机制,保障人民群众身体健康。三是落实跨区域养老机构运营补贴支持政策,促进区域养老服务协同发展;加强京津冀地区劳动者权益维护协作机制和劳动保障重大突发事件通报、协同处理。

(北京市延庆区)

融入大战略 加快大协同
静海区扎实贯彻国家战略纵深推进京津冀协同发展

京津冀协同发展是习近平总书记亲自谋划、亲自部署、亲自推动的重大国家战略。2022年是京津冀协同发展向纵深推进的重要一年，10月16日召开了党的二十大，报告明确指出要继续推进区域协同发展战略。静海区坚持以习近平新时代中国特色社会主义思想为指导，全面贯彻党的二十大精神，按照党中央、国务院决策部署和京津冀协同发展领导小组要求及天津市委、市政府的工作安排，立足新发展阶段，完整、准确、全面贯彻新发展理念，服务和融入构建新发展格局，把推进京津冀协同发展战略作为重大政治任务和重大历史机遇，以疏解北京非首都功能为引领，在京津冀协同发展中定位静海角色、展现静海作为、体现静海担当、作出静海贡献。

一、承接北京非首都功能疏解项目提质增效

静海区紧紧围绕承接北京非首都疏解这个"牛鼻子"，积极搭建产业承接平台，全力推进产业对接，错位承接北京非首都功能疏解，加快引进北京项目资源，逐步形成与京冀地区优势互补、协作配合、联动发展的产业新局面。

（一）强化承接目标引领，引进项目大幅提升

静海区牢牢扭住疏解北京非首都功能这个"牛鼻子"，构建起"动起来""跑起来"的招商新态势，围绕北京外疏企业清单，积极对接国企央企（含二三级总部）、驻京科研院所和大型知名民企，全区上下形成多渠道洽谈招商新态势。2022年签约中国华贸、国家能投集团等北京资源82个、协议引资额达365亿元，

引资额出现大幅度提升，签约落地的北京项目助力静海区高质量发展。

（二）强化项目服务保障，落地速度明显加快

静海区持续优化营商环境，加快项目审批程序，加大要素保障力度，依法快捷办理各项审批手续，探索推广"拿地即开工"模式，提升服务质量和效能。发挥区大项目办专班作用，实行项目从签约到建成投产的全生命周期服务机制。2022年推动34个市级重点建设项目和101个新开工项目顺利实现开工建设，形成约200亿元的有效投资。

（三）精准落实承接政策，协助企业纾难解困

静海区围绕落户企业需求诉求，用好用足现有招商引资政策，贯彻落实户籍、教育、医疗、社保、住房等相关政策措施，确保项目和人才愿意来、留得住、发展好。利用区内"政策一点通"信息平台，及时梳理公布惠企政策60余个。做好疏解承接政策研究储备，不断完善疏解承接激励约束政策体系，持续增强北京非首都功能疏解的内生动力，2022年全区走访服务企业1000余家，协助解决问题1800余个。

二、服务天津城市功能定位明显加强

静海区积极融入天津市产业发展布局，加快传统产业转型升级，提高新兴产业培育速度，强化服务天津市在京津冀协同发展中"一基地三区"的功能定位。

（一）大力提升园区载体能级，承接能力持续优化

中日（天津）健康产业发展合作示范区建设步伐加快，北京协和医学院天津医院一期全面竣工，北京协和医学院天津校区、中国医学科学院天津健康研究院、天津医科大学等重大项目启动建设，天津中医药大学科技园发展迅速，各项医学成果转化加快，京津冀大健康产业集群效应凸显。天津子牙经济技术开发区抢抓新能源快速发展契机，持续壮大循环经济、新能源新材料、汽车制造、生物医药、航空航天等战略新兴产业发展，产业不断向链条中高端迈进。大邱庄工业区注重产业转型升级和技术创新，加大与中国钢研的合作力度，打造成为绿色转型升级示范区和高端智能制造研发应用引领区，传统工业园区再

北京协和医院天津医院一期

次换发生机。唐官屯镇发挥交通优势，以现代物流和装配式建筑研发生产为主攻方向，打造成为京津冀装配式建筑综合性研发生产基地和示范园区，京沪高铁唐官屯货场铁路专用线项目开工建设将持续助力园区的快速发展。静海国际商贸物流园加快产业调整和布局，借助津静市域（郊）铁路建设的重大机遇，主动承接天津主城区的外溢功能，围绕规划中的静海北枢纽站，打造站城一体、协调发展的产城融合新片区。

（二）强化落实制造业强区战略，服务能力明显加强

静海区发挥资源禀赋优势，积极融入天津市12条重点产业链条，提升发展传统优势产业，引育壮大战略性新兴产业。积极落实《天津市静海区制造业高质量发展"十四五"规划》和《静海区产业链高质量发展工作方案》，以建链补链强链为重点，培育龙头企业，实施精准招商，推动产业集群化发展。推动钢铁加工行业向智能化、高端化、绿色化发展。同时，构建具有竞争力的现代产业体系，始终保持制造业比重在天津市的领先地位。加快推动工信融商智能产业园建设，打造集人工智能、高端制造、电子信息、科技服务等产业为主导，以智能制造为核心，高端装备、软件生产、数据存储、数据开发等为主要

建设中的中日（天津）健康产业发展合作示范区

板块的创新示范区。

（三）持续推动对外开放合作，国际视野更加广阔

静海区深化与日本神户、北九州等友好城市合作，推动中日合作示范区大力引进日资企业。发挥天津子牙经开区循环经济产业优势，提升巴特瑞、格林美等企业与日企技术合作水平。加快中德大邱庄生态城在谈德资及外资项目落地。启动静海国际商贸物流园加之冰供应链中心的建设，推动万纬物流三期竣工投产。深耕中亚、非洲等"一带一路"沿线国家，助力全区企业积极开拓海外市场，扩大对东北亚的开放力度。

三、对接服务河北区域协同发展成果显著

静海区努力探索津冀协同创新发展，积极对接服务雄安新区千年大计，持续深化与河北省沧州市、廊坊市"静沧廊"（3+5）战略合作协议，共同推动区域间生态环保、综合交通、公共服务、体制机制等领域的顶层设计和协同发展，实现区域间发展互惠共享、互利共赢。

（一）对接服务雄安新区成绩亮眼

静海区继续发挥装配式建筑产业创新联盟作用，支持区内装配式建筑企业持续服务雄安新区大开发大建设。依托静海海吉星国际农产品物流园，壮大冷链物流规模，打造京津冀1小时鲜活农产品冷链物流圈，成为雄安新区的"菜篮子"和"中央厨房"。支持林海优质苗木投入雄安新区建设。主动对标"雄安质量"，深入学习河北雄安新区规划建设理念，推动理念更新、思路拓展，高质量完成国土空间总体规划。加快东淀湿地规划实施，落实东淀湿地纳入大清河流域规划。加强白洋淀－独流减河－渤海湾和南运河生态绿脉保护，链接津雄生态廊道，构建起雄安新区东部重要生态屏障。

（二）生态环保协同成效彰显

三地通过加强合作、信息共享，逐步实现了大气、水系、土壤污染联防联治，大大降低了"单打独斗"的防控成本。2022年，静海区重点对有色金属及塑料制品等行业落实重污染天气响应措施情况进行检查，有效督促了企业落实重污染天气响应措施，全区$PM_{2.5}$年均浓度降为39.87微克/立方米，同比改善4.8%，优良天数比率为73.7%。加强与河北周边市县开展跨界水污染协同治理，与文安县、青县等开展水环境应急联动，2022年对水质监测64余次，动态掌握地表水环境质量，为开展生态修复提供统一的数据支持。

（三）交通领域协同成果显著

静海区深入推动津冀交通设施互联互通，与周边河北五市县签订《津冀"1+5"交通协同发展战略合作框指架协议》，主要包括规划建设、提级改造"十纵十横"20条连接通道，打通交界断头路，补齐互联互通最后短板。2022年以来，静海区加快交通路网顶层设计，加大编制《静海区综合交通体系规划》，加快推进京津冀交通一体化项目，不断提升全区内联外通水平。津沧城际铁路确定过静设站，津雄城际过静设站正在积极争取中；团大公路、津文公路改建等津冀瓶颈路项目取得实质性成果，为静海发展蓄足了后劲，更为雄安新区乃至整个京津冀区域发展畅通了"血脉"。

（四）公共服务协同成果丰硕

一是在公共卫生领域，静海京津冀门诊联网直接结算定点医疗机构达39

津静市域（郊）铁路首开段建设现场

家，与京津冀三地 155 家医疗机构共享 X 射线摄影、CT、核磁等 20 项医学影像检查资料，与 411 家医疗机构实现检验结果互认 33 项，极大拓展了天津优质医疗资源对河北地区的辐射。2022 年，静海异地就医门诊联网直接结算达 2207 人次，统筹支付 20.44 万元，切实减轻了京冀地区患者在津看病垫资压力。二是在文化教育领域，静海成功举办"'静沧廊'提升学科核心素养发展水平——高中思想政治等级性考试教学建议"专家讲座，邀请河北省沧州市青县第一中学、霸州市第四中学政治教师参加；组织"静沧廊"联合教研活动，聘请中国人大复印中心专家进行初中语文专家培训讲座，河北省青县第三中学、廊坊市霸州第八中学和第十四中学语文教师参会，通过津冀间互比互学、取长补短，提升了两地教育水平和教学质量。三是在食品安全领域，静海区先后与河北省 33 个县市区开通食品企业开办、商标注册等 34 个政务服务事项跨省通办业务，建立了"静沧廊"食品安全检验检测结果互通互报机制。为加强地区间食品药品安全监管工作，2021 年 9 月，静海区与沧州市、廊坊市签署《"静沧廊"食品药品安全跨区域"1+3"合作协议》，筑起京津冀"舌尖上"的安全网。2022 年 7 月，为持续推动"静沧廊"食品药品安全协同监管走深走实，静海区、沧州市、廊坊市共同举办第二届"静沧廊"食品药品安全监管跨区域合作座谈会并签署《天津市静海区、河北省沧州市、河北省廊坊市关于深化京津冀市场监管区域联动合作备忘录》，围绕加强重点领域监管合作、推进高质量发展合作、深化执法办案合作、推动监管维权合作、探索建立标准互认机制、开展食品药品安全风险预警交流等六大领域持续开展深入合作交流。

京津冀协同发展战略实施八年来，三地同心同向同力下好协同发展"一盘棋"，实现了"1+1+1>3"良好效果，硕果累累、成绩斐然，协同发展红利惠及三地。刚刚胜利闭幕的党的二十大，发出了全面建设社会主义现代化国家的最强音，开启了强国复兴的新征程，为我们吹响了奋进的号角。

今后，静海区将以习近平新时代中国特色社会主义思想为指导，全面贯彻党的二十大精神，认真落实中央经济工作会议基调，持续深度融入京津冀协同发展，聚焦服务北京非首都功能疏解、服务天津"一基地三区"定位、服务河北区域协同发展，在服务中贡献静海力量、发挥静海作为、体现静海担当，助力京津冀协同发展战略向更高水平迈进。

（天津市静海区）

改革引领 创新驱动
武清区深入实施京津冀协同发展战略

京津冀协同发展，是党中央、国务院在新的历史条件下作出的重大决策部署，是推进区域协调发展和打造新增长极的战略之举。为贯彻落实重大国家战略，天津市武清区始终把推进京津冀协同发展作为重要的政治责任，主动作为、抢抓机遇，以"当先锋猛将、唱重头戏"，在协同发展中争做"主力军"的要求，充分发挥"桥头堡"作用，坚持高标准、高质量，与京冀两地在深化产业、交通、生态、公共服务等方面协同发展持续用力、先行先试，并取得显著成效。

一、主要做法及成效

（一）建机制，强化区域务实合作

武清区始终把京津冀协同发展作为当前及今后一段时期最重大、最现实、最难得、最紧迫的历史机遇，紧紧扭住承接非首都功能疏解"牛鼻子"，充分发挥区域经济地理格局中的综合优势，以等不起的紧迫感、慢不得的危机感、坐不住的责任感，因势而动、乘势而为、借势而上，在服务和融入协同发展大棋局中展现更大作为，奋力开创武清高质量发展的新局面。

为深入推进京津冀协同发展重大国家战略，优化区域分工协作，努力在京津冀协同发展体制机制创新中探好路、当先锋、做示范，逐步形成目标同向、措施一体、优势互补、互利共赢的区域协同发展新格局，北京通州、天津武清、河北廊坊三地达成共识，共同签署《贯彻落实京津冀协同发展重大国家战略推进通武廊战略合作发展框架协议》。三地在现有合作的基础上，打破"一亩三分地"思维定式，进一步深化体制机制改革，推进重点领域先行先试，努力破除行政藩篱，以疏解非首都功能为导向，持续推进生态环境、基础设施、产业发展、资源要素和公共服务协调发展。同时，建立常务副市（区）长会晤机制，定期沟通交流情况，协商重大事项，研究解决实际问题，为京津冀协同发展探索更多实践经验。

（二）引产业，错位承接非首都功能

为贯彻落实《京津冀产业转移指南》，在承接非首都功能疏解方面，武清始终坚持服务北京、错位发展、优势互补，充分发挥既有产业优势，大力引进北京重点产业链上下游企业。

一是网络招商信息，完善对接机制。武清区持续与天津市驻京办保持紧密合作，依托招商合作机构，积极宣传推介武清区位及产业优势，及时服务北京外溢项目。通过多种形式在京组织开展企业对接会、"系列服务周"等活动，深入对接华电集团、中建科技集团、北京四维纵横、天云融创、北京数见科技等200余家企业，及时掌握驻京企业对外投资布局信息。针对非首都功能疏解项目，建立落地重大项目、在津新设机构、新签约协议和意向签约协议动态管理台账，发挥区级、委办局、园区三级包联工作专班效能，务实高效对接服务北京资源。区级领导先后142次带队走访对接，中国联通京津冀数字科技产业园、中药绿色康养产业园、卡尤迪生物、航天时代激光导航等一批北京重点投资项目签约落地。2022年以来，北京投资来源企业在武清新设机构151家，其中中央企事业单位13家，有效提升对京招商的精准性和有效性。

二是前移引育端口，创新对接模式。武清区依托地域优势，充分运用北京优质创新创业要素资源，通过在京设立协同创新中心、离岸协同平台、众创空间等，持续推动人才引育和战略性新兴产业孵化端口前移，进一步健全"产、学、研、用、金、服"体系，打造集研发、实验、培训、金融、产业化为一体的京津双向协同创新综合服务平台。通过搭建人才智库、共享实验室，整合供应链、创新链平台，为科技创新企业提供人才引育、科技研发、个性化市场营销等服务，促进高技术领域产业招引及培育，实现产业聚集，"在京孵化、在津落地"的理念转化成实际行动和成果。

三是拓展招商渠道，加速产业聚集。武清区不断拓展以商招商渠道，以高效服务赢得企业口碑，积极发挥智能轨道交通人才创新创业联盟等行业协会优势，用好行业"朋友圈"，围绕产业链上下游积极牵线搭桥，加速形成产业聚集，现已引进北京重点产业链供应链配套企业59家。通过铁科院、北交控、哈威克等智能轨道交通龙头产业带动，已实现动力、控制、信号等产业链全覆盖；以中国电信大数据、中铁信大数据为带动，大数据产业加速聚集，金科英伟、中联云港、宏远腾风科技等一批重点项目投资落地，2022年大数据产业累计投资超过115亿元，有效带动区域产业发展。

中国电信京津冀大数据产业园

（三）拓范围，精准对接国际合作机制

武清区为扩大对接协作范围，紧密对接国家发展改革委相关部门，积极争取政策支持，精准引育优质国际资源，不断提升对外开放水平。6月30日，组织区内"一区五园"参加"2022年中韩经贸合作论坛"，先后与韩国生物医药、新能源汽车、机电电子、智慧城市、智能教育等6类39家优质企业进行对接交流，进一步拓展招商引资渠道。9月17日，武清区作为京津冀唯一区市代表受邀参加在中日韩—东盟投资合作企业交流会，并发表主旨演讲，进一步提升武清的国际影响力。会议期间先后与中国能建国际集团、中国葛洲坝集团、多氟多新材料、合众新能源汽车、日本贸易振兴机构、大韩贸易投资振兴公社等单位主要领导深入交流对话、分享项目经验、对接合作需求等，积极吸引国内外企业到武清投资发展，并与中国能建国际集团、中科院广西植物研究所达成合作意向。

（四）强合作，深入开展生态环境联防联控

武清区始终坚持将区域生态环境建设的"小棋子"融入京津冀携手打造碧水蓝天净土的"大棋局"。先后与北京通州、河北廊坊等地区建立了生态环境保护协同机制，明确定期会商、协同治污、联合执法、环境事件应急联动等具体举措。利用"通武廊"区域合作机制，加快推进北运河、永定河等重点水系综合治理，启动实施湿地保护与修复等一批重大生态工程，着力构建跨区域生态廊道，发挥生态屏障作用。强化三地环保、水务等部门沟通联动，探索建立跨界监测、异地互查等监管机制，不断提升联防联控水平。2022年，大黄堡湿地保护修复扎实推进，完成核心区、缓冲区70.47平方公里违建拆除和生态修复工作，新建了总长55公里的绿色围网，实现全封闭管理，大黄堡湿地再现水天一色、草长莺飞、宁静和谐的美丽自然风光，成为名副其实的"京津之肾"。

（五）惠民生，逐步深化公共服务一体化发展

武清区着眼打破公共服务资源地域限制，以合作共建、信息共享、资源共

天津武清大黄堡湿地自然保护区

用为方向,与北京通州、河北廊坊加快推进教育、医疗、文体、审批等领域协作。先后以三地 45 所各级各类优质学校、幼儿园和中等职业技术学校为基础,共建 10 个基础教育协同发展共同体、5 个教育联盟,2022 年开展互访、课堂体验教学、校园开放周、协同创新创业大赛等交流活动 20 余次。按照国家三部委要求,"通武廊"三地开展医疗卫生基本公共服务标准化试点,该项目是我国首批首个区域协调联动标准化试点,经过三年多的努力,国家标准化代谢性疾病管理中心已于 2022 年 5 月 17 日正式开诊,进一步提升通武廊医疗卫生基本公共服务普惠化、均等化、便利化水平,让三地城乡居民享受到同北京、上海等大城市相似的医疗和跟踪管理服务,有效提升生活质量,增加人民群众的获得感、幸福感。全区 46 家医保定点医疗机构全部实现跨省异地就医门诊联网直接结算,纳入京津冀检验结果互认范围项目 43 项。逐步打破壁垒障碍,优化办事流程,与北京、天津、河北三地的 8 个市、县(区),建立京津冀政务服务"区域通办"业务平台,首批推出 115 个京津冀通办事项;围绕生产要素流动和企业跨地区生产经营,推动企业等各类市场主体登记注册、涉企经营许可等 197 项高频事项与北京通州、河北廊坊全部实现"跨省通办"。持续落

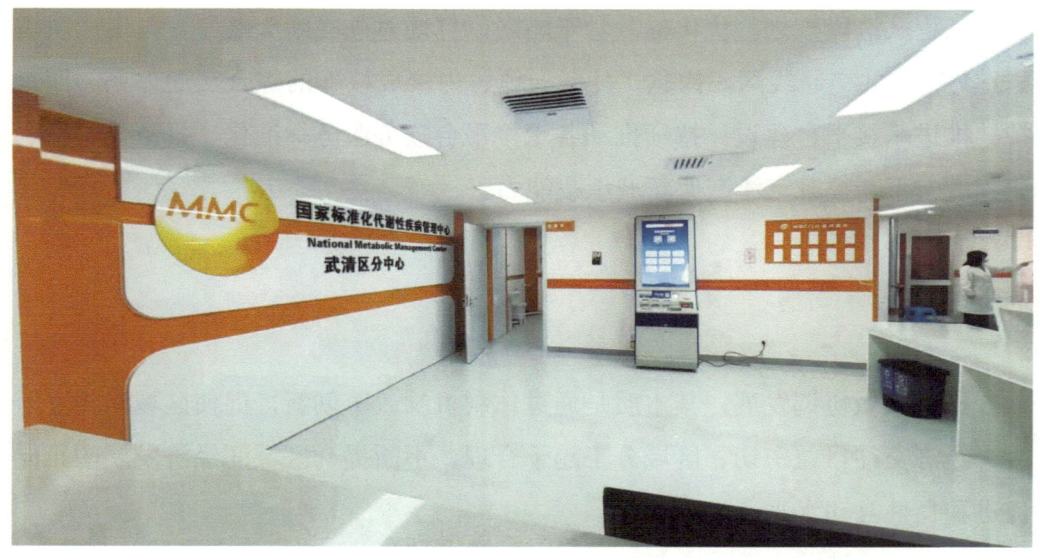

天津武清国家标准化代谢性疾病管理中心

实区域养老试点机构运营补贴叠加拨付政策，三地养老机构基础信息和入住情况已实现共享，全区6所养老机构、1331张床位纳入京津冀协同发展养老试点。司法、警务、审务、检务等合作持续深化，通过建立情报信息交互共享机制、基础防范联勤联动机制、社会纠纷多元化调解机制等，三地司法警务多次开展联合清理清查行动。疫情管控方面，情报信息交互共享机制不断深化，三地检查站查控数据实现互联互通、共查共享，有效提升了群众通行效率，切实发挥首都政治"护城河"作用。

二、下一步工作考虑

按照中央和天津市部署要求，重点做好以下三方面工作：一是狠抓资源承接。精准错位承接非首都功能疏解，瞄准央企国企二三级总部，加强定向推介攻关，持续扩大优质资源引进成果。二是深化区域合作。完善通武廊三地对接合作机制，突出公共服务、社会治理、人才等重点，拓展体制机制创新、改革先行先试的深度广度，进一步发挥"小京津冀"试验示范作用。三是推进互联互通。全力推动通武廊市域（郊）铁路各项前期工作，加快京津塘高速公路改扩建工程武清段规划，优化提升骨干路网，打通对外"断头路"，打造"轨道＋公交"公共交通线网，构建"外联一体、内聚成核"的综合交通体系。四是持续推进承接平台建设。持续推动各承接平台政务服务标准化、规范化、便利化程度，不断提升京津产业新城承载能力。

三、启示与思考

推进区域协调发展，其本质是通过体制机制改革创新，促使区域间相互开放、经济交往日益密切、区域分工趋于合理，不断提升区域间经济发展的正向促进和良性互动水平。

（一）基础设施联通是支撑

要以布局合理、功能配套、安全高效为目标，推进基础设施互联互通，为高效整合区域内资源、加速区域经济一体化进程提供强有力的支持。

（二）产业一体化发展是关键

要合理布局产业体系，着力解决好发展定位趋同、产业体系同构、产业互补性不强等问题。要理顺产业发展链条，形成区域间产业合理分布和上下游联动机制。要强化协同推进，打通产业上下游，构建一体化产业链。

（三）综合施策健全机制是保障

实施区域一体化发展，必须突破区域行政区划界限和壁垒，让区域之间"血脉"畅通起来、要素流动起来、市场活跃起来。要加快完善市场机制，充分发挥市场在资源配置中的决定性作用，促进生产要素在更大范围内有序流动和优化配置。要加大简政放权力度，切实转变政府职能，逐步消除各种形式的市场壁垒，推动人才、资金、技术等要素合理配置和高效流动，实现效益最大化和效率最优化。

（天津市武清区）

高标准高质量建设雄安新区
在新征程上书写中国式现代化新篇章

党的二十大报告提出"高标准、高质量建设雄安新区",为雄安新区建设发展提供了根本遵循,指明了工作方向。雄安新区作为北京非首都功能疏解集中承载地,与北京城市副中心形成北京发展新的"两翼",共同承担解决北京"大城市病"的历史重任,与以2022年北京冬奥会和冬残奥会为契机推进张北地区建设形成河北发展的"两翼"。

经过五年多的高标准规划、高质量发展,雄安新区城市框架全面拉开,城市功能逐渐完善,城市肌理不断优化,城市雏形全面显现,起步区重大基础设施全面建设,北京非首都功能疏解准备工作全面完成,白洋淀生态环境治理取得历史性成效,综合承载能力、要素集聚能力、自我发展能力全面增强。五年多来,雄安新区逐步从大规模形态开发转向功能开发、平台开发同步推进的重要阶段,全力打造贯彻落实新发展理念的创新发展示范区,集中力量统筹推进重点片区和重大项目建设,累计实施240个重点项目,完成投资5100多亿元,总建筑面积达4166万平方米,新建道路573公里,新建地下管廊136公里,顶层设计"四梁八柱"搭建完成,到处热火朝天、生机勃勃,一座高水平社会主义现代化新城正在拔地而起。

一、有序承接北京非首都功能疏解,积极培育符合雄安新区发展定位的高端高新产业

(一)首批标志性疏解项目进展有序

首批疏解央企总部项目稳妥落地,中国星网总部项目主体结构封顶,中国

中化、中国华能总部项目有序施工。中矿集团完成注册和选址。首批疏解 4 所高校和 2 家医院已确定选址，正抓紧推进方案设计、项目立项等前期工作。

（二）承接疏解配套政策体系基本形成

细化完善用地、住房、户籍、人才、教育、医疗卫生、社保、医保、金融、企业创新发展等 10 个方面支持政策实施方案，"1+10" 承接疏解配套支持政策体系基本形成。印发引进毕业生五项措施，深入推进实施"雄才计划"，切实增强对北京非首都功能及人才的吸引力。

（三）承接疏解服务环境持续优化

设立雄安新区综合服务中心，开辟疏解服务"绿色通道"，提供注册、供地、审批、建设"一条龙""一站式"综合服务。深化项目审批制度改革，持续完善"一会三函"审批模式，制定高校、医院疏解项目审批与"一会三函"衔接流程操作指引，更好服务保障疏解项目落地建设。

（四）疏解产业培育成效初步显现

发挥央企总部带动作用，积极培育"专精特新"企业，制定争取央企二三级子公司落地发展三年行动方案，印发支持总部企业创新发展的六条措施及实施细则。先后组织参建类央企、能源类央企、军工类央企开展三场合作集中对接会，累计对接 50 余家中央企业及子公司。2022 年，新区新增央企二级、三级子公司 20 多家，央企在新区设立各类机构超过 140 家。11 月 23 日，中国中铁产业集群正式入驻雄安新区。

二、加快展现城市雏形，布局建设基础设施和公共服务设施

（一）规划体系不断完善

昝岗组团控详规获批，新区"一主五辅"规划体系完善健全，规划覆盖面逐步扩大。晾马台特色小镇控详规、朱各庄小城镇总规获批，"1+5+22+100"的城市空间布局逐渐形成。结合疏解需求，尊重城市开发规律，合理把握开发节奏，统筹考虑建设时序，开展规划实施"回头看"工作，确保"一张蓝图干到底"。

（二）三县县城改造提升进展明显

完成一批老旧小区、管网、市政道路改造，雄县实现主干道路雨污分流全覆盖，容城完成33公里主干道路雨污管网和市政道路同步改造，安新实施35个、2796户老旧小区改造工程。雄县启动宋辽边关地道文化公园和县第二人民医院建设，容城完成三贤广场、白洋淀站前公园改造，安新新建雁翎小学、第三幼儿园和大健康体育公园，三县公共服务能力和城市承载力稳步提升。

（三）重点项目和重点片区加快建设

新区设立以来，共谋划实施重点建设项目240个，累计完成投资5100多亿元。重点片区功能更加清晰，启动区、起步区加快建设，容东片区基本建成，近12万群众完成动迁安置，逐渐形成以启动区为主的疏解集中承接区域，以昝岗片区为主的产业发展和支撑疏解区域，以容东、容西、雄东片区为主的居住和服务支撑区域。

雄安新区容东片区

（四）城市雏形逐渐显现

截至 2022 年底，新区基础设施覆盖范围达 120 平方公里，总建筑面积达 4166 万平方米，3500 多栋楼宇拔地而起。中央绿谷一期工程、中央绿谷及东部溪谷北段工程已完成水系、地形塑造，环城市外围道路框架、内部骨干路网、生态廊道、水系构成的城市建设"四大体系"基本形成；西北部初中南区主体结构封顶，西部高中出正负零，北京市援建三校已移交，雄安国贸中心、体育中心、图书馆等项目有序建设，公共服务设施布局逐渐完善，城市雏形逐渐显现。

三、持续实施白洋淀生态环境治理，构建蓝绿交织、清新明亮、水城共融的生态空间格局

（一）持续改善水环境质量

严格外源管控，常态化开展入河入淀排污口排查整治。加强内源治理，完成白洋淀生态清淤三期工程，完成数万亩芦苇收割和区域水草打捞。推进城镇污染治理，三县建成区已完成雨污分流改造。五年多来，白洋淀累计补水超 39 亿立方米，水位稳定保持在 7 米左右，白洋淀水质持续改善，稳居全国水质良好湖泊行列。

（二）不断提升生物多样性水平

选定多个鸟类栖息地和鸟类野化训练中心，实施生态隔离和分区管控，完善鸟类救助站建设，提升救助能力。大力开展增殖放流，加强外来物种防范，已放流梭鱼 300 万尾、青虾 1.9 亿尾，捕捞克氏原螯虾 40 万公斤。2022 年底，白洋淀生物多样性逐步恢复，野生鸟类达 248 种，较新区成立前增加 42 种，淀区野生鱼类恢复至 46 种。国家一级保护动物、世界自然保护联盟红色名录极危物种青头潜鸭在白洋淀"安家"并形成稳定种群。"华北明珠"淀泊风光、"候鸟天堂"的生态美景全面展现。

（三）积极构建蓝绿交织的城市生态格局

新区累计新增绿化造林 46.9 万亩，森林覆盖面积达 72.9 万亩，森林覆盖率提升至 34%。扎实推进千年秀林及园区景观带建设，"一淀、三带、九片、

青头潜鸭

多廊"空间格局逐渐形成。大气和土壤污染治理成效显著，研究制定新区碳达峰行动方案和重点领域专项实施方案，"无煤区"基本建成，"无废城市"建设试点成效显现。充分发挥并科学利用地热资源优势，全新区地热供暖面积达1500万平方米。市场化生态保护机制逐步建立，全省首批降碳产品交易在新区完成。

四、不断深化改革开放，着力打造体制机制新高地

（一）加快自贸试验区建设

制定促进中国（河北）自由贸易试验区雄安片区高质量发展的意见，实施贸易投资便利化、外贸外资高质量发展、"证照分离"改革方案、融资租赁等配套政策体系，为开放型经济发展提供具体实施路径。成功申设跨境电子商务综合试验区，获批全面深化服务贸易试验区发展试点，建成首个跨境电商产业园和首个跨境电商进出口监管场所，建设国际贸易"单一窗口"。

（二）深化拓展改革开放平台功能

深化财税金融改革，推动设立"河北雄安新区白洋淀生态环保基金"，创

新推出"疏解贷""雄安纾困普惠贷""区块链订单金融"等一批金融产品。实现合格境外有限合伙人（QFLP）基金、海外跨境转贷、知识产权质押贷款等金融创新落地。在政府职能转变、绿色金融等领域，梳理形成5项具有全国首创性的制度创新成果。印发实施《关于服务承接北京非首都功能疏解培育和支持雄安新区企业挂牌上市的实施意见》，支持市场主体创新发展。

（三）大力打造雄安服务品牌

整合金融、邮寄、供销等业务进驻综合服务站。新区所辖未拆迁村及社区已全部实现通过虚拟专用网络（VPN）登录一体化政务服务平台受理审批系统，乡村两级政务服务事项网办率达到100%，实现政务服务"就近办、自助办、网上办"。新区线上线下全面推行设立登记、公章刻制、涉税业务、参保登记、公积金业务、银行开户六个事项数据同步采集、业务并联办理、结果实时共享，企业开办6个环节总耗时压缩至4小时，已实现企业登记注销受审合一，秒批秒过，帮助企业登记"随时办、随处办"。

五、践行以人民为中心的发展思想，逐步构建优质的公共服务体系

（一）推进基本公共服务均等化

北京市援建"三校"进展顺利，物业已挂网招标，容东片区6所新开办学校已于2022年9月1日开学运营。京津冀医疗卫生对口帮扶逐步深化，容城县人民医院与首都医科大学宣武医院合作帮扶期限延长至2025年，雄县医院与河北大学附属医院等9家医院签订协议，容东片区7个社区卫生服务站、雄东片区4个社区卫生服务站已投入运营，容西片区社区卫生服务中心已完成人员招聘。

（二）不断强化社会保障水平

开展新区社保创新课题研究，探索发展养老保险二三支柱，列为个人养老金先行试点城市。首次建立常态化定点纳入机制，同步创建新区通办模式，医药机构申报和参保群众就医购药更加便捷，推进京津冀药品耗材集中带量采购，建立医保按病种分值付费机制，拓展"雄安智慧社保"平台功能，实现养老、

工伤、失业保险各项业务线上线下一体化同步办理。

（三）扎实推动民生实事和民生工程

实施城乡建设、教育、卫生、养老、健康、文化体育提升工程。累计开展就业培训17.4万人次，提供就业岗位15余万个。巩固脱贫攻坚成果，新区至今未发生一例返贫致贫现象。统筹推进传统产业转移和改造升级，兼顾群众就业与环境保护，打造"总部＋基地"的发展模式，鼓励安新辰泰等企业"根留雄安"，支持引导企业"腾笼换鸟"。

2023年，雄安新区将认真学习宣传贯彻党的二十大精神，切实把思想和行动统一到党的二十大精神和部署要求上来，重点抓好十方面工作，做到"十个牢牢把握"，全力打造高质量发展的全国样板，建设高水平社会主义现代化城市。一是要牢牢把握疏解北京非首都功能"牛鼻子"，着力建设支撑疏解落地、人民宜居宜业的新功能，以城市功能完善促进疏解落地，以高水平承接牵引高质量发展。二是要牢牢把握高质量推进项目建设"生命线"，着力形成城市很美丽、人民很文明的新形象，努力让雄安新区一年一个样，年年有变化。三是要牢牢把握高端高新产业集群发展，着力发展疏解和产业深度融合、资源和要素充分涌流的新产业，打造空气中都充满创新味道的活力之地。四是要牢牢把握人才是第一资源，着力集聚创新创业追逐梦想、规模宏大素质优良的新人才，努力让雄安新区成为年轻人愿意放下行囊的地方，成为处处妙不可言、人人心向往之的干事创业热土。五是要牢牢把握治理体系和治理能力现代化，着力构建制度系统集成、治理协同高效的新机制，让新区的各项体制更顺畅、机制更灵活、投融资更加强有力。六是要牢牢把握以人民为中心的发展思想，着力打造优质完备、普惠共享的公共服务体系，让人民群众在新区享受一流的、现代化的教育、医疗和养老服务，共享新区建设发展成果。七是要牢牢把握生态优先、绿色发展理念，着力实现人与自然和谐共生的现代化图景，让新区的天更蓝、水更清、地更绿、环境更优美。八是要牢牢把握扩大开放这条必由之路，着力构筑扩大开放新高地和对外合作新平台，以开放的理念促发展，以合作的机制促协同，打造开放发展先行区。九是要牢牢把握安全生产、工作质量、社会稳定、廉政建设"四条底线"，防范工程质量、白洋淀水质出现问题"两大风险"，着力营造安全稳定、和谐有序的发展环境。十是要牢牢把握全面从严治党新要求，着力建设不变色、不变质、不变味的廉洁雄安，让雄安新区的政治更清明、政府更清廉、干部更清正、社会更清朗。

雄安新区党工委、管委会将时刻牢记习近平总书记的嘱托，砥砺奋进、持续奋斗，解放思想、奋发进取，一张蓝图绘到底，积极打造北京非首都功能疏解集中承载地，建设高质量发展的全国样板和贯彻落实新发展理念的创新发展示范区，努力把雄安新区建设成为"妙不可言 心向往之"的典范城市和"干事创业的热土"，在新征程上努力书写中国式现代化的新篇章。

（河北省雄安新区）

沧州市深度融合京津 狠抓项目建设 高标准全方位推进京津冀协同发展战略

2022年，沧州市委、市政府全面贯彻落实党的二十大精神，深入落实党中央决策部署和省委十届三次全会工作安排，继续牢牢抓住承接北京非首都功能疏解这个"牛鼻子"，抓紧抓实抓好重点任务、重大项目、重要政策，不断加强招商引资力度，推进京津冀协同发展工作取得阶段性成果。

一、提高政治站位，全力推动国家重大战略落地落实

（一）强化组织领导

2022年是京津冀协同发展八周年，也是"十四五"时期协同发展向纵深推进的重要一年。沧州市委、市政府高度重视京津冀协同发展工作，5月6日，市委书记康彦民主持召开市推进京津冀协同发展工作领导小组会议，传达京津冀协同发展领导小组会议和全省京津冀协同发展工作推进会暨领导小组第八次全体会议精神，听取相关部门工作汇报，并对全市推进京津冀协同发展工作提出具体要求。今年以来，市委书记康彦民多次赴渤海新区北京交通大学轨道交通综合研发实验基地、京津装备制造转移园、河间京津冀再制造产业技术研究院、沧县明珠国际服装生态新城、高新区中关村丰台科技园（沧州）协同示范园等地实地了解北京非首都功能疏解项目建设和企业生产经营情况，并提出意见建议。7月6日，省发展改革委召开"稳住经济大盘"工作部署京津冀合作项目暨京津冀协同发展产业投资基金云签约活动，沧州市代表全省作典型发言；天津银龙预应力材料有限公司、新源动力有限公司、北京微构工厂生物技术公

司参加此次签约活动，为沧州京津冀协同发展项目建设提供有力支撑。

（二）强化责任落实

印发《沧州市推进京津冀协同发展2022年重点工作安排》，制定《"三统筹三扩大四创建"活动协调推进工作方案》配套方案。市协同办对照每个文件做到细化责任分工，明确时间节点，定期督导调研。对未按照时间节点完成的工作和推进京津冀协同发展重点工作召开调度会，与责任部门进行充分沟通交流，分析工作中存在的难点、弱点，共同商讨解决办法，保证重点工作顺利推进。

（三）强化督导调研

为进一步推动承接京津产业转移项目顺利实施，2022年以来，沧州市协同办多次赴各县（市、区），对承接的京津项目进行实地调研，掌握项目的推进实施、完成投资、建设进展等方面情况，了解项目落地、建设方面存在的问题，对之后的项目疏解和承接项目工作进行提前谋划，保证为下一步项目落地扫清障碍，争取更多大项目好项目落地。全年共下县（市、区）督导20余次，与县（市、区）领导及企业负责人开展座谈30余次。

二、明确工作重点，全力推动京津冀协同发展工作高标准实施

（一）坚持项目清单化，推动非首都功能疏解加快转移

目前全市已承接京津项目686个，总投资3004.5亿元，已完成投资1356.3亿元。其中北京项目483个，总投资2633.5亿元；天津项目203个，总投资371亿元。渤海新区发挥龙头带动作用，共承接京津项目283个，总投资1426.37亿元，北京·沧州渤海新区生物医药产业园在国内首开"企业在河北，监管在北京"的跨区域管理体制先河，带动了渤海新区整条生物医药产业链的壮大，园区已累计落地项目74个，总投资193亿元，汇聚了美国独资珐博进、中日合资康蒂尼、正大集团泰德制药、华润双鹤等国内外知名医药企业。北京现代沧州工厂累计产销汽车达75万辆，引领现代摩比斯、北汽岱摩斯、北汽韩一等配件商和中都格罗唯视等物流企业相继落户沧州经济开发区。明珠商贸城和明珠国际服装生态新城不断提升承接能力，明珠商贸城已入驻万余户北京

北京·沧州渤海新区生物医药产业园

批发商户，明珠国际服装生态新城已入驻614家生产企业。河间再制造产业示范基地承接了中石油、中海油等多项科研项目，长立、艾力驰、格锐特、江轮、迎辉、德善机电等一批重点再制造项目建成投产。

（二）坚持高质量发展，推动与央企深化合作对接

2022年，沧州市与央企新签约项目19个，项目总投资1255亿元，新开

明珠商贸城

工项目 33 个，实际完成投资 1376 亿元。沧州市入统驻沧央企 78 家（为全资或控股企业），78 家驻沧央企 2021 年资产总额 2128 亿元，净资产 1285 亿元，营业收入 1746 亿元，利润 353 亿元，上缴税费 245 亿元；固定资产投资 110 亿元；职工 96540 人。2022 年市委、市政府主要领导多次赴北京与中国石油、北汽集团、中海油、新兴际华、国能集团等多家央企总部董事长或总经理高层会晤洽谈。1 月 10 日，市委、市政府领导拜访中国中化、中石油等企业，就加强战略合作和化工新材料基地项目进行了对接洽谈；5 月 17 日，渤海新区、国华能源投资、国能黄骅港务签订了合作的"绿港氢城"项目投资协议；7 月 11 日，沧州市人民政府与中国中化集团签订了《战略合作协议》。

三、坚持高效率实施，推动"三区一基地"加快建设

（一）加快建设全国商贸物流重要基地

加快推进港口型物流枢纽承载城市建设。印发《沧州黄骅港"十四五"发展规划》，2022 年黄骅港完成吞吐量 3.15 亿吨，同比增长 1.21%，其中外贸

京津冀再制造产业技术研究院

货物吞吐量完成 7015.20 万吨，同比增长 11.06%；黄骅港全年完成基础设施投资 24.54 亿元，完成年计划 23.49 亿元的 104.45%。

（二）加快建设全国产业转型升级试验区

制定印发《沧州市推进全国产业转型升级试验区建设 2022 年工作要点》，加快沧州市产业结构调整和新旧动能转换，推动建设现代产业新体系。制定《沧州市推进"453"主导产业高质量发展市领导包联工作方案》，提升主导产业发展层次及水平，优化产业布局。为新兴际华、中化沧州大化、聚隆化工、中铁装备等公司的项目，多次向省发展改革委争取支持，积极为企业排忧解难。印发《沧州市支持工业企业技术改造促进工业技改投资增长若干措施》，积极申报省重点技改项目，第一、二批共 962 项工业项目列入 2022 年河北省重点工业和技改投资项目暨千项技改项目清单。强化特色集群市县领导包联机制，制定《市领导包联特色集群工作方案》，深入开展"一起益企"服务活动，为企业开展一揽子培训服务，全市各类平台基地累计响应需求服务企业 6300 家次。

（三）加快建设全国新型城镇化与城乡统筹示范区

沧州市集中力量打造了 4 个省级现代农业示范园区和 2 个省级休闲农业精

北京现代沧州工厂

品园区。建成规模以上中央厨房企业16家。2022年全市新创建247个省级美丽乡村。2022年以来，小区（单位）雨污分流改造完成291个，建设改造管网68公里，城区排涝能力显著提升，实现"小雨不积水、大雨不内涝"的目标。加强大运河文化带建设。优化提升《沧州市大运河文化保护传承利用实施规划》和《沧州市大运河文化遗产保护传承专项实施规划》等六个专项规划，编制完成《沧州市大运河整体景观和城市建筑风貌规划》《大运河国家文化公园（沧州段）建设保护规划》，形成了沧州大运河系统完整的规划体系。目前园博园、大运河非物质文化遗产展示中心、大化工业遗存改造提升、南川楼文化街区等项目主体均已完工。2022年引水3亿立方米，实现大运河全年有水。9月1日中心城区大运河13.7公里实现旅游通航。

（四）加快建设京津冀生态环境支撑区

深入打好蓝天保卫战，大气环境质量持续改善。截至2022年12月3日，全市空气质量综合指数为4.17，$PM_{2.5}$累计浓度为37微克/立方米，沧州市2022年环境空气质量优良251天，优良天占比74.48%。空气质量综合指数、$PM_{2.5}$平均浓度、优良天数在全省八个传输通道城市中均排第1位。深入推进碧水保卫战，水环境质量进一步提升。强化河流岸线管控，排查解决河湖问题70处，按照"守、退、补"原则划定生态缓冲带46个。

四、坚持高水平融合，推动重点领域协同发展

（一）深化交通互联互通

石衡沧港城际铁路沧州段累计完成工程量约30%；雄商高铁沧州段已经开工建设；津潍高铁已启动项目先行用地组卷工作，相关组卷要件已基本完成；曲港高速肃宁互通至京台高速段（一期工程）已于2022年6月26日开工建设；京台高速至黄骅港段（二期工程）正在积极开展前期工作，力争2023年开工建设；荣乌高速沧州段改扩建项目已于9月26日开工建设，与京津互联互通的交通格局初步形成。

(二)打造协同创新共同体

2022年,沧州市新增省级重点实验室、省级研发产业技术研究院、省级技术创新中心等研发平台6家,其中与京津合作共建的2家。全市共有省级重点实验室、省级研发产业技术研究院、省级技术创新中心等省级研发平台110家,其中与京冀共建的32家。吸纳京津技术合同成交额12.04亿元。积极推进南开大学·沧州渤海新区绿色化工研究院、北京交通大学黄骅轨道交通综合研发实验基地等已承接项目建设,南开大学·沧州渤海新区绿色化工研究院获评2022年度第一批河北省合作共建科技平台示范基地。

(三)加强公共服务共建共享

全市共有25家医疗机构与京津76家医疗机构开展合作,其中北京60家、天津16家。沧州市高校、中等职业学校已与多所京津高校、教育机构开展合作育人,与中国人民解放军总医院第一医学中心、北京朝阳中西医急诊抢救中心等40多家单位建立了稳定的实训基地。沧州市不断提高全市养老机构建设和服务水平,主动承接京津外溢养老资源,2022年,为入住沧州市养老机构

南开大学·沧州渤海新区绿色化工研究院

的 241 名京津籍老年人，落实京津养老补贴 50.4 万元。

五、明确目标任务，科学谋划 2023 年工作

（一）对照要求主动对接

聚焦中央确定的六类非首都功能疏解对象和在京非公有制企业，强化工作专班作用，工信、商务、科技、发改、卫健、教育、国资、人社、地方金融监管等部门加强与对口省直部门及北京部委对接联系，建立完善的项目对接机制，争取更多更好的项目向沧州市布局。

（二）推动"三区一基地"建设

一是深刻理解河北省"全国现代商贸物流重要基地"定位，着力发展现代商贸流通服务业。加快建设港口型国家物流枢纽承载城市，加快推进《黄骅港综合港区散货港区基础设施系列规划》等专项规划编制和报批工作，进一步完善港口规划体系建设。加快综合港区液体化工码头工程（森旭）、综合港区 $9^\#$、$10^\#$ 通用码头工程等项目建设进度，重点推进综合港区集装箱码头一期工程、矿石码头二期工程、30 万吨级原油码头一期工程、LNG 码头工程等项目前期手续办理工作；推进智慧商贸物流发展，加快推进韵达河间物流中心等项目早日建成投用，提升沧州市现代物流产业综合发展水平。二是深刻理解河北省"全国产业转型升级试验区"定位，加快建设京津冀产业转移升级和协同创新示范区。不断做大做强汽车制造、绿色化工、管道装备、服装服饰四大传统优势产业，在坚持传统产业重要基础地位的同时，推动向高端化、智能化、绿色化发展，持续提高产业核心竞争力。发展壮大清洁能源、生物医药、先进再制造、智能装备、激光产业五大战略性新兴产业。三是深刻理解河北省"全国新型城镇化与城乡统筹示范区"定位，全面推进以人为核心的新型城镇化。高标准建设中心商贸区、高新技术创新引领区、生态环境支撑区、现代物流示范区，从多领域提升中心城区辐射带动力。完善公共服务设施和市政基础设施建设，构建"10 分钟购物消费圈、15 分钟文化教育和医疗服务圈"；深入开展城市环境容貌整治行动，大力整治脏乱差等城市"顽疾"，着力营造"洁净、整齐、有序、

美丽"的城市环境。四是深刻理解河北省"京津冀生态环境支撑区"定位，持续打造京津冀区域生态一体化新样板。打好大气污染防治攻坚战，坚持$PM_{2.5}$和O_3协同防控，大力推进NOx和VOCs协同减排，加大涉VOCs工业企业治理力度，积极申报推进大气污染防治资金支持项目。确保2023年底$PM_{2.5}$平均浓度达到36微克/立方米，优良天数持续改善。

（三）推动重点领域合作向更大范围延伸

一是推动交通设施向更高水平融合。积极融入京津冀综合交通大动脉，加快推进雄商高铁、津潍高铁、石衡沧港城际铁路建设，打造"轨道上的京津冀"重要枢纽；加快推进荣乌高速沧州段改扩建、邯港高速、曲港高速肃宁互通至京台高速段的建设，积极开展京沪高速津冀界至沧州主城区扩容、曲港高速京台高速至黄骅港段前期工作，谋划设计雄沧港城际铁路和货运铁路。二是推动产业协作向更深层次拓展。继续做好产业对接推介活动。围绕前沿产品创制、概念产品试制、产学研联合攻关等中试需求，以高新区、开发区为重点，支持园区、龙头企业、高校院所加快建设一批中试熟化基地。以河北·京南国家科技成果转移转化示范区带动建设一批省级技术创新中心、产业技术研究院、产业技术创新战略联盟、国际科技合作基地。三是推动重点领域合作向更大范围延伸。加强区域教育交流合作，吸引京津冀科研院所落户沧州，积极争取京津优质高校来沧开展跨区域联合办学；加强医疗卫生联动协作，深化与京津综合医院医疗资源共享；加强与京津统筹开发文化资源，以5A级景区为建设标准，大力推动大运河沿线文旅项目建设。

（河北省沧州市）

平台引领 多点齐发 打造衡水发展新局面

2022年是党的二十大召开之年，也是踏上全面建设社会主义现代化国家、向第二个百年奋斗目标进军新征程的开局之年。2022年以来，衡水市以习近平新时代中国特色社会主义思想为指导，紧抓京津冀协同发展重大战略契机，坚定不移贯彻党中央决策部署，紧紧围绕省委、省政府工作安排，精心谋划、强力实施、有力推动，以重点承接平台建设为引领，加速推动产业转型升级，全面深化多领域协同发展，主动服务和融入京津冀协同发展大局，抢抓机遇、攻坚克难，协同发展水平得到显著提升。

一、着力夯实三个基础，持续增强经济发展内生动力

（一）夯实承接基础，提升承接能力

衡水市聚焦新材料、绿色食品、清洁能源、特色智能制造等重点产业，用好"两图两库N指数"，着力延链、强链、补链，承接京津产业转移能力显著提升。截至2022年12月底，衡水市共承接京津疏解转移项目390项，涉及传统产业升级、商贸物流、现代农业等多个领域，计划总投资2657.55亿元，累计完成投资775.84亿元；其中5000万元以上项目201个，总投资1195.31亿元。2022年以来，衡水市政府主要领导多次赴京拜会，加强与国家部委、"国字头"科研院所和相关企业的联络沟通，争取上级支持、寻求合作机遇。截至12月底，全市新签约京津项目105个，总投资365.36亿元，小团组赴京津地区开展招商对接活动344余次，洽谈京津项目377个，计划总投资984.43亿元。

（二）夯实承接平台基础，提升承接水平

充分发挥各县市区比较优势，努力培育衡水市高新技术产业开发区先进制造业承接平台，支持衡水滨湖新区大力发展现代服务业，加快衡水市饶阳县省级现代农业园区建设，以重点承接平台为抓手，精心塑造错位发展、协同发展产业格局，促进产业转型升级、换道赶超，培育战略性新兴产业，实现产业的"存量绿色化，增量高端化"。完善承接平台基础设施配套，园区内基本实现市政道路、雨水、污水、供水等"九通一平"。公共服务保障水平大幅提升，新建、改扩建多所小学、幼儿园，加快推进滨湖万象城、湖畔丽景二区等建设项目，为入驻的京津企业提供教育、居住等综合配套。

饶阳农产品物流园

（三）夯实承接服务基础，提升承接口碑

打造便利化、法治化、国际化营商环境。深入开展入企服务，逐一梳理产业承接转移共性服务需求及个性服务需求，主动靠前服务。深入开展"放管服"改革，聚焦重点领域和关键环节，细化推出155项具体工作举措，深入实施市场、政务、法治、信用、金融五大提升工程。持续开展"政府陪行长走企业"活动，加大金融融资支持力度。强化保障服务，细化实化区和部门两级领导分包、重大项目专班等推进机制，做好能源、土地、配套等要素保障，加快项目

落地建设，做好企业全生命周期服务，不断优化衡水市营商环境，提升衡水市在京津地区的美誉度和影响力。

二、多领域协同推进，形成发展新合力

一是建设现代商贸物流基地。2022年以来，全市新发展优质特色果蔬基地1.2万亩，实现销售额1.4亿元。北京新发地衡水（冀州）农副产品智慧物流园项目已完成征地290亩，目前正在协调推进公司注册和天然气管线改道事宜。持续推进衡水国际陆港项目建设，园区内3个高台库开工建设，主体工程施工，完成投资2.9亿元。二是建设产业转型升级示范区。聚焦电子信息、先进装备制造、新材料等领域，举办科技成果直通车活动5场，发布先进科技成果27项，技术供需双方进行了良好对接交流。邀请北京工业大学、河北科技大学等5所高校院所8名专家，向40多家企业定向推送科技成果，推荐申报省重大科技成果转化专项项目16项。三是建设新型城镇化与城乡统筹试验区。实施城市改造提升行动。2022年省下达棚户区改造开工任务2002套，已开工2002套，开工率100%；下达建成任务3015套，已建成3028套，超额完成省定任务。32个城中村安置房已全部交付。改造老旧小区228个，已全部完工。实施美丽乡村建设行动，2022年全市美丽乡村建设任务187个，已全部完成建设。四是建设京津冀生态环境支撑区。深入推进生态环境共建共享，印发《衡水市2022年大气污染综合治理工作实施方案》，2022年衡水市$PM_{2.5}$平均浓度为42.9微克/立方米，居全省第七。实施地下水超采综合治理工程，通过调整种植结构、强化节水增效、严控地下水开采等措施，截至12月底，全市深层超采区地下水位同比回升5.14米，居全省第一。持续科学精准开展国土绿化，截至12月底，全市共完成营造林27.5万亩，占年度任务（12.5万亩）的220%。

三、全面深化重点领域协同发展

（一）全力推动协作区高标准高质量建设

协作区建设步伐加快。2022年先后印发《雄安衡水协作区总体规划》《雄

安衡水协作区建设2022年工作要点》，以打造特色化服务配套集聚区、专业化智造产业承接地为目标，布局深州、饶阳、安平三个片区及智能家居、农副产品加工、装配式建筑、绿色食品、绿色建材五个产业园。协作区项目建设扎实推进。截至12月底，协作区五个产业园共实施服务配套雄安新区项目91个，总投资518.82亿元。洽谈项目24个，预计总投资216.03亿元。前期项目20个，总投资68.52亿元。在建项目47个，总投资234.27亿元，累计已完成投资74.5亿元。其中，黎明国际智能家居（深州）有限公司黎明国际企业港家具生产项目总投资15亿元，项目投产后，预计年销售收入可达20亿元，纳税约1亿元，可吸纳就业2900余人，目前，该项目14个车间正在进行设备安装调试，部分车间投产。

（二）提升交通一体化水平，推进交通互联互通

以建成区域性综合交通枢纽城市为目标，加快推进全市公路铁路建设。加大力度推进邯港高速公路衡水段项目建设，截至12月底，年内完成投资28.2亿元，占年度计划投资的122.61%，各项工作进展顺利，预计2023年主线建

黎明国际智能家居有限公司生产车间

成通车。京雄商高铁雄商段工作有序推进，地上物清点登记和定桩放线工作已经启动，土地现状调查、勘测定界等用地组卷工作正同步开展，相关六个县市区的征地预公告已发布。石衡沧港城际铁路项目基本完成地上物清点登记补偿工作，全市红线用地约3090亩，现已交付用地2868亩，交付比例92%（剩余8%用地为拆迁部分用地），净地基本交付完毕。

（三）扎实推进教育协同

一是推动基础教育优质均衡发展。印发关于落实《衡水产业人才政策14条（试行）》相关工作的通知，对引进的京津优秀人才、重点企业高级管理人员等，为其随迁子女入学做好保障服务，开辟"绿色通道"，由属地教育行政部门按照就近入学原则应入尽入。二是推动职业教育融合发展。积极推进衡水职业技术学院与天津中德应用技术大学结对共建，签订了结对框架协议。双方共同开展2022年度校级科研课题申报立项与研究工作，新增研究专项3项。衡水职业技术学院在天津中德应用技术大学的指导下，完成校级科研课题的结项工作6项；与天津应用技术大学共建机电一体化教学团队，该团队已成功入

衡水学院滨湖校区

选河北省教育教学创新团队。三是推动高等教育创新发展。衡水学院充分整合京津优势资源，成功获批河北省湿地保护与绿色发展协同创新中心、河北省院士合作重点单位、河北省高等学校人文社会科学重点研究基地 3 个省级科研平台。与中国环境科学研究院吴丰昌院士团队合作，在其指导和协助下，河北省湿地生态与保护重点实验室科研人员申报国家自然科学基金 2 项、河北省自然科学基金 1 项。

（四）持续深化京衡中医药协同发展"名片"工程成果

积极对接北京市中西医结合医院、东直门医院，合作建成名医传承工作站故城分站、景县分站，并与中国中医科学院眼科医院开展远程诊疗。举办京衡"名片工程"中医药适宜技术精英人才培训班，北京专家教授及来自衡水市 80 余名医护骨干参加，市中医医院、景县中医医院共选派 2 名骨干医师赴北京中医医院、东直门医院挂职培养。与北京开展互联网联合门诊诊疗 33 例、远程会诊 81 例，举办京衡线上讲座 81 期，1353 人次参训。

（五）完善社会保障体系，夯实协同发展民生基础

一是健全多层次社会保障体系建设。多措并举推进京津冀社会保障"一卡（码）通"建设工作，按照部、省"平稳切换、自然过渡"的发卡原则，完成第三代社保卡发行应用工作，178 个社保卡服务网点全面投放使用，全力提升社保卡服务能力。二是加快推进门诊费用跨省直接结算。根据省 2022 年底前实现符合条件的三级定点医疗机构接入门诊慢特病费用跨省直接结算服务系统达到 100% 的目标任务，衡水市成立了工作推进组织，制定了工作推进方案，对照目标任务，协调联动，高效推进，已于 9 月份提前 3 个月完成年度任务。

四、下一步工作计划

（一）积极推进承接产业转移升级

在产业承接过程中注重发展新兴产业，采取新模式、推广新技术，减少与北京天津地区的产业差，做到在发展中承接、在承接中提升。做优做强传统产业，依托龙头企业的引领带动作用、资源优势、资金优势和技术实力，推动传统产业向高端化、集群化、特色化、品牌化方向发展。同时，瞄准产业链上下游企业，针对性进行招商引资，引进更有创造力的企业，更好地建链、补链、强链，培育一批具有良好发展前景的专精特新中小企业，形成大中小企业紧密配合、分工专业与协作完善的产业链，提高整体竞争力。

（二）持续推进农业产业提档升级

一是实施京津冀现代农业基地建设工程。强化园区示范带动，加快建设28个农业示范园区，每个园区打造1~2个主导产业。集中打造特色优势产业集群，对标山东寿光，启动建设高品质蔬菜产业示范区，提升蔬菜供给能力，提高京津蔬菜市场占有率，服务京津。二是实施农产品加工（中央厨房）产业园培育工程。搭建知名企业落户平台，新建、扩建7个农产品加工产业园。重点培育阜城益彰、饶阳禾然金稞、忠大农业等争创国家级龙头企业，加工型市级以上农业产业化重点龙头企业保持在100家以上，培育产加销全产业链经营联合体3个，建设产地冷藏保鲜设施20个以上，农产品加工年产值达到830亿元以上。加大项目推进力度，新建、续建农产品加工项目30个以上，年内完成投资20亿元以上。

（三）聚焦生态发展质效，壮大文旅产业

认真贯彻执行《衡水湖保护和治理条例》，坚持水质和生物多样性保护常抓不懈。积极构建研学游、体育游、生态游、乡村游、文化游等于一体的旅游格局。进一步完善景区旅游服务体系，继续完善配套服务设施，提升旅游服务功能和质量，确保达到5A级景区的规范和标准。完善提升《衡水湖旅游发展规划》，加强顶层设计，进一步优化旅游空间布局。高标准筹备河北省首届研学旅游大会暨第六届衡水市旅游产业发展大会，持续做好基地、课程、导师三位一体的研学标准化建设，打造"友好研学城市联盟"，争取世界研学旅游组织落户衡水。

（四）加大雄安衡水协作区建设力度

大力发展与雄安新区产业相适应的服务功能和配套产业。加快配套设施建设，优化基础设施布局，推动供水、供电、供气、通信、排污等基础设施同步覆盖，推进构建现代化基础设施体系。推动深州片区家居产业综合体、家居原辅材料市场开工建设。抓好安平片区实施屋顶分布式能源项目、国能国华公司

综合能源一体化项目垃圾发电余热供电项目。加快推进项目建设，壮大产业园配套雄安体系，对重点项目全过程管理，定期调度分析项目建设进展情况。

（五）继续完善公共服务共建共享机制

教育方面，深入推动教育合作发展机制。加强京津冀三地教育资源共享，推动教育合作发展，强化从幼儿园到大学，从基础教育、职业教育到高等教育。持续推进衡水职业技术学院与中德应用技术大学的结对共建、统筹职业教育布局和专业设置，建设一批实训基地和创业孵化基地。医疗卫生方面，推动优质医疗资源共建共享，完善联防联控常态机制，持续深化京衡中医药协同发展"名片"工程，健全"互联网＋医疗健康"服务机制，开展远程诊疗服务，加快实现医疗健康信息互通互享，让"出去看病"转变为"出去治病"。

（河北省衡水市）

秦皇岛市积极推动京津冀协同发展取得新成效

2022年以来，秦皇岛市按照省委、省政府安排部署，在主动服务和融入新发展格局中深入贯彻京津冀协同发展理念，结合京津冀协同发展节点城市功能定位，以疏解北京非首都功能为"牛鼻子"，主动对接京津、服务京津，精心组织、狠抓落实，推动协同发展工作取得积极进展。

一、2022年工作进展情况

（一）"三区一基地"建设取得新进展

1. 现代商贸物流基地建设有力推进

高标准建成兴龙广缘物流配送中心改扩建项目和秦皇岛市艾欣商贸有限公司投资建设的有机农产品配送中心。城乡便民服务网络逐步完善，积极引导企业开展绿色商场创建工作，品牌连锁便利店建设积极推进，全年发展85家，超出年初原计划55家，三家商场通过省级绿色商场验收。加强农村寄递服务站点建设，2022年各品牌快递企业行政村通达率保持100%，已累计建设村级寄递物流综合服务站1545个。

2. 产业转型升级试验区建设加快推进

产业结构更趋合理，全市规上工业平稳增长，规上工业增加值同比增长7.2%，高出全省1.5个百分点，排全省第2位。培育高新技术产业、数字产业，《秦皇岛软件产业发展"十四五"规划》《秦皇岛市数字产业发展"十四五"规划》正式印发。企业梯度培育体系逐步健全，引导企业走专精特新发展道路，全市省级专精特新中小企业达到 125 家,其中省级示范企业 33 家、国家"小巨人"20 家。科技型中小企业成长计划、高新技术企业提质跃升工程成功实施,2022 年,全市 1069 家科技型中小企业通过认定,126 家高新技术产业通过评审。

3. 新型城镇化与城乡统筹发展示范区建设有序推进

持续深化户籍制度改革,全面放开城镇落户限制,促进城镇稳定就业生活常住人口有序实现市民化。城镇新增就业 55915 人,开展职业技能培训 42904 人次。实施城市更新行动,完成 5 个城中村安置房、2168 套棚改安置房建设和 61 个老旧小区改造,入选第二批国家海绵城市建设示范城市。特色小城镇基础设施、公共配套工作重点推进,截至 2022 年底,投资额在 50 万元以上工程类项目 6 个,累计完成投资 11.6 亿元。农村人居环境整治工作持续开展,新改建农村户厕 4.8 万余座,新建公厕 468 座,完成 968 个农村生活污水无害化处理工程,实现具备条件村庄分类施策无害化处理设施全覆盖。

4. 京津冀生态环境支撑区建设扎实推进

全面落实秦皇岛市大气污染防治"1+7"专项治理方案,强化 $PM_{2.5}$ 和 O_3 协同治理,深入推进工业企业深度治理,完成 90 个 VOCs 重点企业深度治理,以及重点用车大户监管、道路施工扬尘整治、港内作业扬尘管控等重点工作,推行电动重卡 492 辆;修订非道禁高区通告,编码登记非道路移动机械 10400 余台,推广新能源非道路移动机械替代 800 余台。健全环境监测网络,强化对河流水质监测预警,今年汛期共有效应对 8 次强降雨过程,确保了 13 条主要入海河流水质稳定达到Ⅲ类水质标准。提升污水处置能力,第一污水处理厂和第三污水处理厂提标工程已完工。推动滨海水域综合整治,15 个国省考断面水质达标率 100%,全部达到Ⅲ类及以上水质标准,无劣Ⅴ类断面。3 个地级集中式饮用水水源地水质均达到Ⅲ类及以上标准要求。

(二)交通、生态、科技等重点领域实现新突破

1. 立体交通格局初步构建

一批交通基础设施重点项目取得实质进展。昌港铁路已列入省重点前期项目,正在争列省重大项目;宏兴铁路专用线已完成一期工程建设,粮油食品加工产业园地方铁路已完成可行性研究工作,迁青铁路、昌港铁路项目前期工作

正在加快推进。高速公路通道布局不断完善，秦唐高速公路秦皇岛段路基、桥涵工程分别完成总工程量的83%和68%；京秦高速北戴河新区支线项目正在积极跑办前期工作。普通干线网络不断优化，国道G228沿海公路昌黄路至秦唐界段改建工程正在进行征拆，国道G102线秦皇岛市区段改建工程完工，实现全线通车。北戴河机场改扩建工程已获中部战区正式复函，原则同意改扩建总规飞行程序。

2.生态环境联防联控联治成效显著

充分发挥旅游旺季保障期间建立的"1+6+9"联防联控保障机制，圆满完成冬奥会空气质量保障、重点时段空气质量保障和旅游旺季空气质量保障工作任务，空气质量持续改善。截至2022年12月底，空气质量综合指数3.77，同比下降12.1%；$PM_{2.5}$平均浓度28微克/立方米，同比下降19.1%；优良天数288天，同比增加21天，空气质量持续改善。完成北戴河区暑期入海河流生态补水水质保障工程(洋河—蒲河—戴河段)，实现了洋河、蒲河、戴河、新河的水系连通，促进河流水质改善，旅游旺季期间，13条主要入海河流全部达到Ⅲ类及以上水质标准。

3.有效承接京津产业疏解转移

多渠道主动与京津开展深入对接，组织参加中国廊坊国际贸易洽谈会、第四届中国－中东欧国家（沧州）中小企业合作论坛、北戴河生命峰会等招商活动，对接中铁集团、中信集团、中建材集团、河北建投集团等重点企业，抚宁抽水蓄能电站二期项目、北戴河健康生态产业项目、中港国际冷链物流农产品交易中心项目等49个京津合作项目成功签约。一批标志性重大项目进展顺利，北京威卡威北方研发生产基地、北京能源集团京能秦皇岛热电联产项目、中关村生命园昌黎科创基地创新孵化器中心等项目竣工投产；中储粮粮食储备基地项目、国家电网新能源抚宁抽水蓄能电站、首钢赛车谷、北医三院秦皇岛医院等项目正在建设。

4.京津冀协同创新共同体加快构建

《秦皇岛市推进创新发展系列政策措施》《秦皇岛市科技型企业梯次培育工作方案》等政策文件正式实施，创新创业环境进一步优化。推动企业与高校、

抚宁抽水蓄能电站施工现场

科研院所合作，培育认定市级以上创新平台 21 家。目前，中铁山桥集团有限公司等企业与京津地区高校、科研院所和企业合作项目 40 余项，京津科技创新要素不断集聚，加快推进了与京津协同创新深度融合。

（三）重点承接平台承载能力迈上新台阶

1. 秦皇岛经济技术开发区能级水平不断提升

突出开发区产业和制度优势，充分发挥开发区示范引领和龙头带动作用，实施重点项目"双提双促"行动，印发《秦皇岛经济技术开发区强化项目带动扩大有效投资工作方案》，2022 年，秦皇岛开发区列入省市重点项目 100 个，总投资 403.11 亿元。重点项目建设持续推进，抓好中建材耀华玻璃产业园、威卡威汽车零部件生产基地二期等项目建设，目前中建材耀华玻璃产业园已经完成主体施工，威卡威汽车零部件生产基地基地二期 1GWh 电池项目已经投入生产。深化与国康中心、北大医疗等顶级健康服务机构合作，持续开展国家康复辅助器具产业综合创新试点。综合保税区园区基础设施建设不断完备，围绕推动自由贸易示范区政策谋划秦皇岛综合保税区复制推广工作，推动自由贸易试验区政策向综保区延伸。

北医三院秦皇岛医院

2. 北戴河生命健康产业创新示范区建设不断突破

政策红利进一步释放，《北戴河生命健康产业创新示范区申请国家层面支持政策清单》上报国家部委，推动国家支持北戴河生命健康产业创新示范区10条政策进入报批程序，自贸区28条政策延伸到示范区。与京津医院合作项目进展顺利，第二批国家区域医疗中心项目北医三院秦皇岛医院完成主体工程，北京中医药大学东方医院秦皇岛医院获批第四批国家区域医疗中心项目，将获得4.8亿元中央资金支持，力争天津市肿瘤医院秦皇岛医院成功申列第五批国家区域医疗中心。稳步推进北戴河地区培疗机构向健康养老转型发展，依托北戴河新区阿那亚、蔚蓝海岸等成熟生活社区，加速推进鹏瑞利一站式国际康养、北戴河星月湾国际滨海度假等综合体建设运营，面向北京健康养老人群，打造国家健康养老集中示范区。

3. 秦皇岛港口转型升级示范区建设进程不断加快

《秦皇岛港口总体规划》已完成修编并上报省政府待批。西港区建设取得初步成效，《秦皇岛国际旅游港开发建设协议》成功签订，围绕西港区定位，与上海蓝梦邮轮有限公司、秦皇岛追浪尾波公司合作，"蓝梦之星"号邮轮成功引入西港码头，省内第一家室内冲浪馆项目建成，预计2023年5月正式营业；智能无人艇试验基地项目、东疆进口商品直营中心项目、西港一号店项目成功引入，园区业态不断丰富。东港区粮食输送管廊项目有序推进，现已具备施工招标和设备制造安装条件。

二、2023年重点工作

2023年，京津冀协同发展工作要坚持以党的二十大精神为指导，全面贯彻落实习近平总书记关于京津冀协同发展的重要指示批示精神以及省委、省政府决策部署，紧紧把握中国式现代化的战略契机，以疏解北京非首都功能这个"牛鼻子"，积极对接京津、服务京津，深入落实河北省"三区一基地"功能定位，持续推进产业、交通、生态环境等重点领域率先突破，着力提升各类各级承接平台承载能力，全力推动重大国家战略落地落实，努力在服务京津冀协同发展中加快一流国际旅游城市建设步伐。

（一）稳步推进"三区一基地"功能区建设

1. 加快建设现代商贸物流基地

重点培育青龙阿里巴巴智慧物流园区、冀盛物流园区、天晖塑料电商物流园区等一批大型龙头园区成为集生产、服务、交易为一体的综合性物流园区。推动县域快递基础设施建设，加强快件共配中心建设，提升县域快件共配水平。推动"快递进村"质效提升。在不断提升快递网络覆盖的同时，督导快递企业加强对农村网点的管理，提高农村快递服务质量和品牌形象。

2. 加快建设产业转型升级试验区

促进产业结构更趋合理，全市规模以上工业增加值增长5%以上；全市新增规上企业40家。落实好规上工业企业递增行动计划和培育措施，制定年度培育方案，充实重点企业培育库，密切关注规上临界企业情况，强化拟升规重点企业培育库企业跟踪服务，力促工业经济稳定增长。推动重点行业加快发展，做优做强电子信息产业，谋划建设华北消防产业物流基地；重点推动耀华玻璃退城入园易地搬迁及北方光伏玻璃项目、卢龙精细化工园区建设。用足用好国家、省、市支持企业技术改造相关优惠政策，筛选优质工业企业技术改造项目争取国家、省、市工业转型升级专项资金支持，加快项目建设进程。

3. 加快建设新型城镇化与城乡统筹示范区

把县城作为城乡融合发展的切入点，持续推进县城建设提质升级三年行动，建立重大项目储备库制度，加快开展县城重大项目谋划与储备。大力推进县城精细化管理，加快城中村、棚户区、老旧小区、老旧设施改造，实施一批基础设施、公共服务设施重大产业项目。全面提升村庄环境整治效果，全速推进美丽乡村建设。抓好省级特色小镇创建培育工作，重点推进昌黎县干红小镇、昌黎县葡萄小镇、抚宁区天马洋河生态小镇、北戴河新区渔田小镇建设，加强监测、监督、监管，促进特色小镇规范健康发展。

4. 加快建设京津冀生态环境支撑区

深入推进$PM_{2.5}$与臭氧污染协同治理，着力打好重污染天气消除、散煤治理、臭氧污染防治、扬尘面源治理、机动车污染治理、港口污染综合治理攻坚战。聚焦夏秋季臭氧污染，大力推进VOCs和氮氧化物协同减排，深化重点领域VOCs综合治理，加快推进重点企业从无组织向有组织排放改造，高效推进实施原辅材料和产品源头替代工程。到2023年底，$PM_{2.5}$平均浓度及优良天数比例完成省定目标任务。强化河流治理源头管控，持续开展入河、入海排口规范化建设，实施分类整治、溯源倒查，完善动态管理台账，加大督导、检查、监测力度，全面提升入河、入海排口环境管理水平，进一步提升入海河流水质。

（二）扎实推动重点领域实现新突破

1. 着力构建便捷交通体系

发挥京津冀节点城市区位优势，强力推进重点交通项目建设。完善与周边地区高速公路通道布局，加快秦唐高速公路秦皇岛段建设进程，力争2023年底前主体完工；全力推进京哈高速公路九门口复线、京秦高速公路北戴河新区支线前期工作，力争2023年底前开工。优化普通干线网络，力争沿海公路昌黄路至秦唐界段改建工程改线段建成通车。围绕打造京津冀机场群，全力推进北戴河机场改扩建前期工作，力争完成初步设计概算审批工作。

2.加强生态环境联防联控联治

以现有旅游旺季保障期间建立的"1+6+9"联防联控保障机制为基础，按照上级统一工作部署，进一步加强区域联防联控，形成治污合力。科学精准应对重污染天气，加强重污染天气绩效分级和差异化管控，组织开展重点区域空气质量改善监督帮扶。

3.推动京津产业转移疏解

多渠道主动与京津开展深入对接，借力京津产业优势，加强上下游产业合作，助推产业持续优化升级。培育壮大生命健康、高端装备制造等十大特色主导产业，落实扎实稳住经济的一揽子政策措施，围绕强链、延链、补链谋划产业链发展行动计划，梳理重点产业链上下游企业情况，精准帮扶补齐重点产业链供应链短板，引导支持优势企业，提升产业链供应链稳定性和核心竞争力，不断提高吸纳京津产业转移协同承接能力。

（三）加速推进非首都功能疏解

贯彻落实市委、市政府印发的《推进承接北京非首都功能疏解工作实施方案》，围绕在京行政事业单位、高校、医院、科研院所、金融机构、央企及国有企业等6类非首都功能疏解重点单位，发挥"一班六组"工作机制，落实教育局、卫健委、国资委、科技局、金融办、人社局等市直部门主体责任，加强与省有关对口部门沟通衔接，推动符合功能定位及发展需要的企业和单位向秦皇岛疏解转移。各县区根据自身功能定位和产业发展方向，引导在京非公有制企业转移，有序推动一批标志性承接项目落地。

（四）着力提升重点平台承接能力

1.提升秦皇岛经济技术开发区能级水平

突出开发区产业和制度优势，以项目建设为抓手，提升能级水平和综合竞争力。实施重点项目"双百双三百"行动，重点推进耀华产业园弘耀玻璃退市进园等重点项目落地投产。加快秦皇岛综保区提档升级，推动园区内中星电科特种车辆改装和高端技术装备智能制造、环保轻石生产等制造项目落地建设，抓好天晖塑料进出口、无边界跨境电商出口等贸易业务开展，谋划包装保税物流中心、冷链产业物流园等项目。加快通用保税库、特殊区域作业中心、公共保税仓库项目建设，完备综保区基础设施。

2.促进北戴河生命健康产业创新示范区突破发展

全面落实国家出台的支持北戴河生命健康产业创新示范区一揽子政策清单，同时紧抓政策动向，与各国家部委、省厅保持紧密对接，最大限度释放政策红利。围绕"医、药、养、健、旅"产业定位，持续强化招商引资，开展小团组赴京津冀等地精准招商活动，筹备参加2023中国（河北）国际冰雪产业发展大会招商对接会、2023中国（重庆）大健康产业博览会，推动领晟、瑞思达、翠湖和芬兰企业孵化器等在谈项目落地。加快石药细胞药物、微元合成生物、爱晖药业、康泰医学产业园等重点项目建设，着力提升北戴河生命健康产业创新示范区承接平台承载能力。积极创建北京中医药大学东方医院秦皇岛医院、天津市肿瘤医院秦皇岛医院等国家区域医疗中心，推动生命健康产业跨越式发展。

3.加快港口转型升级示范区建设进程

积极跑办，加快推进《秦皇岛港口总体规划》报批工作。推进秦皇岛知名国际旅游港建设，引导新模式、新业态、新技术向秦皇岛西港区集聚，抓紧建设一批码头基础设施类项目和陆域配套设施项目，打造以海上运动休闲产业为核心的旅游经济综合体和产业集群。配合做好运输结构调整的同时，东港区全面启动秦皇岛港粮食输送管廊项目，力争2023年底前与益海嘉里粮油加工项目同步建成投用。

（河北省秦皇岛市）

后记
POSTSCRIPT

本报告由京津冀协同发展领导小组办公室综合组（国家发展改革委地区经济司）具体负责编写。人民日报、新华社、专家咨询委员会提供了京津冀协同发展相关文稿，中央宣传部新闻局、中央网信办信息化发展局、中央财办经济五局、教育部发展规划司、科技部战略规划司、工业和信息化部规划司、民政部区划地名司、财政部预算司、人力资源社会保障部规划财务司、自然资源部国土空间规划局、生态环境部综合司、住房和城乡建设部建筑节能与科技司、交通运输部综合规划司、水利部规划计划司、农业农村部发展规划司、商务部外资司、文化和旅游部政策法规司、国家卫生健康委规划司、应急管理部危化监管一司、人民银行金融市场司、国家林草局规划财务司、银保监会政策研究局、证监会办公厅、国铁集团发展和改革部等有关方面给予了大力支持，在此一并致谢。

领导小组办公室综合组李春根、江洪、张楚皙、王诚志、郝凯、谭微、崔华东等同志，专家咨询委员会办公室杨波、徐琳，北京市协同办邓跃，天津市协同办王非，河北省协同办王玉林等同志，参与了相关内容的编写和核校工作。